Dodgers
LA
GUGGENHEIM
Dodgers
17
Dodgers
GUGGENHEIM

LA
LA
Dodgers
OHTANI
17

Dodgers
GUGGENHEIM
LA
SPECTRUM SPORTSNET

STATSports
LA
LA
SPRINT™

STATSports

STATSports

STATSports

LA
Dodgers

Dodgers

OHTANI
17

大谷翔平を追いかけて

番記者10年魂のノート

スポーツニッポン新聞社
MLB担当記者
柳原直之

ワニブックス

はじめに

「大谷翔平ってどんな人？」。私が知人から最もよく聞かれ、最も答え方に困る問いだ。真面目で「世界一の選手になるため」に日頃からストイックに練習し、投打二刀流であるため練習時間も長い。グラウンド外では、体作りの本を読み込むなど専門知識も相当なレベルだ。とてもひと言では言い表すことはできない。私は「テレビで見たままの人柄です」、「全てを野球に注いでいる人です」などといつも答える。ただ、100％の正解ではないだろう。

そんな中、大谷を表現する上で腑《ふ》に落ちた言葉があった。2023年3月。ワールド・ベースボール・クラシック（WBC）に向けた2月の宮崎合宿合流直前に、近藤健介（ソフトバンク）が、日本ハム時代に同僚だった大谷について「ちょこちょこLINEをしたりするけど、（大谷は）あまり人に興味がないので」と語ったと、担当記者から報告があった。2人は日本ハム時代に5年間、チームメートとして戦った仲で、年齢も近藤がひとつ上の親しい間柄。「人に興味がない」は、悪口ではない。むしろ、大谷の人間性を表した言葉として、実に的を射た良い表現だと感じた。

このWBCで大谷がベンチでチームメートに積極的に声をかけ、時に身振り手振りでアドバイスを送るシーンをよく見かけた。大会前の壮行試合ではダルビッシュ有（パドレス）と変化球談議をしている様子をテレビで見た野球ファンの方々も多いだろう。そんな男がなぜ「人に興味がない」と言われるのか、不思議に思うかもしれない。

野球に関して言えば、この「人に興味がない」という思考、信念は強力な強みに変わる。花巻東野球部の元チームメート、小原大樹さんが社会人野球・日本製紙石巻を退社し、メジャー挑戦を志した時のことだ。小原さんが滑りやすいメジャー球や硬いマウンドへの対応についてアドバイスを求めた時、大谷は次のように答えたという。「感覚自体は本当に自分でやってみなきゃ分からない。俺から聞いたからどうとか、そういうのはやめたほうがいい」。自分自身の実体験こそが本当の価値。大谷の思考や信念が端的に表れたエピソードだ。

振り返れば2012年のドラフト時もそうだった。一時はメジャーを志したが、日本ハムの強行指名を受け、度重なる交渉の末、投打二刀流という前代未聞のプランを提示され、入団を決意した。その入団経緯は他球団を含め各方面から批判され、二刀流起用を肯定する意見も当時、球団関係者以外で聞いた記憶はない。

そんな状況で、大谷が信念を曲げなかったのは、「人（の意見）に興味がない」からなのではないだろうか。メジャー挑戦時も同様に「二刀流は通用しない」と言われ、不振だった開幕前のキャンプ中は米メディアの著名な記者から「打撃は高校生レベル」と揶揄《やゆ》されたこともあったが、全く意に介していなかった。

新人王を獲得した2018年秋には右肘のじん帯再建手術（通称トミー・ジョン手術）、2019年秋には左膝膝蓋《しつがい》骨の手術を経験した。だが、大谷は諦めなかった。自らの力を客観的に捉え、二刀流を継続できると信じていたからだろう。

心身ともに万全な状況で迎えた2021年に遂に二刀流として本格的に覚醒した。9勝&46本塁打など歴史的な活躍により満票でア・リーグMVPを獲得。2022年はMVPこそ逃したが、投手で自己最多の15勝、219奪三振を記録し、打者でも34本塁打。史上初めて投打で「規定」に到達する異次元のパフォーマンスを見せた。2023年は10勝&44本塁打。史上初の2度目の満票でア・リーグMVPを獲得した。

大谷はよく「謙虚」と評されることが多いが、私は少し違う解釈をしている。2023年にエンゼルスでチームメートとなった救援右腕カルロス・エステベスは「翔平は自分がどれだけすごい選手かを分かっていない」と話す。開幕から本塁打が出なかった2022年4月11日の本拠地マーリンズ戦、大谷がベンチでおどけてバットに心臓マッサージを施すようなジェスチャーを見せ、相棒の「蘇生」を願う場面が話題になったが、水原一平通訳も「翔平はベンチにいる時にテレビ中継に抜かれていることに驚いていた」と語っている。

自分が周囲からどういう評価を受けているか、どう見られているか、つまりは「人に興味がない」ことが根底にあるのではないだろうか。

はじめに

2013年冬から〝正担当〟として本格的に取材をスタートし、これまで単独インタビュー8度、米国出張20度。私が大谷を最も尊敬する点は野球ではなく、人によって態度を変えず公平なことだ。イチロー（現マリナーズ球団会長付特別補佐兼インストラクター）、ダルビッシュ有のように、自身が悩んだ時に知恵を授かった先輩は除き、これまで面識がなかった球界の大物OB、各界の著名人、アナウンサーなどテレビ関係者、私のように長く取材している顔なじみの記者、ベテラン記者、経験の浅い若手記者など……誰と会っても媚びへつらうことがなく、同じように対応している。

「大谷翔平ってどんな人？」

本書を通じて、2024年で番記者11年目に突入する私が日々大谷と接する中で感じた人柄や信念、野球への情熱が伝われればこの上ない幸せだ。

Contents

はじめに――2

序章――10

第1章 2013-2015 大谷翔平との出会い、二刀流覚醒、試練――13

大谷の一挙手一投足を追いかける日々が始まる／藤浪に投げ勝ち〝聖地〟初勝利／「大谷はもう普通の選手じゃなくなってきたな」／パ・リーグ初の160キロをマーク／プロ野球史上初！ 同一シーズン2桁本塁打&2桁勝利を達成／タクシー内での単独ロングインタビュー／憧れの松井&ジーターに大興奮／最多勝、防御率、勝率の投手3冠／21歳の大谷からまさかの相談／「時間はみんな平等だけど、時間は足りない」

第2章 2016-2017 パ・リーグ優勝、日本一、念願のメジャーの舞台へ――71

痛恨のミスで謝罪回り／番記者歴10年、唯一本気で大谷に怒られた日／歴史的出来事「DH解除」、スクープならず／大谷に縁があるのかないのか……／父子二人三脚の「野球ノート」を独占公開／最高の舞台で前人未到のパフォーマンス／起死回生のサヨナラ打からの

4連勝で日本一!!／史上初2部門でベストナイン&MVP選出!／ハワイへの優勝旅行に帯同／WBC欠場決定で失意のどん底に／大谷語録「芯こすり」「芯詰まり」「投げ心地」を披露／忘れもしない〝微妙〟な表情／次々と押し寄せるメジャーの視察／11月11日11時、メジャー挑戦を発表／誰もが予期できなかったエンゼルス入団

第3章 2018 鮮烈メジャーデビュー、洗礼、新人王、トミー・ジョン手術――159

通訳は意外な〝人選〟／投手・大谷を守った〝特注品〟／メジャー初打席初安打!／あわや完全試合の快投／世界で一番注目される野球選手に／サイン入りカードは10万ドル以上の値打ち／トミー・ジョン手術勧告の日に2本塁打／圧勝でア・リーグ新人王に選出

第4章 2019-2020 メジャーの壁、新型コロナウイルス感染拡大による短縮シーズン――207

驚異の〝睡眠力〟で順調に回復／大谷が変えたMLBルール／憧れの先輩との真剣勝負がメジャーで実現／日本選手初のサイクル安打達成／「大谷は普通の選手だ」と吐き捨てた記

Contents

者／2年連続の単独インタビューで、いたずらっぽい笑顔の大谷／打撃スケールアップのための試行錯誤／新型コロナウイルス感染症で変わった世界／大谷公式インスタグラムを開設／復帰2試合目の登板で起きた〝異変〟／ビリー・エプラーGMの解任で迎えた二刀流の転機／単独インタビューで二刀流の将来に踏み込む

第5章 2021-2022 二刀流覚醒、初のMVP——281

キャンプ、オープン戦は投打に好調／連日のオープン戦活躍で紙面も異例の大拡大／「2番・投手」メジャーで初のリアル二刀流／体勢を崩しながら初のグリーンモンスター越え弾／制限撤廃のボールパークは大谷フィーバー／オールスター戦は大谷のための2日間／近くて遠い本塁打王と10勝目／コミッショナー特別表彰とア・リーグMVP受賞／歴史を変えた第2の「大谷ルール」／先発投手&1番DHで開幕／曲がり幅50センチ超のスライダーが決め球に／プロ10年目にして日米通じ初の満塁本塁打／野球少年も大エースも二刀流大谷の虜／104年ぶり2人目の「2桁勝利&2桁本塁打」／栄光を地道に支えた「大谷ライン」／WBC2023出場を表明

第6章　2023　WBC優勝、初の本塁打王、2度目のMVP——371
「勝つ」「勝ちたい」「優勝だけ」／エンゼルスキャンプを経て侍ジャパンに合流／強化試合で格の違いを見せつける／東京ドームの〝大観衆〟をどよめかせた発言／意表を突くバント、イタリアを退けアメリカへ／逆転サヨナラを呼ぶ二塁打、熱狂のメキシコ戦／「僕から1個だけ。憧れるのをやめましょう」／WBCの勢いそのままに開幕から活躍　／ピッチクロックや悪天候に苦しめられる／「最高の6月」月間15本塁打で30発一番乗り／球宴のスタンドからラブコールの大合唱／プレーオフ争い&トレード期限で微妙な空気に／敵チームファンも酔いしれた「伝説の1日」／度重なる疲労蓄積の症状と右肘じん帯損傷再び／私物が全て片付けられた無言のロッカー／秘密が多すぎる手術前後／史上初の2度目の満票でア・リーグMVPに／プロスポーツ世界最高額でドジャースと契約
第7章　2024　歴史に残るFA争奪戦、入団会見——473
7000万人の視聴者に見守られた入団会見／キャンプ初日に誇示した打者に専念する米7年目の思い
おわりに——478

序章

2012年3月21日。私は兵庫県西宮市内の実家のテレビで大谷翔平の虜になっていた。第84回選抜高校野球大会の開幕日第3試合。花巻東（岩手）のエース大谷が大阪桐蔭（大阪）のエース藤浪晋太郎（現ニューヨーク・メッツ）との投げ合う注目の一戦だった。

投手では8回2／3を7安打9失点（自責点5）ながら最速150キロをマーク。打撃では右翼席へ豪快な一発。敗れはしたが、投打に底知れぬ力を発揮した。

実家から甲子園球場まで原付きバイクで約20分。前夜に現地観戦するかどうか迷ったあげく、実家でのテレビ観戦を選んでいた。両者のうなりを上げる剛速球、大谷の豪快な放物線を描く本塁打を生で観るチャンスがあったのに、なぜ現地に行かなかったのだろうか。悔やんでも悔やみきれなかった。

大学卒業後の2008年4月に入行した三菱東京UFJ銀行（現三菱UFJ銀行）を2011年10月に退職。既にスポーツニッポン新聞社（以下スポニチ）への入社が内定していたため、冒頭の選抜期間中の3月は実家でフリーター期間を過ごしていた。

銀行員2年目の2009年夏。母校・関西学院高等部（兵庫）が70年ぶりに夏の甲子園出場を決めた。だが、仕事で多忙だったゆえに上司の許可を得ることができず、初戦、2回戦ともに現地観戦ができなかった。かつて夢見たスポーツ記者への転職を再び志すきっかけにもなった出来事だ。

「大谷vs藤浪」でその苦い思い出を生かすこともできず、この時点では大谷に「縁」は感じていなかった。ただ、このフリーター期間中に貯金を切り崩し、米国のフロリダ大へ3カ月、フィリピンの語学学校へ1カ月の短期留学を経験。英語は決して得意ではなかったが、好きだった。

2012年4月にスポニチに入社。1年目は東京本社の編集センター（レイアウトを担当する部署）に配属され、新聞のイロハを学びながら働いた。勤務時間帯や労働環境の違い、人間関係など銀行員生活とのギャップがあり、なかなか慣れなかったが、食らいついた。

1年目が終わりに差し掛かっていた2012年12月。スポーツ部野球担当に異動を告げられた。当時住んでいた社員寮（現在は廃止）に戻り、1人で枕に顔をうずめ、「よっしゃー！」と声にならない叫び声を挙げたことを今でも鮮明に覚えている。

野球記者としての初日は同年4月2日。政府が巨人終身名誉監督の長嶋茂雄氏、巨人やヤンキースで活躍した松井秀喜（現ヤンキースＧＭ特別アドバイザー）氏の両氏に国民栄誉賞を授与する方針を決めた日だった。デスクの指示で都内の長嶋茂雄邸までタクシーで急いで向かったが、取材は空振り。記者として右も左も、いや、前も後ろも見えていなかった。

そして、数日後。両氏の国民栄誉賞の「余波」はまだ続き、デスクから日本ハムの２軍施設のある千葉・鎌ケ谷へ向かうよう命じられた。

これが真の意味での私の記者人生の始まりだった。取材の狙いはもちろん大谷だった――。

2013-2015

第1章
大谷翔平との出会い、二刀流覚醒、試練

大谷の一挙手一投足を追いかける日々が始まる

2013年4月某日。初めて生で見た大谷は困惑の表情を浮かべていた。いや、正確に言うと「浮かべさせて」しまった。練習終わりに鎌ケ谷スタジアムの正面入り口で行われた囲み取材。終盤で大谷に「将来的に長嶋さんや松井さんのような国民的スターを目指したいですか?」と問いかけた。これが大谷に投げかけた初めての質問だった。

言い訳になる。この質問は事前にデスクから指示が飛んでいた。その日の練習内容には全く関係がなかったが、私はスポーツ紙の取材はそういうものなのかと疑問には思わなかった。当時の大谷と長嶋氏、松井氏との関連性は皆無だ。大谷は「いやぁ、特に……」と苦笑いしながら、首をかしげていた。

振り返れば、いかにもスポーツ紙らしい「見出し」を狙った質問だ。今でも反省している。当時の大谷の何とも言えない困惑した表情はこれからもきっと忘れないだろう。

大谷は2012年秋のドラフト前にメジャー挑戦を表明したが、日本ハムが強行指名。その後、何度も交渉を重ね、熟慮の末に入団を決意した。入団後の大谷のメディア対応は原則「1日1回」。理由はひとつ。投打二刀流でミーティングなどの準備、練習、体のケアなど、常に多忙を極めるからだ。このルールが、2017年の退団まで続き、後のエンゼルス移籍後も踏襲されていくことになる。

当時の私は、日本ハム担当の休日、もしくは日本ハム担当が別件で都合の悪い日を手伝う「遊軍記者」として、鎌ケ谷を訪れる機会が急激に増え始めていた。

スポニチの日本ハム担当は北海道総局（現北海道支局）所属で札幌在住のため、東京本社の記者が日本ハムの2軍取材をカバーしなければならなかった。主な目的は右足首痛のため2軍調整中だった大谷の取材。私が住んでいた千葉県船橋市の社員寮は鎌ケ谷まで電車で約30分と遠いわけではなく、地理的要因も大きかった。

当時はファン、球界関係者含め、大谷の二刀流に懐疑的な見方が多く、注目度も今よりは限定的だった。だが、一度その投打を生で目にしたメディアやファン、相手チームは一様に驚きの声を挙げ、目を奪われていた。投げては150キロ台を何度も計測し、打ってはフリー打撃ではあるものの、驚異的な飛距離の柵越えを連発。怪物揃いのプロ野球の世界でも、ポテンシャルの高さが図抜けていることは明らかだった。

同じ4月のある日。極度の不振から2軍落ちを志願した当時40歳の稲葉篤紀（現日本ハム2軍監督）と交互にフリー打撃を行っている日があった。照りつける太陽の下、大谷は食い入るように柵越えを連発する稲葉の打撃を見つめていた。稲葉は「（自身は）スイングが小さくなっていたので大きくすることを意識した。本塁打を狙いにいった。（自分に刺激されて）大谷

試合前にリラックスした表情でアップをする大谷

は力んでいたけど……」と笑い、大谷は「稲葉さんの打撃はムラが少ない。一緒にやることで学ぶことが多い」と真剣な表情で話していた。

大谷は入団前から稲葉を憧れの人物に挙げ、後にその理由について「グラウンドに落ちているゴミがあれば拾い、全力疾走もする。選手だけでなく人間として尊敬する」と語っていた。大谷はメジャー移籍後、ゴミ拾いを含めたマナーの良さや礼儀正しさが注目されるようになるが、花巻東で過ごした3年間はもちろん、この稲葉との出会いから大きな影響を受けていた。

その後もよく鎌ケ谷に通っていたが、大谷の中で私の顔と名前は一致していなかっただろう。比較的選手と近い距離で話すことができるキャンプを取材していない遊軍記者の立ち位置は難しいものだ。そんな中、転機が訪れた。12月。私はスポーツ部野球担当になってから1年も経たずに、北海道総局に異動を命じられ、日本ハム担当を拝命した。

スポニチの日本ハム担当は主に球団幹部や監督ら首脳陣を担当するキャップ1人（先輩記者）と、主に選手を担当する記者1人（私）の2人体制。プロ1年目を終えたばかりの大谷は当時、二刀流としての地位を確立していなかったとはいえ、日本ハムで最大の注目選手だった。異動を命じられたのは12月のオフの自主トレ期間中。ここから大谷の一挙一動を追いかける日々が始まった。

12月28日。緊張感を覚えたと同時に、心が躍った。遊軍記者ではなく、担当記者として初めての大谷の取材は、花巻東の3学年先輩でもある西武の菊池雄星（現ブルージェイズ）とのトークショーだった。岩手県花巻市で開催された「ふるさと復興応援イベント」。東日本大震災の復興支援と地元への恩返しを目的に大谷と菊池の2人が発案し、野球少年ら約3000人を前に技術指導などを行っていた。

ここで大谷は2年目の2014年シーズンに向け、開幕からの二刀流出場に向けて力強い言葉を残した。1年目の2013年は打者としては開幕スタメンを勝ち取ったが、初登板は5月23日のヤクルト戦（札幌ドーム）だっただけに「シーズン最初から（二刀流を）見せられるように頑張りたい」と言い切った。当時の栗山英樹監督から先発投手として2桁勝利を厳命され「（投手と野手）どっちも最初から戦力として戦える位置にいたい」とどん欲だった。

さらに当時の取材メモを振り返ると、興味深い談話が残っている。この時、菊池は大谷から年明けに行う母校での自主トレに誘われたことを明かしたが「丁重にお断りしました」と説明した。その理由については「大谷もプロ。職場も違うし、バラバラで良い。カズさん（前楽天監督、現取締役シニアディレクターの石井一久氏）にも〝縛っちゃダメ〟と言われた。先輩風を吹かせたくない」と語っていた。

繰り返しになるが、大谷は「人に興味がない」ため、誰かを練習に誘うことは珍しい。2014年と2015年の沖縄・名護で行われた春季キャンプ前には、1週間ほど早めに前乗りす

地元岩手のイベントに出演

る「先乗り合同自主トレ」に初日から参加。2015年、2016年と2年連続でダルビッシュと都内で合同自主トレも行った。だが、メジャー7年目に突入した2024年現在、大谷は先輩、同期、後輩にかかわらず誰かと自主トレを行ったり、誰かを自主トレに誘ったりするようなタイプではなくなっている。大谷の練習パートナーは、メジャー移籍後、日本への一時帰国中だろうと一貫して水原通訳のみ。自身の影響力の大きさを鑑みてか。注目度が高くなりすぎた故に周囲に気を遣うようになったのか。大谷の思考はもちろん、周りを取り巻く状況の変化が影響しているのだろう。

藤浪に投げ勝ち〝聖地〟初勝利

2014年1月3日。年明け早々に、私は再び大谷の地元岩手県を訪れていた。野球ファンであれば、テレビのニュースや新聞記事で選手が「自主トレ公開日」と称して、自主トレ後に取材を受けているシーンを見たことがあるだろう。

花巻市内の母校・花巻東で行われる大谷の年明け初練習がその「自主トレ公開日」に設定された。私にとって初めての「自主トレ公開日」の取材でもあった。

大谷は「背番号(11)に合わせて」午前11時11分に始動した。2番手投手で、その後慶大野球部でプレーしていた小原大樹さんら3人とキャッチボールやウエートトレーニング。最低気温マイナス2度。小雪がちらつく銀世界の中で汗を流したが、実は大谷はこの年末に体調を崩し、元日まで自宅で寝込んでいたという。

「吐いたりしたのは久々。なかなか良い経験でした」

前年12月30日の夜に異変を訴え、31日に病院へ行くと「感染性胃腸炎」の診断で点滴を受けた。大谷本人いわく「原因不明」で、39度の発熱。食事ものどを通らず、元日はおせち料理も食べることなく、ゼリー飲料のみで過ごした。初詣に出かけることもできず、初夢も「うなされて覚えていない」というが、体調が回復したこの日は、仲間との久しぶりの練習に笑顔が絶えることはなかった。

大谷は「今季の目標を漢字1字で」と問われると、「勝」を選んだ。聞けば2年連続らしい。しかし、その重さは違った。「昨年は勝たせてもらったシーズン。今年はひとつでも多くチームに勝ちをつけたい」。他人の力ではなく、自分の力でチームに勝ちをつける。「何とか2桁勝てるように頑張りたい」と具体的な目標も掲げていた。

その後は鎌ケ谷に拠点を移し自主トレを再開。同月12日の自主トレ後に大谷が「睡眠」について語った説明が、特に印象に残っている。「今は毎朝、午前7時15分に起きています」。前年10月、宮崎でのフェニックス・リーグで中6日で3試合に先発し、計19イニングで2失点、防御率0・95と手応えをつかんでいたが、その一方で、なかなか抜けない疲労感を覚えたという。

そこで日本ハムグループの管理栄養士に疲労回復方法を相談。「睡眠時間を一定にするより、朝起きる時間を一定にしたほうが疲労回復に良いと聞きました」と「定時起床」のアドバイスを受けていた。

起床方法はいたってシンプル。午前7時15分にセットした携帯電話のアラームで起きた後、朝風呂に入って目を覚ます。就寝時刻はバラバラでも同じ時刻に起きることで、体内時計が安定し、体に無駄なストレスがかからないという。2013年12月初めから実践し「シーズン中も続けていきたい」と話した。メジャー移籍後、大谷がシーズン中の過ごし方として最も大切にする「睡眠」のこだわりは、この頃から本格的に始まった。

1月24日。日本ハムの春季キャンプ先乗り組の合同自主トレが沖縄の名護市営球場（現タピックスタジアム名護）でスタートした。実は私にとって同球場は初めてではなかった。銀行員時代、高校と大学の野球部で一緒だった友人が沖縄に転勤中だったのを頼り、プロ野球キャンプ巡りを2年連続で敢行した。もちろん名護の日本ハムのキャンプにも来た。当時、その友人が発した「記者になったほうがいいんちゃう？　向いてるで」という何げない言葉は私の転職を後押しした。私にとって縁もゆかりもない沖縄は思い入れのある地だった。

ただ、仕事として来たのは初めてだった。先乗り組の合同自主トレ初日から感慨に浸る暇もなく、大谷の一投一打を追い続けた。フリー打撃では右翼後方の防球ネット上部を直撃する130メートル弾を連発。「初日なのでまだまだ。まだちょっと引きつけられていない」と謙遜《けんそん》した大谷だったが、見守った稲葉らが「おぉ！」と感嘆の声を上げるほどすさまじい打球だった。この年のオフは、背筋や体幹を重視したトレーニングで筋力を強化。当時の木下喜雄トレーナー（現在はメッツ・藤浪のトレーナー）は「オフにしかできない筋肥大のメニューを取り入れた」と説明していた。

体重は入団時の86キロから90キロ。胸囲は98センチから106センチまでサイズアップしていた。大谷は「トレーニングのおかげかは分からない。そんなにすぐ効果が出るかも分かりませんし」と首をひねっていたが、鋭い打球が何よりの成長の証だった。

翌25日。キャンプイン直前に取材に応じた栗山監督は、大谷の外出についてキャンプからシーズンを通じて1年目同様に制限を設ける方針を明かした。「翔平はきっと俺のこと大嫌いなんだろうな」。そう苦笑いしたが、名護で伝え聞いた大谷は「制限されてもされなくても変わらないと思う。何したいとか特にないですし、いいのかなと思います」とこともなげに話した。この時、まだ19歳。野球に全てを注ぐ男の覚悟を初めて感じ取った瞬間だった。

2月1日のキャンプ初日。私にとって待望のキャンプ初取材は意外な展開となった。大谷は初日からブルペン入りし、捕手を座らせ59球。自身は「まずまず」と振り返ったが、直球に切れはなく、ストライクもわずか20球だった。

精彩を欠く内容に厚澤和幸投手コーチ（現オリックス投手コーチ）も不満顔。初日は「見るだけ」の方針だったが「このままじゃ故障にもつながる」と直接指導に踏み切った。同コーチは指導内容を明かさなかったが、投球時のテークバックに問題があるもようで全体メニュー終了後にはブルペンでシャドーピッチングを課していた。

ブルペンで見守った栗山監督も「まぁまぁどころじゃない。バカヤローっていう話だよ」と一喝。大谷は「テークバックがしっかりできれば良くなる」と話すも、当時のスポニチ紙面には「ローテ入り白紙危機」の見出しが躍った。

翌2日も災難だった。大谷は練習開始時の全体アップでダッシュした際に靴が脱げるという、まさかのハプニング。周囲は爆笑に包まれたが、栗山監督は「ピッチャーなんだから足元とかにはもっと注意しないとだめ」と渋い表情で語った。

前日はブルペンでの精彩を欠いた投球に「バカヤロー」と発言したが、この日は「大バカヤローでしょ」。当の大谷本人は「なるようにしかならない。気負わずやっていきたい」と大物ぶりを発揮。後日、栗山監督は大谷のニックネームを報道陣から募集し「アップ中に靴が脱げたりして、あいつは鈍感なところがあるから、〝鈍（どん）ちゃん〟とかはどうかな？」とジョークを飛ばしていたが、この鈍感さは強みだ。

キャンプも中盤に差し掛かった11日。練習内容のひとつひとつや試合のワンプレーを掘り下げる「キャンプ追球」というスポニチ紙面の名物コーナーで大谷を取り上げたことがあった。大谷のブルペン投球でのクイックモーションがテーマ。カーブはすっぽ抜け、直球は垂れる。厚澤投手コーチは「クイックモーションをやらせて、あえて（投球）バランスを崩させている」と解説した。

1年目だった2013年の大谷は61回2／3を投げ、投手陣で2番目に多い11盗塁を許した。クイックモーションに難があったが、球団方針により前年は課題に手をつけていなかった。実戦初登板の8日の紅白戦（名護）では、最速148キロ。2回を2安打無失点と結果を残したが、厚澤投手コーチからクイックモーションの遅さを指摘されていた。

この日は始動から捕手が捕球するまで平均1・21秒。プロでは1・25秒が合格点とされており、タイム的にはクリアした。しかし首脳陣の狙い通り、投球バランスを崩し精彩を欠いた。セットポジション時に重心が両かかとにかかることも一因だったという。

黒木知宏投手コーチ（現ロッテ投手コーチ）は「バランスの悪い投球をしてどう修正するかを感じることが大切」と話した。クイックモーションの重要性を認識させるために、制球が乱れるのは承知でバランスを崩させていた。「試合では走者が出る場面のほうが多い」と大谷も必死で重心位置の修正に努めていた。

いい球を投げるだけがブルペンではない。世界一に輝いた2023年3月のWBCでは、大谷の「鈍感力」とともに、この時の光景を思い出すことになる。

3月8日。キャンプが無事に終了し、オープン戦も本格化し、注目の一戦が早くも幕を開けた。大谷が阪神戦（甲子園）に先発し、5回2安打1失点。花巻東時代の2012年センバツ1回戦で敗れた藤浪との投げ合いを制した。2年前のセンバツで藤浪と投げ合って以来の聖地のマウンド。5回を投げ終え、ベンチへ颯爽《さっそう》と戻った大谷は、「初めての甲子園での勝利」にうれしそうに笑みを浮かべた。

「負けた思い出しかなかったので、良い投球ができて良かった。ちょっと1個いい思い出ができた」。甲子園での勝利とは無縁だった。高校時代は2年夏と3年春の2度出場したが、いずれも初戦敗退。大阪桐蔭を史上7校目の春夏連覇に導いた藤浪とは、高校時代から常に比較されてきたが「去年は歯が立たなかった。藤浪は結果を出している。僕は挑戦する立場」と謙虚な姿勢は変えなかった。

だがオープン戦とはいえ、その藤浪に投げ勝って聖地での勝利。試合後の囲み取材では「シーズンで勝てば涙が出ます」と珍しく軽口まで飛び出した。

私にとっても2年越しの甲子園での大谷対藤浪の一戦だった。この頃はまだ札幌に転勤したばかりで、大雪に面食らっていた。早春の甲子園の浜風がいつもより心地良かった。

「大谷はもう普通の選手じゃなくなってきたな」

3月28日の開幕・オリックス戦（札幌ドーム）。いつもはラフな格好のテレビ、新聞の担当記者もこの日ばかりはスーツなど正装を着用する。

試合前練習が始まるグラウンドに降り、どこか緊張感が漂うものだ。私にとって初の開幕戦取材。完全にいつもと違う雰囲気に飲まれていたが、2年目を迎えた19歳の大谷はどこか余裕の表情だった。

二刀流2年目。大谷は「3番・右翼」で1年目の13年に続き、打者としてスタートした。最初の2打席は凡退したが、2点を追う5回2死、オリックスのエース金子千尋のスライダーを右越え二塁打。7回にも2死三塁から左中間フェンス直撃の同点適時二塁打を放った。

史上初となる高卒新人から2年連続開幕戦マルチ安打の偉業を達成。延長12回1死満塁。ベンチで両手を合わせて祈っていた大谷は、小谷野栄一のサヨナラ打が飛び出すと会心の笑みを浮かべた。「僕はいつも神頼みなので」。開幕戦独特の緊張感から解放された大谷はそう言っておどけていた。

4月12日の西武戦（札幌ドーム）。花巻東の先輩である西武の菊池と初めて投げ合った。5回2／3を6安打1失点に抑えシーズン初勝利。毎回走者を出しても毎回三振を奪う力投で自己最多で初の2桁となる10三振を奪った。

大谷は菊池に憧れて同校に進学した。「チームとして勝ちたかったですし、個人的にも勝ちたい試合だった」。初回にプロ入り後、自己最速に並ぶ157キロを計測。制球はばらつき「引っかけたり、あまり良くない中での投球」と振り返ったが、自己最多の118球を投げ抜いた。

大谷の剛速球の原点となった練習のひとつに、花巻東での「プールトレーニング」があると、大谷の元チームメートとして前述した小原さんが教えてくれた。入れ替わりだった3学年上の菊池の学年から始まった練習。専用手袋をつけ、水をかく動きだけで前進しなければいけない過酷なメニューだ。グラウンドが使えない冬場に室内プールで50メートル8本を週4回。これにより、大谷は手の甲を腰につけたまま、両肘が体から垂直に前に出るほどの肩甲骨の可動域の広さを身に付けた。

長いリーチを存分に生かした力強い速球は、初めて投げ合った憧れの先輩から受け継がれた系譜だった。大谷は自身と菊池の投球を比べて「全体的には（菊池が）上」と感じた。そして「（初めて会った）中学3年の時も今でもそういう（目標の）位置にいてくれるのは僕としてもうれしい」と喜んでいた。

大谷はその後、前年に並ぶ3勝をマークし、迎えた5月13日の西武戦（函館）で、投手として一気に飛躍を遂げる。私はこれが「投手・大谷」の最初のターニングポイントとなった試合だと認識している。

9回6安打に封じ、プロ初完投、初完封。函館での初登板でプロ入り最多となる126球の熱投だった。プロ入り後最速の158キロを計測するなど、威力抜群の直球を主体に9三振を奪った。

試合後、原稿の打ち合わせで会社に電話をかけると、冷静で知られるその日の当番デスクが「大谷はもう普通の選手じゃなくなってきたな。これからも取材をきっちり頼むぞ」と興奮気味に語っていた。翌日のスポニチ東京版は異例の1、2面の2枚展開だった。

不思議な導きを感じた快投でもあった。前日、栗山監督は函館市内にある久慈次郎氏の墓参りをしていた。大谷と同じ岩手県出身で、戦前に早大、実業団の函館太洋倶楽部で名捕手として活躍したレジェンドだ。

球場前の銅像は、「大谷よ、ここに投げろ」とばかりに投手の基本である外角低めに構えているため、栗山監督は真顔で「今日は久慈さんのおかげだね」と話していた。

試合後の囲み取材終盤。私は大谷にどうしてもこのことを聞きたくて、質問した。「同郷の岩手出身の久慈次郎氏の存在や、ここにある銅像の存在を知っていましたか？　栗山監督が〝大谷よ、ここに投げろ〟というメッセージを感じたと話していました」。栗山監督が感じ取ったストーリーに私も感情移入していた。

初完投初完封で喜ぶ大谷

だが、大谷本人は「いやぁ、特に……」と苦笑い。鎌ケ谷で初めて質問した時と同様に困惑した表情を浮かべさせてしまった。囲み取材の輪が解けると、「ナイスファイト！」と他社の先輩記者に大笑いされたが、自分で必要だと感じて投げかけた質問。不思議と後悔はなかった。

私の取材メモには当時の大谷が大物ぶりを発揮したエピソードが残っている。函館市内の宿舎に戻った後、山田正雄GM（現スカウト顧問）は、食堂で物静かに淡々と食事を取る大谷に驚いたという。

「活躍した選手は普通〝やったぞ〟という雰囲気が出るが、全くそれがなかった」。祝福の握手を求めても、反応は薄かった。19歳とは思えない落ち着きぶり。その姿に山田GMは「ダルビッシュと似ている。追い求めている理想が高いのかな」と漏らした。

パ・リーグ初の160キロをマーク

交流戦が始まり、5月20日の中日戦（札幌ドーム）。スタンドではレンジャーズのジョシュ・ボイド・プロスカウト部長（現GM補佐）も観戦。定期的に大谷の視察に訪れる熱心な球団のひとつで、その後、何度も見かけた。

この日も忘れられない1日となった。大谷が日本ハム在籍中、唯一、初めて試合後の囲み取材を拒んだ日だ。完封ペースの6回に突如制球を乱し、5失点で途中降板。チームは勝ったが、大谷はムッとした表情でロッカールームから出てきた。

その後、地下通路から札幌ドームへの関係者口へと続く階段を駆け上がり、追いかける報道陣を振り切ろうとした。私は何とか追いついたが、大谷は「（チームが）勝って良かったです。力不足でした」と言うだけで、足早にタクシーに乗り込んだ。試合後にこんなに怒っている大谷は珍しかった。栗山監督も「相当怒っている。あんなに悔しそうなあいつ（大谷）を見たのは初めて」と驚いていた。

函館での初完封後、当番デスクに電話口で言われたことは的中していた。6月4日の広島戦（札幌ドーム）。ついに大谷がプロ入り初の160キロをマークした。花巻東3年夏の岩手大会準決勝、一関学院戦（岩手県営）で高校生史上初めてマークして以来の大台。日本人投手としては、史上2人目。パ・リーグでは初の快挙に「（160キロは）手応えは、すごくありました」と珍しく胸を張った。5回3安打1失点、自己最多タイ10奪三振で5勝目。打っても5回に相手先発の前田健太（現タイガース）から二塁打を放ち逆転劇につなげた。

当時の日本球界を代表するエース前田との初めての投げ合い。「点数も入りづらいと思ったので最初から力を出し切るつもりでいった」。初回から150キロ台を連発。高めが伸び、打者を押し込めているのが分かった。加えて同年の北海道は異常な猛暑で「夏に向け切れが出てきた」という。心技体が揃って160キロが生まれていた。

勢いは止まらない。6月18日の阪神戦（甲子園）では、甲子園でプロ入り初の公式戦登板を果たし、8回1安打無失点、自己最多11奪三振で初勝利。8回途中に右ふくらはぎに違和感を訴えるアクシデントに見舞われながらも、3試合連続で自己ベストの160キロをマーク。高校時代に1勝もできなかった憧れの地で成長した姿を披露した。

大谷が新人だった2013年。成長痛の影響もあって、登板後2日間は全身疲労で野手としての出場は困難だった。だが、2年目の2014年は違った。成長痛も癒え、キャンプでは自らを追い込むことが可能になった。体幹トレーニングを重点的に行い、ポテンシャルを引き出せる土台が整った。「やっとここまできた」。栗山監督は感慨深そうに口を開いた。

大谷は花巻東時代に大舞台で〝勝ち運〟に恵まれず、どちらかといえば「持っていない」イメージが強かったが、勝負強さと千両役者ぶりがこの頃から徐々に発揮されていくことになる。7月5日のロッテ戦（当時QVCマリン、現ZOZOマリン）。初回に左翼席に今季4号となる先制2ラン。9回にも右翼席に弾丸ライナーの5号2ランを放ち、プロ初の1試合2発をマーク。チームはロッテに快勝し、大谷の決勝アーチ、1試合4打点もともにプロ初。初ものずくめの「ワンマンショー」となった。

実はこの試合の取材は先輩の日本ハム担当キャップと東京本社の遊軍記者の2人が担当し、

私は北海道総局の業務として、帯広で高校野球の取材中だった。インターネットの速報で大谷の2本塁打を知り、キャップから「『フリートーク』を書いてほしい」と依頼を受けた。『フリートーク』とは、新聞のメイン原稿に添えるサイドストーリーを書くスポニチの名物コーナー。その名の通り書き方、内容は自由。私は急きょ、大谷の母・加代子さんに電話した。

息子の出場試合は全てCS放送で録画するが、「良い結果が出たのが分かっていて見ることが一番大好き」と基本的にリアルタイムで見ることは少ない加代子さん。この日も外出中で、知人からの連絡でバースデー弾を知ったという。

日頃からメールをしても返信がない年頃の息子に「20歳の誕生日、おめでとう」とメールを送ったが、当然のように返信はなかった。それでも「返信の代わりに本塁打を打ってくれたんだと思います。狙ってたんじゃないですか？」と笑い飛ばしていた。便りがないのは良い便り。テレビの前の母を安心させるには十分過ぎる祝砲だった。

さらに4日後の9日の楽天戦（当時コボスタ宮城、現楽天モバイルパーク）に先発し、1失点、自己新16奪三振の完投勝利。同月のオールスター戦では監督推薦で投手として選出。1年目の2013年はファン投票で打者として選ばれ、2年連続の選出だった。

このオールスター戦直前、私にとって初めてとなる大谷への単独インタビューが実現した。

ある日の試合前に札幌ドームの会議室のソファで大谷と対面。前述したように、普段は大谷へのマンツーマン取材は禁止されているため、この時の違和感と緊張感は尋常ではなく、手のひらや額から汗が止まらなかった。

私はこの頃には大谷に「いじってもいい記者」として良くも悪くも認知されていたように思う。直球の握りを見せてほしいとお願いした時に、人さし指と中指と薬指の3本で握り「2本（人さし指と中指）より3本の指で投げるほうが速くないですか?」とジョークを飛ばされ、「いやいや、違うでしょ!」と私がツッコむと、イタズラっぽく笑っていた。

もちろんその後は真面目に答えてくれた。大谷の直球の握り方の特徴はふたつ。ひとつは、人さし指と中指の間を若干広めに空ける。人さし指と中指の長さの差が約2センチとやや大きいため「広めに空けないと（両方の指に縫い目が）掛からない」という。もうひとつは、ボールの下を支える親指を折らずに立てる形にしている。もともと、親指を折り曲げて支えていたが高校から現在の形に。理由について「疲れるから」と説明した。

人さし指と中指を広めに空けて親指を立てる握りは、一般的に制球を重視した握りとされる。指とボールの接地面が広く、握りが安定する半面、縫い目との引っ掛かりが弱くなり、球速は出ない。同じ速球派では、阪神やカブスでプレーした藤川球児は人さし指と中指を揃え、日本ハムの同僚で先輩の増井浩俊は親指を折り、スピンの利いた直球を生み出す。大谷の直球は投げやすさを優先していた。

取材時間は約30分間。私が「栗山監督は大谷選手について、報道陣には厳しい言葉を使って評価するが、どう感じているか？」と問いかけた時の答えも印象的だった。

「裏では真逆なので、まあ、報道上かなとは思いますけど。そこはあまり気にならないですね。僕もまだまだだと思っているし」

まだ20歳になったばかりの大谷と栗山監督の信頼関係の強さが分かる答えだった。

プロ野球史上初！　同一シーズン2桁本塁打&2桁勝利を達成

セ・リーグの藤浪とともに、パ・リーグの先発としてマウンドに上がった7月19日のオールスター第2戦（甲子園）。いきなり度肝を抜かれた。初回、先頭の鳥谷敬（阪神）への初球。自己最速を1キロ更新する161キロ。さらに、2球目だ。真ん中高めの速球はバットをかすめたファウル。これが球宴新記録となる162キロを計測。同時に08年にクルーンが記録した日本記録に一気に並んだ。その後も阿部慎之助（巨人、現監督）に162キロを計測した。

「今日はスピードだけを出しにいっていた。真ん中しか狙っていなかったし、（162キロは）少し狙っていた。ブルペンでも直球ばかり投げていた」

21球の直球のうち半分以上の12球が160キロ台という「異次元」の投球で球宴初勝利を挙

げた。

日本中の野球ファンが日本最速を期待する中で繰り出した剛速球に、試合後の囲み取材で「僕はプレッシャーがあるほうが、結果が出る」と涼しげな表情で振り返っていた。これには先発として投げ合った藤浪が「異次元のピッチング。常時160キロを投げる投手が日本の歴史でいたのかなと……」と感嘆のため息。

セ・リーグのベンチも、坂本勇人（巨人）が「20歳ですよね？　みんな〝何だ、本当に人間か？〟という感じだった」と証言するように衝撃を隠せなかった。

翌日のスポニチ東京版は、大谷の独占手記を掲載。大谷と藤浪が試合前にキャッチボール、遠投をしてファンを沸かせた裏話などが明かされた。

「藤浪とは今朝（宿舎で）、『せっかくの機会だし、何かファンサービスを一緒にやろう！』と話し合って、試合前に外野でグラブタッチしてから100メートルの遠投をしました。

藤浪は去年からいろいろ活躍（10勝）していますし、今回の球宴ではプレッシャーもあって難しい立場だったと思います。僕は逆に昨年の成績（3勝）がそうでもないので難しくなかったです。高校時代、藤浪は甲子園で春夏連覇していますし、僕と比べる対象にもならない成績を残している。僕は春（2012年センバツ）からずっと藤浪のほうが上だと思っていますし、追う立場です。今は投手でも野手でも、直接対戦する機会が少ないのであまり分からないです

異次元のピッチングで球場をどよめかせた

けど、競い合う立場ではないですね。だから、藤浪とはライバル関係ではないです。マスコミが勝手に……です（笑）。

ここまでの勝ち星（9勝）は野手の皆さんに助けてもらったもの。自分は直球が持ち味で、今年は160キロが何度も出ています。高校の時は1球しか投げていないですし、がむしゃらに投げた中でのことでした。今とは質が全然違いますね。

（5月上旬に）ほっと神戸で一度ブルペンに入ったのですが、その辺りから投球が変わりました。〝投げ心地〟が良くなりましたね。全体的なバランスというか、自分でも投げてて気持ちの良いところにはまっているのかなと思います」

大谷が表現した〝投げ心地〟という言葉はこの時、初めて聞いた。野球の取材現場で聞く一般的な言葉ではないものの、スッと腑に落ちる不思議な感覚に包まれた。感覚の言語化がなんと上手いことか。後に大谷が何度も使う言葉となる。

後日、大谷が甲子園のマウンドで笑っていたことが気になり、舞台裏の取材を続けた。三塁側のパ・リーグベンチで西勇輝（当時オリックス、現阪神）と則本昂大（楽天）が大きな声を張り上げていた。セットポジションに入った大谷は「何を言っているかは聞こえなかったけど、何となく伝わってきた」。グラブを顔の前で構え、再び笑みを浮かべていた。

実は球宴前、この3人である約束をしていたことが分かった。「みんな、直球でいこうか」。

球宴だからこそできる力と力の勝負を誓い合っていた。前日の第1戦（西武ドーム）で3回からマウンドに上がった西が約束通りに直球で押したところ、2回6安打3失点と打ち込まれた。それでも、2人から「おまえ（大谷）は直球でいけよな」と指示は飛び続けたという。捕手を務めた伊藤光（当時オリックス、現DeNA）からも言われていた。「みんなが君の直球を見たいと思っている。いけるところまで直球でいこう」。大谷も「はい」とうなずいた。試合前ブルペンでは全て直球、それも全てど真ん中を目がけて投げ込んだ。「先輩」からの後押しで、気合は十分過ぎるほどに入っていた。

この頃の大谷は、力を入れて投げる時、前に踏み出した左足が手前に引き戻される「バックステップ」といわれる動きが投球フォームの特徴のひとつだった。左足が戻る力を利用して右腕の振りを加速させるため、より速い球が投げられるが、軸が不安定になり制球がばらつきやすい。踏み込んだ左足を動かすことなく同じ腕の振りを再現することが理想だが、栗山監督は「翔平にはまだそれに耐え得る下半身の力がない」と解説。発展途上の中で記録した162キロだった。

後半戦が始まってしばらく経過し、9月7日のオリックス戦（京セラドーム）では、新たな伝説が生まれた。4回に中堅へ弾丸ライナーの10号ソロ。振り抜いたバットが、背中にぶつかりそうなほどのフルスイングだった。弾丸ライナーは、プロ入りしてから初めてバックスクリーンに飛び込んだ。踏み込んだ右足の爪先が上を向く姿は、まるで大リーグ史上最多の通算762発を放ったバリー・ボンズ（元ジャイアンツなど）のようだった。

後日の取材で大谷は「あれは（右足が）滑っただけ。あの打席は（本塁打を）狙っていたので、ちょっと力が入った」と恥ずかしそうに笑っていた。この時、投手として既に10勝をマークし、プロ野球史上初の同一シーズンでの2桁本塁打と2桁勝利を達成。メジャーでも1918年にベーブ・ルース（当時レッドソックス）が唯一記録している偉業を、「二刀流」2年目でクリアした。

20歳の誕生日の1試合2本塁打に続き、この日も私はタイミングが悪く休日だったため、偉業を生で見届けることはできなかった。それでも「大谷番」として、原稿を出さないわけにはいかない。休日返上で、1年目の2013年秋からモデルチェンジしたバットをテーマにサイドストーリーを自宅で執筆した。

同年秋のフェニックス・リーグで、当時契約していたアシックス社に「(バットに)ヘッドを利かせたい」と要望していた情報を入手。長さ33・5インチ（約85センチ）はそのままで、重さを915グラムから905グラムに軽量化。最大径（一番太い芯の部分）を0・3ミリ太くし、最小径（一番細いグリップの部分）を0・5ミリ細くしていた。

バットの先端寄りに重心を置く、いわゆる「トップバランス」。しっかりと強い打球を飛ばす狙いがあったという。歴史的偉業に敬意を表して〝ネタ〟を余すことなく原稿を書き切りたいという気持ちがあった。当番デスクからも「原稿の〝ネタ〟を余すな」とゲキを飛ばされた。大谷はそう思わせるだけの、特別な選手になっていた。

2年目の2014年は投手として11勝、打者として10本塁打で終了。まさに二刀流として本格ブレークした。レギュラーシーズン3位で臨んだCSファーストSはオリックスとの初戦に先発し粘りの投球、6回3失点でしのぎCS初登板初勝利。試合前のブルペン投球でリリースの瞬間に力み過ぎて、ボールを支える親指の爪で自らの薬指を切るアクシデントを乗り越え、翌日のスポニチ東京最終版1面には「血染めのCS1勝」の見出しが躍った。

ファーストSを勝ち上がり、続くソフトバンクとのCSファイナルS第5戦でも先発。レギュラーシーズンでは一度もなかった、野手出場後から「中1日」で先発マウンドに上がり、7回4失点13奪三振の熱投。延長11回中島卓也の決勝打に喜びを爆発させた。翌日は疲労を考慮してベンチ入りメンバーから外れ、チームも敗戦。ベンチ裏で敗退を見届け「もう少し（試合を）やりたかった。ベンチ入りメンバーに入れなかったのは自分の力不足。チームの力になれなかった」と悔しがっていた。

タクシー内での単独ロングインタビュー

11月の日米野球では日本代表に初選出され、プロ入り後初めて侍ジャパンのユニホームに袖を通した。２試合に投げ計5回6安打2失点（自責点ゼロ）。２度目の登板は本拠地札幌ドームが舞台で、直球が最速１６０キロを計測し、最も対戦を楽しみにしていた外野手のヤシエル・プイグ（当時ドジャース）から3打席で２三振を奪った。「楽しかったです。すごく積極的に振ってくる怖さを感じた部分はあったけど、（今、自分が）持っているもので勝負ができた」。札幌ドームの関係者出口に急きょつくられたミックスゾーンで屈託のない笑顔を浮かべる大谷を見て、こちらまでうれしくなった。

日米野球も終わり、オフに突入した12月2日には、後にも先にもこの時しかない〝レア〟な体験をした。スポニチフォーラム制定「ＦＯＲ ＡＬＬ ２０１４」（スポーツを通じて社会貢献や地域振興に寄与、または日本を元気づける顕著な働きをした個人、団体を表彰）で、大谷がグランプリを獲得。私は主催社であるスポニチを代表して、練習後の鎌ケ谷から表彰式会場の東京ドームホテルまでタクシーに同乗。車内で大谷に単独インタビューすることを許された。

徐々に日が暮れる夕方の移動だった。車内は徐々に真っ暗になり、準備していた質問案の文字がなかなか読めず、悪戦苦闘。大谷に何度も「何してんすか⁉」と大笑いされた。一方、その車内で大谷の警戒心を疑う出来事もあった。インタビュー前に自身のスマートフォンに見知らぬ電話番号からかかってきた際に「もしもし。どなたですか？」と急に通話し始め、「スーパースターなのに大丈夫か⁉」とこちらが心配になった。調子に乗ってLINEを聞いたら「ダメですよ。青木さん（当時日本ハム広報）を通して下さい！」と笑われ、その様子に聞き耳を立てていたタクシーの運転手にも大笑いされた。兎にも角にも通常なら40分程度の道のりが渋滞のため1時間ほどかかったのも幸いだった。異例の単独ロングインタビューはなんとか無事に成功した。

印象的だったのは、体づくりに関する質問に対して「理想は（体が）細くて、重くて、長くて、しなる棒のイメージ。それを速く振れば、当然、速い球を投げることができる」と独特な言い回しで説明していたこと。そうかと思えば、「160キロ以上を投げないと（観客に）拍手されなくなった」と苦笑いを浮かべるなど、ざっくばらんに話をしてくれた。

さらに「いつかは、それ（160キロ）が普通になる時代が来る」と言い切っていた。「本当に？」と半信半疑だったが、後の佐々木朗希（ロッテ）らを目の当たりにして、的確な予測だったと今にして思う。物事を俯瞰して見ることができる能力は当時から図抜けていた。

表彰式後には、球団の計らいもあり、主催社を代表して、ホテル近郊の焼き肉屋で大谷らと合流することもできた。もちろんその場では、取材ノートとペンはバックパックの中にしまい、完全プライベートを尊重。もう20歳になっていたが、アルコール飲料を断り、ウーロン茶を飲んでいる姿を見た時は「日本ハムのチームメートたちの言う通りだ」と自然とうれしくなった。もう既にスーパースターだったが、その笑顔はどこにでもいる20歳の青年だった。

同じ12月には、翌２０１５年の元日紙面用の特別企画として、鎌ケ谷の勇翔寮で大谷と当時スポニチ評論家だった石井一久氏との対談が実現し、私が司会進行を務めたこともあった。２人の口調が熱を帯びたのは、「ピーク」についての考え方だった。

石井氏「僕がメジャーに行ったのは28歳だけど、自分の中ではタイミングがひとつ遅かった。ピークってそこじゃないでしょ？　多分、もうちょっと前。大谷君は自分のピークはどう考える？」。

大谷「肉体的にはやっぱり26歳とか27歳なのかなと。でも、技術とかみ合うという意味では27歳から30歳くらいかと感じています」。

後に大谷は27歳の２０２１年、29歳の２０２３年に史上初めて2度の満票でア・リーグＭＶＰを獲得。大谷がいかに自己分析能力にも長《た》けているかが分かる。

プロ野球担当1年目、大谷担当1年目として激動の２０１４年はこうしてあっという間に終わりを迎えた。

年が明けて2015年1月5日。日本ハム入団3年目を迎える大谷の鎌ケ谷自主トレ公開日。大谷はシーズンの目標を表す漢字として、自身の名前「翔平」の1文字でもある「翔」を選んだ。

「羊に羽を付けて〝翔〟にしました。ひつじ年の今年に羽ばたくという意味。去年の成績を超えたい意味もあるし、自分が納得できる年にしたい」

これまで大谷は2年連続で「勝てる投手になりたい。チームに勝ちをつけたいという意味」で「勝」を選んできた。2014年はプロ野球史上初の同一シーズンでの「2桁勝利&2桁本塁打」を達成。2015年は「15勝&打率3割」というさらなる目標を設定し、その先にチームのリーグ制覇を見据えていた。

2014年はソフトバンクとのCSファイナルSで、あと1勝で日本シリーズ進出を逃しただけに、「話を聞くと面白そうなので、〝ビールかけ〟をやってみたい」と、秋に味わう勝利の美酒を思い描いた。

1月8日には〝大谷らしい〟出来事があった。新年初ブルペンの時期が注目される中、大谷は報道陣に「ブルペン入りはいつにするか決めていません」と話した。だが、打撃練習を終えて合宿所に戻った約1時間後に再び室内練習場に姿を現し、ブルペン投球を始めた。

この日は前年秋にドラフト1位指名された有原航平(現ソフトバンク)ら新人7選手の入寮

日。大谷のブルペン入りは、室内練習場の様子が見えないグラウンドで多くのメディアが新人選手を待ち構えているタイミングだった。同日はスポニチを含む多くの担当記者が「1人体制」だったため、大谷の新年初ブルペンの取材を逃す結果に。練習を見られることが苦手だった当時の大谷からしてみれば、狙い通りメディアを撒くことに成功した。私は「絶対、このタイミングを狙ってブルペンに入ったな～」と他紙の記者と笑い合った。

この3日後の1月11日。大谷は岩手県奥州市の成人式に出席した。驚いたのがこの時の会見だった。あるメディアから「20歳の誓い」を求められると「〝義務も権利〟も出てくる。私生活もそうですし、そこを大事にしたいです」と力強く語った。義務も権利も考えたことがなかった20歳の頃の自分が恥ずかしい限りだ。

20歳になれば当然、社会人としての責任も増える。勤労、納税という義務を果たす一方で、選挙権（当時）も与えられる。

では、プロ野球選手として夢と希望を与えるプレーを見せるために何ができるか。大谷なりに野球人としての「義務と権利」を考えていた。

「一塁まで全力疾走することは打者の権利でもあり、試合に出ていない選手のために走る義務でもある。試合に出る以上はそこを大事にしたい」

出した答えは「全力疾走」だった。尊敬する稲葉氏のモットーでもある。大谷自身も、花巻

地元岩手の成人式に参加

東時代から凡打しても一塁後方の芝生の切れ目まで駆け抜けるよう指導されるなど、全力プレーへの意識は高い。

将来に見据える「170キロ超え」についても質問が飛んだ。夢の大台。「球速に関するこだわりは年々減ってきている」としたが、「誰しもが無理と思う数字。でも直球は持ち味で一番の長所なので目指す価値はある」と言った。

肩を小突き合い、談笑する姿は20歳の青年そのもの。スポーツ紙のプロ野球担当記者にとって成人式は、高卒若手選手の取材の定番のひとつだが、大谷がグラウンドを離れても「義務と権利」という言葉の力で異彩を放っていたのは言うまでもない。

憧れの松井&ジーターに大興奮

1月24日、名護。2年連続2度目の先乗り合同自主トレがスタート。大谷は、初日からエンジン全開だった。フリー打撃で66スイング中12発の柵越え。スコアボード直撃の140メートル弾を放つなど、3発だった昨季の同自主トレ初日と比べてパワーアップした姿を見せつけた。

2013年オフから本格的な肉体改造に取り組み、このオフも継続して背筋や体幹を重視した筋力トレーニングで筋力を強化した。

食事面でも体脂肪増加の原因になる脂質の摂取を極力控え、純粋な筋量増加だけで体重増を図った。入団時は86キロで、14年の同時期は90キロ。さらにシーズン中に93キロまで増え、このオフを経て体重は「95キロくらい」と語った。1年間で5キロの増量に成功していた。

投手でもプロ入り後は封印していたワインドアップ投法（大きく振りかぶる投げ方）に取り組み、球種としてもチェンジアップや、ツーシームの握りで投げる改良型のスライダーを試すなど、変化を恐れない姿が目立った。

キャンプイン後の2月11日の阪神との練習試合（名護）では2回の初打席でいきなり「対外試合初本塁打」。大谷は「バットの根元というか〝芯詰まり〟（で打った）。切れなかったので、良い打ち方だった」と独特な表現で解説した。

実はこの数日前に、前年で現役を引退し解説者となった稲葉氏とテレビ番組で対談した際にも「〝芯詰まり〟のところからボールをバットで転がすイメージ」と語っていた。一般的には芯で捉えたほうが打球は飛ぶ。だが大谷の場合、スライス回転の打球を打つようにあえてバットを体の内側から出して、芯よりやや手元から押し出す（ボールを転がす）ように捉えるというのだ。

実際に「転がる」ことはないが、コンマ何秒、ボールとバットの接触時間が長くなることで、より力が伝わる。だから、詰まっても逆方向のスタンドに届く。実際、２０１４年も10本塁打中、5本が左翼方向。当時の林孝哉打撃コーチ（現ヘッドコーチ）は「バットを切るタイプではない。押し込んでバチッと打つのでファウルにならない」と解説していた。

キャンプ休日の2月20日。大谷は自身初の開幕投手に指名された。高卒3年目での大役は、球団では2007年のダルビッシュ以来の快挙だった。

大谷は午前10時すぎに栗山監督の部屋に呼ばれ、今キャンプ初めて1対1で向き合った。ここまでの調整について振り返った後、便箋3枚の手紙を渡された。指揮官が毎年行ってきた儀式で開幕投手を通達された。

「自分としても感じるものがあった。チームに勢いをつけられるか、すごく大事なところ。相手も勝てる投手が先発する。何としても勝たないといけない」

午前11時11分。名護市営球場に隣接する海岸で栗山監督が報道陣に口を開く。「2015年開幕投手。大谷翔平。今日伝えました。優勝するために選択肢としてこういう形にしたと」。背番号「11」にちなんだ粋な演出だった。

この日は、栗山監督が尊敬する巨人・長嶋茂雄終身名誉監督の79歳の誕生日。長嶋氏は常々、キャスター時代から親交のあった栗山監督に「ファンのことを考え、ファンを楽しませる野球をやってほしい」と伝え、球界全体にもそれを求めてきた。「長嶋さんがつくってくれたもの（プロ野球）を、あいつ（大谷）には背負ってもらわないといけない。あいつは歴史をつくると思

2015年2月21日【土】 （1）11版A

スポーツニッポン

ダルと同じ高卒3年目初の大役

スポニチ

大谷開幕

日本ハムの大谷翔平投手(20)が20日、初の開幕投手に指名された。高卒3年目での大役は、球団では07年のダルビッシュ有以来。沖縄・名護キャンプが休日となったこの日、栗山英樹監督(53)から手紙で通達された。3月27日の楽天との開幕戦（札幌ドーム）では則本昂大投手(24)との初の投げ合いが確実。エース対決を制してこそ、真のエースとして認められる。3年ぶりのリーグVへ、二刀流3年目・大谷の第1球から幕を開ける。【関係記事2面】

栗山監督の開幕投手論

栗山監督「優勝するため」背番号11にちなみ11時11分に発表

3・27楽天戦 則本と初対決「何としても勝たないといけない」

便箋3枚の手紙を渡され胸熱く

"球界盛り上げろ"長嶋さん誕生日に通達

ノリゾーリッキー◎ ④終面

フェブラリーS

4910852712159 00130

2015.2.21付スポーツニッポン

う」。2月20日の発表にはそんな思いも込められていた。

ちなみにこの会見中、大勢の報道陣と栗山監督を横目に大谷は1人で海岸沿いを黙々とランニング。その写真が翌日のスポニチ紙面に掲載された。並の選手なら人目を気にして「このルート」は避けるだろうが、「人に興味がない」と称される大谷らしい一面だった。

こうしてプロ3年目のキャンプが終了。私が休日を消化するために、チームより一足早く名護を去る時には、一旦私の挨拶をわざとスルー。直後に両手で握手を求め「お疲れさまでした」とイタズラっぽい笑みを浮かべた。少し余裕が出てきたのか、精神的にもグッと大人になった印象を受けた。

注目度が高いことが一因だが、どうしても大谷にはアクシデントのイメージが付きまとう。開幕直前の3月17日。風邪の症状を訴え、広島とのオープン戦（札幌ドーム）を欠場した。前日は球団主催のトークイベントに1学年上の上沢直之（現レイズ）とともに元気な姿で参加し、3月27日の楽天戦（札幌ドーム）で投げ込む初球について、珍しく「直球です」と断言。160キロ超えについても「皆さんの声援次第だと思います」と言い切るなど、盛り上げていた。だが、この日の朝になって38度以上の熱を出し、札幌市内の病院で治療を受けたという。2013年はフリー打撃の打球を顔面に受けて右頬を骨折。2014年は通算3度、マウンドで右ふくらはぎがつり、途中降板した。9月には今回と同じように発熱でシーズン最終登板予定を回避した。

幸い大事には至らず、開幕前最後の実戦登板となった3月21日の巨人とのオープン戦（東京ドーム）では3回無失点。最速157キロをマークするなど持ち前の球威も取り戻した。

ここでは感激の出会いもあった。同戦後に同じ東京ドームで開催された東日本大震災の復興イベント「ハイチュウプレゼンツ　トモダチチャリティベースボール」に参加。ヤンキースで活躍した松井秀喜氏とデレク・ジーター氏とともに、被災地の小中学生と交流した。花巻東時代からメジャー志向が強い右腕にとっては、2人とも憧れの存在で「松井さんは僕も小さい頃から目標にしていた。体が大きくてオーラがあった。ジーターさんは世界一のプレーヤー。会えてうれしいし、感激した」と興奮しきり。

野球教室では、松井氏とキャッチボールも行い、「僕も楽しかった」と笑顔を見せた。この時、私は休日で現地取材できなかったのは残念だったが、写真や映像で確認すると大谷はいつもより興奮気味の様子に見えた。公に語ったことはなかったが、後のエンゼルス入団後にメディアガイドに憧れの選手の1人として松井秀喜氏が紹介され、合点がいった。

最多勝、防御率、勝率の投手3冠

3月27日の開幕・楽天戦（札幌ドーム）。プロ3年目で初の開幕投手を務めた大谷はまたも6回途中で右ふくらはぎがつり緊急降板。それでも最速は159キロをマークし、5回2／3を3安打1失点。6三振を奪い、今季初勝利を挙げた。5回の逆転劇も相手の失策という「強運」だ。高卒3年目での開幕戦勝利は、球団では同4年目で勝ったダルビッシュを上回った。大谷は「両方の足がつりそうな感じだった。自分の責任」と振り返った。52球投げた直球は全て150キロ超え。またもアクシデントに見舞われながら規格外のスケールを披露した。

当時、母・加代子さんから聞いたエピソードを紹介したい。開幕前、札幌市内の球団寮にお守りが届いた。母・加代子さんからだった。

名前の「翔平」は、実家のある岩手県奥州市の平泉にゆかりのある戦国武将・源義経から名付けられた。超人的な身体能力を持ち「八艘《はっそう》跳び」のイメージから「翔」と平泉の「平」。その平泉にある世界遺産・中尊寺のお守りだった。しかも「勝守」「諸願成就守」「身体健全守」と3種類。

初の大役を前にオープン戦で打ち込まれる試合が続き、加代子さんは「調子が悪かったので気になっていた」と言う。大谷にとって母からもらった初めてのお守り。初の開幕投手の大役に立ち向かうべく、力をもらっていた。

その後、4月12日のソフトバンク戦（熊本）は印象深い登板となった。7回2安打無失点で開幕3戦3勝。初回無死満塁の絶体絶命のピンチをしのぐと、シーズン初の160キロを計測。9三振を奪って1点も許さなかった。地方球場では2013年のプロ入り以来、22回連続無失点。「（普段と）状況が違って、あんまり好きではないけど、相性はいいのかな」と笑った。これこそ、大谷の強みのひとつである「鈍感力」。マウンドの固さの違いや天気、気候など細かいことは気にならない。中垣征一郎トレーニングコーチ（現オリックス巡回ヘッドコーチ）も「ちょっと天然」と語るように、どんな環境でも気にせず、普段通りの力を発揮できる。

この遠征は私の印象にも強く残っている。大谷にとって熊本での登板は人生初だったが、私にとっても初めての藤崎台県営野球場（現リブワーク藤崎台球場）での取材。何か「熊本らしい原稿」を書かなければいけない、という使命感にかられていた。

そこで練習終わりに増井浩俊や宮西尚生といった先輩投手陣を直撃した。特に日本ハム投手陣のリーダー的存在である宮西は、私の大学時代の同級生で、大谷のエピソードを「差し支えのない範囲」でよく話してくれた存在だが、この日は大きな収穫なし。

試合後の囲み取材、一通り登板に関する質問が終わると、他紙の記者が大谷に「（熊本名物の）馬刺しは食べましたか？」と恐る恐る聞き、あえなく撃沈した。これには私も怯んだ。

スポーツ紙の記者として取材現場に出ると、時に野球とは全く関係ない原稿を求められることもある。「自分は一体何を書いているんだろう？」と自問自答する日々は誰しもが通る道だと思う。

この時のテーマ「熊本らしい話題」も野球には関係がない。ただ、「その日、その時しか書けない原稿を書くべき」というのが、私の記者としての信条。読んだだけで情景が浮かんでくるような内容が理想だ。

翌日のスポニチ東京版1面には「地方で無敵だモン」という見出しが躍った。囲み取材で、前年の練習用バッグに「くまモン（熊本県PRキャラクター）」のキーホルダーを付けていて、それは「木佐貫さん（現巨人スカウト）にもらった」という話をしていたところからひねり出した。決してド直球ではない〝変化球〟の見出しだが、熊本の試合らしい紙面が出来上がったことは、記者の1人として満足感があった。

この年の「投手・大谷」は安定感が抜群だった。6月24日のロッテ戦（旭川）でシーズン2度目の完封劇。2桁奪三振でのシャットアウトはプロ初だ。大谷は表情を崩し、ナインとハイタッチで喜びを分かち合った。「スライダーが今までで一番良かった。切れや変化量も良かった」。ハーラー単独トップの9勝目は、今季から本格的に取り組む横滑りのスライダーがさえ渡った。チーム内でも5月末に浅間大基、渡邉諒（現阪神）、石川亮（現オリックス）ら1軍に同行する年下選手を連れて札幌市内の焼き肉店で決起集会を開くなどプロ3年目の貫禄も出てきた大谷。すごみさえ感じさせる投球でチームを苦境から救っていた。

7月10日の西武戦（札幌ドーム）では、8回3安打無失点で10勝目を挙げた。初めて投げ合った岸孝之（現楽天）との息詰まる投手戦。7回まで無安打に抑えた相手エースに対し10奪三振の力投で投げ勝った。

私が担当記者となった2014年からここまで通算5度、足をつって緊急降板したが、季節は全て春だった。花巻東時代も同じ症状で降板することがあったが、それも春先の試合でのことだったという。

母・加代子さんは「真夏の時は逆に（足がつることは）なかった」と説明。太陽が陰るとすぐ冷える春と違い、夏は炎天下が続く。母は「汗をかく夏になったら大丈夫と勝手に考えていますす」と笑い飛ばし、大谷も「暖かくなると動きやすくなる」と目を輝かせていた。高校生史上最速の160キロを出した時も、プロ野球記録の162キロをマークしたのも真夏だった。21歳の剛腕はますます、すごみを増していくに違いないと確信した登板だった。

7月17日。3年連続で出場したオールスター第1戦（東京ドーム）でパ・リーグ先発の大谷は2回を2安打1失点で2奪三振。最速は159キロ止まりも、球宴限定のスローカーブを2球披露した。最遅は89キロで70キロ差の「スーパー緩急」で盛り上げた。スローカーブはブルペンでも練習しておらず、ぶっつけ本番で投げた。「シーズンでは投げませんよ」。球宴限定の遅球だった。

公式戦では一度も投げていない東京ドームは、大谷にとって原点の場所だった。小学2年だった2002年3月。春休みを利用して、2歳上の姉・結香さんとともに横浜の祖父母の家へ。ある日、その祖父母に連れられてやって来たのは、巨人—阪神の開幕戦だった。プロ野球初観戦で「3番・右翼」には高橋由伸がいた。今も「尊敬する打者」という巨人のスターのプレーに目を輝かせた。その場所で、今や球界を代表する21歳が大いに盛り上げた。

後半戦に突入した8月18日のロッテ戦では、6安打12奪三振、今季3度目の完封勝利。大リーグ通算303勝を誇ったダイヤモンドバックスのランディ・ジョンソン球団社長補佐が観戦する前で、最速159キロの速球などを駆使して相手打線を圧倒した。

バックネット裏で視察したランディ・ジョンソン球団社長補佐との対面はかなわなかったが、試合前のロッカールームでは話題になっていたという。「長身だけど左投げでスリークオーター気味。（自分と）タイプは違うけど自分の中で偉大な投手」。自分より15センチも高い2メートル8センチのレジェンドに目を輝かせた。海の向こうでも投打二刀流の活躍は話題。名を知って訪れたメジャー303勝男に、「大谷翔平」を強烈に見せつけた。

この頃、大谷は体づくりの「二刀流ルーティン」を確立していた。高タンパク・低脂肪を意識した食生活を徹底。トレーニング後もプロテイン、さらに骨や腱などを強化するためにコラーゲンパウダーを混ぜて飲むこともあり、故障予防や体調管理に配慮する。前年秋キャンプで同部屋だった石川亮を「腹が減ったらプロテインを飲む、という感じ」と驚かせた。

登板日は、試合開始45分前と登板中にゼリー飲料で糖質やタンパク質を摂取し、体力面をサポート。さらにイニング間にフルーツで糖分を補った。登板後も30分以内にプロテインやゼリー飲料を飲み、肉体回復に努めていた。

2015年のチームは79勝62敗2分けで2位。2年連続で臨んだCSファーストSでは辛酸をなめた。10月10日のロッテとの第1戦（札幌ドーム）ではプロ入り自己最短の2回2／3で5失点KO。チームも敗戦した。1勝1敗で迎えた12日の第2戦は1点を追う8回1死一、三塁に代打で登場し空振り三振。大谷は「悔しい。今年は低めのあいう変化球を見送ることができていない。それが最後に出た」と唇をかんだ。

勝負を懸けた代打策で逸機。栗山監督は「野球の神様が翔平（大谷）に与えてくれている〝まだやらないといけないことがたくさんある〟という完全なるメッセージ」と言った。自己最多の15勝をはじめ、防御率（2・24）、勝率（・750）で投手部門3冠のタイトルを獲得した飛躍の3年目だったが、打者では70試合で打率・202、5本塁打、17打点と本領発揮とはならず。ポストシーズンでは投打ともに不本意な結果でプロ3年目のシーズンを終えた。

21歳の大谷からまさかの相談

オフに入り、千葉・鎌ケ谷で行われた秋季練習では、栗山監督の言葉が大谷の心に火を付けた。練習後に、栗山監督と個別面談し「命懸けでやっているのか?」と奮起を促された。2年目の2014年はベーブ・ルース以来の「2桁勝利（11勝）&2桁本塁打（10本塁打）」の偉業を達成。だが、2015年はシーズン半ばで近藤健介がDHに定着し、後半戦は全て代打出場。それでも、指揮官は「投手は〝すっとこどっこい〟だけど、打者はある程度信頼している」と語るなど、期待の裏返しの言葉だった。

変わらぬ期待と信頼に応えなければ、二刀流を続ける価値はない。面談後、大谷はすぐさま室内練習場に向かい、独り黙々と約1時間、打撃マシンを打ち込んだ。「シーズン中と特に変わらない。やりたいことはたくさんある。体調を考慮しながらやりたい」。目指すはあくまでも「二刀流」での一流選手。誰も歩んだことのない道。大谷自身もこのままで終わる気はない。

11月には日本と台湾で共催される初の国際大会「プレミア12」に出場する侍ジャパンに選出された。当時は2015年の打者での不振を鑑み、投手に専念していた。8日の開幕・韓国戦（札幌ドーム）で広島・前田健太や巨人・菅野智之ら各球団のエースを抑えて8日の開幕・韓国戦（札幌ドーム）の先発を託された。今季最速タイの161キロをマークし、6回2安打無失点で圧巻の10奪三振の快投で日本を勝利に導いた。

快投の裏には、大谷らしいエピソードがあった。3日には福岡市内のホテルで行われた壮行会で開幕投手を「公開指名」され、大谷の気持ちは最高潮に高ぶった。その夜、中田翔（現中日）、稲葉篤紀打撃コーチら日本ハム勢で食事会が行われたが、大谷はその誘いを断った。「調整を優先したい」。午後9時まで宿舎のトレーニングルームでウエートトレーニングに取り組んだ。「〝昨日（7日）ああしよう、こうしよう〟と考えて、そこを整理した。これでもかというくらい慎重にきた」。ただ、韓国打線の映像は2日の集合日まで見なかった。投手タイトル3冠に輝いた自分の投球さえすれば抑えられる自信があった。

この時の「プレミア12」で、既に他国の選手から最も注目されていたのは大谷だった。台湾で行われた15日ベネズエラ戦の試合前。日本のベンチ裏に元日本ハムのルイス・ヒメネスらベネズエラの選手が3人現れた。手にはサインペンと大谷のベースボールカード。侍ジャパンのミーティングと重なり、サインを受け取ることはできなかったが、「大谷のサインが欲しい」と10分以上は粘っていた。

また、かつてロッテやヤクルトでプレーしたオランダ代表のヘンスリー・ミューレン監督も「ここ（プレミア12）に来ている選手は、みんな大谷のことを知っている。100マイル（161キロ）を投げるからね」と話した。既に大物メジャーリーガー並みの注目度だった。

台湾での練習日に、「〝翔ちゃん〟って呼んでくる記者の人がいるんですけど……」と大谷から相談されたこともあった。メジャーリーグのスーパースターとなった今であれば気にせず〝スルー〟するだろうが、当時はまだ21歳。グラウンドを離れればまだまだあどけない一面があった中、様々な手法を駆使して大谷に近づこうとする者がいた。

台湾から日本に戻った11月19日の準決勝・韓国戦（東京ドーム）で再び登板し、7回を1安打無失点。打者22人から11三振を奪った。6回を無失点で10奪三振だった8日の開幕戦（札幌ドーム）に続き、韓国をねじ伏せた。中10日のマウンド。初回から160キロを計測するなど、6回までは無安打投球。4回1死から5者連続三振を奪い、東京ドームの空気を完全に支配した。勝っていれば、文句なしのヒーローだったが、あとアウト3つからの逆転負け。それでも試合後は気丈に振る舞う姿があった。

「後ろにいい投手がいる安心感があった。あのまま投げ続けたからといってゼロに抑えられる100％の自信はない」

世界一はならなかったが、国際大会でまた一回り成長した。登板間は遠投、ダッシュ、中堅後方フェンスへの「壁当て」で投球フォームの確認。台湾の異国の地でも、自らのルーティンを変えなかった。5歳年上の菅野は「あの年齢（21歳）だけど、自分のメニューをしっかり持っている。すごい」と驚いていた。

試合がなかった台湾での13日の休養日。その菅野ら先輩たちに連れられ、台北市内の焼き肉店へ向かった。「野球の話はあまりしなかった。すごく楽しかった」。人生2度目の海外は登板機会こそなかった。それでもひとつひとつの出会いや、経験は宝物になった。

「結果的にこういう形で良かったのかもしれない。もうひとつ信頼があれば8、9回を投げきることができた」。世界に「大谷」の名を知らしめた2度の日韓戦。21歳は必死に前を向いた。大会前に難しい調整を強いられながら13イニング無失点でベストナインと最優秀防御率を獲得した。

侍ジャパンを離れたその後も、大きな刺激を受けた。12月1日、都内のジムに当時レンジャーズのダルビッシュ、同僚の中田、そして大谷がいた。初めての合同トレーニング。「(ダルビッシュは)いろいろと試してきて良いこと、悪いこともあったと言っていた。その中で取捨選択して、より良いものを取り入れていく。それは参考になった」。技術的な助言はなく、メインはコンディションづくりについて。それは出場機会が制限される二刀流にとって克服すべきテーマだ。

「(コンディションづくりを学んだことで)失敗したとしても、対処が早くなる。取り組み自体も正しい方向性でいけると思うし(アドバイスは)すごくありがたい」。先輩の言葉を胸に刻んだ。

12月4日。札幌市内の球団事務所で契約更改交渉に臨み、1億円増の年俸2億円でサイン。

入団4年目での2億円到達はダルビッシュの日本ハム時代に並んで史上最速となった。オフの目標は「93、94キロ」という体重を「僕の身長（1メートル93）なら問題ないと思う」と100キロまで増やすプランを披露。ダルビッシュも日本ハム時代に同じように体重を増やし、パワーアップした。その先輩と12月に入って会食し、体づくりの助言を受け「基礎的なところを大きくしながらやりたい。上げながら（理想の体重を）決めたい」と語った。

会見後は報道陣が用意した「3冠」と書かれたケーキを目の前にボールの形をしたケーキを両手に持ち、記念撮影。貴重な写真となった。

12月11日にはスポニチ制定の「2015プロ野球最優秀バッテリー賞」を大野奨太（現中日2軍捕手コーチ）とともに初受賞。受賞式会場となった東京ドームホテルの控え室で、軽食のサンドイッチをつまみながら大量のサイン色紙を書き、セ・リーグで受賞したヤクルト・石川雅規が「息子が大谷くんのファンなんだけど、サインをもらえるかな？」と頼み、大谷が快く応じている場面がほほ笑ましかった。

その合間に前年に続きこの時も主催社として、約30分間の単独インタビューに成功した。

――「プレミア12」では、大会前に難しい調整を強いられながら13イニング無失点でベストナインと最優秀防御率を獲得。

「それ（調整）はもう割り切りました。工夫したところで（大会前に）実戦があるわけではないので。逆に関係ないなというのは分かりました。（その経験で）繊細になる必要はなくなったというのは感じました。〝決まった調整をしなくてはいけない〟、〝これをしなかったら気持ち悪い〟とかっていうのはあまりなくなりました」

――それでも、大会中は登板前の壁当てのルーティンは崩さなかった。

「そういう調整はしますけど、絶対やらないといけないとかはないです。〝絶対に中6日で回らなければ体がおかしい〟とか〝中10日だから良い投球ができない〟とか〝捕手が誰だから駄目だった〟とかというのはあまり良くない。ほとんど意味がないことなので。そこは自分では左右できない部分だけど、あまり繊細になる必要はないのかなと思いました」

――大リーグのスカウト陣からの評価もさらに高まった。世界との距離は縮まったと感じる？

「それはないです。評価というのはその時々で変わっていくので当てにならない。ただ、現時点でそういう評価をしていただいたのはすごくうれしいです。今後、僕がどんな方向性になっていくのかは自分でも分からない。そんなところでいちいち喜んだりとかはできないですね」

――大リーグへの思いは強まった？

「強まったことはないです。もともと行きたいなと思っていましたし、今さらすごく行きたくなったとか、改めてはないです」

同じ控え室の丸テーブルで向かい合い、徐々に口が滑らかになっていくのが分かった。自分で左右できないことは考えず、自分が左右できること、つまり技術練習やウエートトレーニングに必死に取り組む。大谷の思考は極めてシンプルだ。

ここからは余談になる。主催社であるスポニチのイベント担当者が大谷に副賞の送付先や連絡先を書いてもらっていた。もちろん必要事項だが、同じ新聞社の番記者である私は、2014年秋のタクシー同乗取材を思い出し「あの時は教えてくれなかったのに、今回はめっちゃすんなり書くやん！」と突っ込みそうになり、やめておいた……。

「時間はみんな平等だけど、時間は足りない」

鎌ケ谷で自主トレ中の12月15日。大谷は2015年の打撃低迷について冷静に自己分析した。「ミスショット以前の問題。悪い時はボールとの距離感が悪かった」。投手3冠に輝くなど飛躍を遂げた一方で、打者としては打率・202、5本塁打、17打点と、前年から軒並み成績を落とした。「内角の球が増え、変化球も増えた」。ストライクからボールになる変化球に対応できなかった。

室内練習場で鏡に向かいテークバックからのステップを何度も繰り返した。直後に打撃マシンで鋭い打球を連発し「待ち方や（体重の）運び方が大事」と語った。「打者大谷」の自己分析は基本的に動作の開始時を重要視する印象が強い。スイング軌道を語るというよりは「構え」「見え方」といった具合だ。この日も「待ち方」「運び方」と言った言葉で自ら状態と課題を分析した。

2日後の12月17日。大谷の〝現役引退論〟を初めて聞いた。女子サッカー界のレジェンド・澤穂希さんが現役引退を表明。練習後に大谷に「澤さんのように現役を長く続けるために何が必要か」と質問すると、2、3秒ほど間を置き決意を口にした。

「選手のうちに養える技術は10年、20年では足りない。暇な時間はあまりない。そのためにしっかりと（今を）大事に過ごしたい」

澤とは面識がなく、女子サッカーの試合もニュースで見る程度。ただ世界を相手に第一線の舞台に立ち続けた大先輩アスリートとして尊敬の念を抱いていることがハッキリと分かった。

澤と同じく25年のプロ生活を送れば43歳になるが、「長くやるに越したことはない。40歳になった時の気持ちが分かるわけではないけど、時間がないと感じている。そうなんじゃないかと思って、今（練習を）やっている」と言い切った。

投打の二刀流で練習時間がかかるため、1分1秒も無駄にはできない。このオフの自主トレもほぼ無休。二刀流を続ける覚悟と責任感があるからだ。この日も打撃マシンを相手に約1時間、バットを振り込んだ。マイナースポーツだった女子サッカーの道を切り開いた澤のように、大谷も誰も歩んだことのない二刀流の道を突き進んでいる。

「全部（技術を）知るのは無理だけど、ちょっとでも（完成形に）近づきたい。時間はみんな平等だけど、時間は足りない」

当時、大谷は21歳。その言葉に思わずうなり、野球に全てを注ぐ理由が少しは分かった気がした。

翌18日は食生活の話題を深掘りすることができた。これまで「トンカツの衣は外してから食べる」など、脂質を避けたストイックな食生活を徹底していたが、「今は体を大きくしているので特にそこまではやっていない」と明かした。このオフに取り組む体重増へ、食生活を一変させている。

当時の生活拠点は鎌ケ谷の球団寮。食事はビュッフェ形式で、栄養バランスの取れた基本メニューのほか、特に増量したい選手向けにトンカツ、唐揚などの「揚げ物コーナー」を設置している。チーム関係者は大谷について「特に夜はかなり食べている」と証言。毎朝7時45分に定時起床するなど、規則正しい「食」と「睡眠」も増量計画の一環だ。目指す100キロボディーへ、大谷は「もうちょいですね」。二刀流4年目へ、驚くべきスピードでたくましさを増していた。

ちなみに北海道転勤中の当時の私は鎌ケ谷近辺でホテル生活。ファストフード店やチェーン店、コンビニ弁当が多く、食生活は決していいものではなかったが、大谷の話を聞いて身が引き締まった。行動に移せたかどうかはご想像にお任せしたい。

2016-2017

第2章
パ・リーグ優勝、日本一、念願のメジャーの舞台へ

痛恨のミスで謝罪回り

2016年1月6日、プロ4年目の鎌ケ谷自主トレ公開日。この時点で、数々の伝説が生まれる年になるとは、知る由もなかった。分厚い胸板、丸太のような二の腕。アンダーシャツの上からでも、その迫力は伝わってきた。大増量をテーマに掲げていた大谷が、人生で初めて体重が3桁の大台に到達したと明かした。

「だいぶ体重は増えてきた。オフに入ってから7、8キロ。上半身、下半身、体幹、全体的に大きくなっている。（今の体重は）100キロくらいです」

ダルビッシュと合同トレーニングを敢行し、体づくりの助言を受けたことが大きなきっかけになったという。「栄養面、トレーニングを含めて、正しい練習をどれだけこなせるか重点的にやっていて、すごく勉強になった」。好物のお菓子、甘い物を封印し、プロテイン摂取などを含め1日6、7食の食生活を続けた。2015年11月の「プレミア12」終了後は「93、94キロ」だったが、トレーニングも並行し、みるみる体は大きくなった。

「あともうちょっと、2、3キロは増やせれば」。1月中旬まで増量を続けるが、2月の米アリゾナキャンプ中盤をメドに「98、99キロ」まで絞り、より洗練された肉体をつくり上げる。「もうひとつ高いパフォーマンスを探していきたい」。2015年は投手3冠、ベストナインを獲得したが、打撃成績は落とした。投打ともにパワーアップした二刀流でチームを優勝に導く覚悟を示した。

ランニングやキャッチボールで汗を流した後、マシン打撃などでバットを振り込み、2016年を表す漢字一文字には「超」と記した。「去年を絶対超えたい。（各部門の成績を）ひとつと言わずふたつ超えられるようにやっていきたい」。2007〜2011年のダルビッシュ以来の2年連続開幕投手についても「ふさわしいと思われる調整をしたい」と意欲をみせた。

1月10日。珍しい1面が生まれた日となった。鎌ケ谷に「ピュー！ピュー！」という笛の音が鳴り響いた。キャッチボールを行っていた大谷が手に持ったのは、羽根が付いた楕円形の特殊ボール。その形はまるでロケットだ。一直線に伸び、先輩の増井のグラブに次々と突き刺さった。「遊びでやって投げているだけです。（今後使うかは）まだ分からないですね」とイタズラっぽく笑ったが、気に入った様子。増井も「さすが。やっぱり器用に投げますね」と感心した。

「ヴォーテックスフットボール」と呼ばれる笛付きのボールで、肩や肘に負担を掛けずにスローイングチェックやボールの軌道を確認することができるという代物。前田健太が使っていたことで知られる。増井も2014年オフから取り入れると球威、制球力がともに上がり、2015年は不動の守護神として39セーブをマーク。「腕を正しく、大きく使うことの確認。（ボールが）軽いので腕を大きく振らないときれいに飛ばない。きれいに（真っすぐ）飛んでいく時はピューッと音がする」と説明した。決して簡単ではない。だが大谷は初めてにもかかわらず、常に「笛の音」を響かせた。

要するに大谷が自主トレの一環で羽根が付いた楕円形の特殊ボールを数球投げたということだ。記事にするほどの〝ネタ〟かどうかはさておき、オフはイベントを含むネタが極端に少ない日が多く、この日がまさにそうだった。これは確実にスポニチ東京版の1面になると確信した私はデスクに電話する前に入念に想定問答を繰り返し、気付けば30分近く経っていた。

取材不足と説明下手が重なり、今振り返るとこの頃は「電話イップス」に陥っていた。意を決して電話するとすぐに1面に決定。前年の人気ドラマ『下町ロケット』（ＴＢＳ系列）にかけ「ロケット品質１７０キロ」「下町プライド　変形ボールトレ」などという見出しが躍り、書いた自分も思わず笑った。

「ヴォーテックスフットボール」を販売する「ニシ・スーツ」は東京都江東区新砂に本社を置く。工業地帯が広がる下町だった。見出しを想定した原稿執筆や取材のアドバイスをくれた当時のデスクには今でも感謝している。

この頃、私は痛恨のミスを犯した。連絡の行き違いが原因で、本来球団広報がストップをかけていた記事を、1月26日付スポニチ東京版1面に「大谷　四刀流？　アリゾナキャンプでN

BA、NHL観戦」という見出しで報じてしまったのだ。早朝から球団広報に電話を入れ謝罪し、その日の大谷の囲み取材はスポニチだけでなく全社中止になった。この日は各社に謝罪回り。大谷は「ラッキー！」とイタズラっぽい笑みを浮かべていたが、あれほど責任を痛感した失敗はなかなかない。

そして迎えた、アリゾナ州ピオリアでの春季キャンプ。選手とともにチャーター便で日本から直行便のないアリゾナまで飛んだ。「大谷フィーバー」が予想されたが、まさにその通りとなった。

現地到着直後の施設見学から宿舎に戻る日本ハムナインのサインを、次々とゲットする複数の現地ファンの姿があった。報道陣にとっても初めての米国キャンプ。レンタカーを借りるのも一苦労で、到着後にキャンプ施設で行われた栗山監督の囲み取材に間に合わない記者もいた。目的地は「ピオリア・スポーツコンプレックス」。レンタカーのナビゲーションシステムに「スポーツコンプレックス」と打ち込んだら、別のスポーツコンプレックスを目指して目的地と真逆の方向に向かってしまったそうだ。明日は我が身。初日から戦々恐々とした。

大谷には専属ボディーガードがついた。1月30日のアリゾナキャンプ初日。パドレスの施設での練習を終え、宿舎までの帰り道。1メートル93の大谷と見劣りしない長身に、体重100キロはゆうに超える大男が、大谷に殺到するファンの前に立ちふさがった。

「〝ジョンさん〟はロッカーでもずっと隣にいる。ずっと〝圧〟をかけられている気がする」

大谷がそう言って笑った「ジョンさん」とは、同地の警備会社「E STAFF SECURITY」に勤務するジョン・クロフォードさんのこと。今回はピオリア市から依頼を受け、ナインを警備している。主に大谷を担当しており、報道陣による取材の場でも近くに寄り添い、常に危険に目を光らせていた。「詳しいことを言う立場ではない」と年齢、経歴、過去の実績などは明かさないが、どでかいサングラスが威圧感をさらに増大させている。

信号のない道路を横断する際の「GOサイン」も手慣れたもの。おかげで宿舎とクラブハウス間のスムーズな移動が可能になっている。「ジョンさん、ずっと隣にいる……」と笑いが止まらない大谷。ロッカーまで付き添ったことは球団から指摘を受けたが、それもご愛嬌《あいきょう》だった。

キャンプ2日目に行ったアリゾナ初のフリー打撃。大谷の打ち方に明らかに変化があった。「〝よりシンプルにしてもいいかな〟と。特に足を上げなくても、前より振れる力に余裕がある。そこまで（軸足に）体重を乗せなくてもいい」。2015年までは右足を上げていたが、この日は「すり足」でバットを振り続けた。一般的に足を上げて打つと、反動が付くためスイングスピードは速くなるが、その分、目線がぶれやすくなる。昨季の「打者・大谷」は打率・202と、前年の・274から大きく数字を落とし、本塁打も5本。そこでミート重視の「すり足」を取り入れたが、それでいて飛距離も落ちなかった。むしろ、伸びていた。

両翼104メートル、中堅125メートルの広いグラウンドで76スイング中、17本の柵越え。乾燥気候で打球が飛びやすいとはいえ、バックスクリーン越えも3発かっ飛ばした。オフは体重を100キロまで増量し、現在は筋肉量をキープしながら減量して「96、97キロ」。引き締まった肉体に「太い幹」が備わった。栗山監督は「パワーがつくといいことは、80（％）で100（％）の力を出せること。8割なら、いつも同じスイングができる」と力説。力まずに常に高いパフォーマンスを繰り返すことが可能になった。

番記者歴10年、唯一本気で大谷に怒られた日

大谷は2月8日の韓国・ロッテとの練習試合に「3番・DH」で実戦初出場。初回の第1打席で初安打を放ち、大リーグ13球団のスカウトが集まった中、打者として結果を出した。この日は米メディアがここぞとばかり大谷に取材攻勢をかけていた。地元ラジオ局に加え、大リーグ公式サイトが単独取材を敢行。担当したバリー・ブルーム氏は、かつてイチロー、松坂大輔（元レッドソックスなど）らへのインタビュー経験がある、名物コラムニスト。メジャー移籍後の現在も大谷について書き続けている。

この時、同氏は大谷の将来的な二刀流での大リーグ挑戦について懐疑的な意見を述べた。「私

はこれまでケガをしなかった（大リーグでの）日本人投手を見たことがない。大リーグでもこれまで二刀流はいない」。昨季もダルビッシュ、田中将大（ヤンキース）が右肘を故障した原因のひとつとされるのが、「中6日」が基本線の日本よりも短い登板間隔。二刀流をケガなく本当に続けられるのかと疑問視していた。

ただ、こうも言った。「ベーブ・ルースのように投手がもしダメでも、打者でやれる可能性がある」。投打の才能を過小評価しているというわけではない。大谷は「日本でやりきったら大リーグに行きたい。時期は僕が決めることではない」と答えた。

アリゾナキャンプ最大のハイライトは、2月10日の韓国・ロッテとの練習試合での実戦初登板だった。最速157キロの直球を軸に4者連続三振を奪うなど2回を1安打無失点。ネット裏にはメジャー全30球団、約70人のスカウト陣が詰め掛け、ビデオ撮影やスピードガンで球速を測り、1球1球、克明にメモを取った。野手として出場した8日の同戦の13球団20人強を上回る「大谷品評会」だった。

驚いたのはスカウト陣の中に複数の「大物幹部」の姿があったことだ。帽子を深くかぶり、ネット裏近くに陣取ったのは、カブスの編成部門トップに立つセオ・エプスタイン編成本部長（現MLB相談役）。先にいたジェド・ホイヤーGM（現編成本部長）の隣に座り、スカウティングリポートをめくりながら、投球を熱心にチェックした。キャンプ地を日本ハムに提供しているパドレスのＡ・Ｊ・プレラーＧＭのほか、レンジャーズはジョン・ダニエルズＧＭ（当時）がテキサスから、ブルワーズは２０１５年までＧＭを務めたダグ・メルビン・シニアアドバイザー（現ＧＭ特別補佐）もミルウォーキーからわざわざ駆け付けた。この時期に編成部門のトップが１人の選手のために集結するのは異例で、大谷の注目度の高さが分かった。

大谷とチームメートの間で印象に残ったやり取りがある。キャンプ施設のベンチで後輩の石川亮が柵越えを連発する大谷に尋ねた。「どうやって逆方向に飛ばすんですか？」。すると、大谷は「（ボールに）４分の１回転をかけると、左中間へ飛ぶ。それが〝大谷翔平流〟」と笑った。バットを体の内側から出し、スライス回転の打球を打つように、ボールを４分の１個分回転させるイメージ。２０１５年のキャンプ時にも話していた内容と同様で、ボールに強烈なスピンを与えることで、引っ張った時のような強烈な打球が飛ぶという理屈だ。理解できても体現できる野球選手が一体どれほどいるだろうか……。

私にとって初の米国出張は日本との打ち合わせに苦労した。日本とアリゾナの時差は16時間。取材が一段落したアリゾナの夕方は日本の午前中で、スポニチ東京本社の編集局には誰も出社しておらず、打ち合わせがままならない。ある程度こちらの独断で記事テーマを決めるも、アリゾナで就寝する時間帯に編集局の方針が変わり、深夜から早朝にかけて書き直しを命じられることも度々あった。寝る時間がないわけではなく、寝るタイミングが重要。２週間のアリゾナキャンプ中、最後まで慣れることはなかった。

当時の取材メモには残していないが、大谷に苦言を呈されたことがあった。繰り返しになるが、日本ハム時代の大谷の取材対応は1日1回でマンツーマン取材は厳禁。この日は「囲み取材」や会見ではなく、キャンプ施設前の駐車場を横断して宿舎に戻る際に、歩きながら話を聞く「ぶら下がり取材」の日だった。

私が練習の内容、打撃や投球の状態など野球の質問を投げかけたところ、大谷の表情はこわばったまま。いつもと様子が違った。すると、大谷は歩きながら私の方に顔を向けて強い口調で語り始めた。

「僕の（花巻東の）同級生をよく〝合コン〟に誘っているらしいじゃないですか。そんな人は信用できませんよ」

私の他に他社の記者が1人いた。突然のことに私は弁明しようとしたが、大谷は聞く耳をもつわけもなく、そのまま歩くスピードを上げて宿舎に入っていった。現在までの取材歴10年間で唯一と言っていいほど、本気のトーン、本気の表情で怒られた一件だ。

〝大谷番〟になって以降、取材を兼ねて花巻東の同級生たちと何度も食事を重ねていたのは事実だった。噂を聞いた何者かによって話が脚色され、〝合コン〟にすり替わったのかもしれない。

大谷に限らず取材対象となる選手のチームメート、コーチ、同級生、家族など周辺から話を聞くこと、いわゆる〝周辺取材〟は記者の大事な仕事のひとつ。毎日のように1面級の記事が求められる大谷は率先してグラウンド外の出来事を話すタイプではないため、この周辺取材が不可欠だった。

ただ、これは全て言い訳になるだろう。大谷には以前から「僕の同級生のことを記事にし過ぎです」と注意を受けていた。不快な思いをさせたことには変わりない。その後はしばらく大谷に目を合わせてもらえなかった。私の取材メモにこの事実は残していない。思い出したくないからだ。自戒を込めてここに記した。

周辺取材で原稿をつくらなければならない状況は、メジャー移籍後の今も基本的には変わっていない。大谷本人の取材対応がなければ、選手、関係者に話を聞くしかないからだ。どうすればいいか、ベストな取材方法は何か。いまだに答えは出ていない。きちんと節度を持った取材ができているか。自分の心に問い続けながら、今後も取材にまい進したい。

2月15日。大谷は無事にアリゾナ州ピオリアでの1次キャンプを打ち上げ、「施設がとてもきれいだし、（設備が）整っていてやりやすかった。（点数は）100点でいいのでは」と満足げ。「（2次キャンプ地の）名護では実戦も増えてくる。それに向けて練習したい」と語った。

一方、このキャンプ最終日に栗山監督は大谷の二刀流起用について気になる発言をした。「もう少し打撃を増やせることがないか探りを入れる。少しはこれまでの禁を破ってもいいだろう」

投手に軸足を置いた3年間。栗山監督は大谷の蓄積疲労を考慮し、原則として登板前2日間と登板翌日は投手調整に専念させた。だが、指揮官が「(大学に入学していれば)もう4年生」と例えるように、プロ4年目を迎えて心技体で成長している。2年目以降、レギュラーシーズンでの登板前2日間の野手出場はゼロ。登板前日は無理としても、投球に影響が少ない登板2日前が鍵となる。「一番大事なことは投げた後に体を回復させること。その中で打者としてどこまでやれるか」とした上で「その可能性があるのか探る」と、登板2日前の野手出場を検討するプランだ。この時はこの言葉通りに受け取ったが、まだ投打同時出場は現実的に想像できないでいた。

私は選手とともに沖縄・那覇へのチャーター便で帰国後、4、5日間ほど休日となったが、選手はもちろん動き出していた。2月22日。栗山監督は大谷を3月25日のロッテ戦で2年連続の開幕投手に起用すると発表した。

「2月22日午後2時22分22秒」に宣言する演出。さらに本人に通達したのは、米アリゾナでキャンプを行っていた6日、「元祖二刀流」ベーブ・ルースの誕生日だったことを明かした。4年目の今季は「真の二刀流」としてチームを日本一に導いてほしいとの願いが込められていた。チームは、この日は休日。大谷は球団を通じて「昨季開幕投手を任されてから、今年も目指してやらないといけないと思っていた。チームに勢いをつける意味でも重要な役割。しっかりと練習したい」とコメントを寄せた。

歴史的出来事「DH解除」、スクープならず

3月25日、ロッテとの開幕戦（札幌ドーム）。2年連続開幕投手の大谷は、課題の立ち上がりでまたも崩れた。「投げ心地が良くなかった。打たれたらいけないところでフォークも高くなってしまった」。初回2死三塁。4番アルフレド・デスパイネに高めに浮いたフォークを中前に運ばれて先制点を失った。続く角中勝也に四球で一、二塁として、6番・井上晴哉にも甘いフォークを左翼線へ2点二塁打された。この回、直球は最速160キロを3度も計測したが、制球が定まらないまま一気に3点を失った。

その後は踏ん張って7回5安打3失点。エースの意地を見せたが「今日は最後まで良くなかった。開幕だからかどうかは分からないが、初回はやっぱり難しい」と反省の言葉を並べた。立ち上がりの不安定さはプロ入り以来の課題。さらに開幕ということで力んで上体が突っ込み、高めに浮く球が目立った。熱投は実らず今季初黒星。2012年に栗山監督就任以降続いていた開幕戦連勝も4でストップした。二刀流4年目はほろ苦いスタートになった。

開幕後の4月11日。大谷に新たな二刀流プランが温められていることが分かった。先発登板の試合で打席にも立つというもので、仙台から次の遠征地・大阪へ飛ぶフライトの前に、栗山監督が大谷本人とすでに話し合っていることを明かした。投手で先発し打席に立った過去5試合はいずれもDH非採用の交流戦。DHを放棄し、投手で先発打順に入れば自身初になる。

「それはキャンプの時から考えている。本人ともいろいろ話はしている。翔平（大谷）の体の状況、立場は昨年と全然違う。常に新しいことに向き合っている。動きの精度は上がった」

アリゾナキャンプ最終日に栗山監督が残した発言の「続き」とも言えた。

大谷は日本ハム時代からウエートトレーニングに熱心だが、シーズン中の試合後や試合前に行う点は特徴的だった。5月4日のソフトバンク戦（札幌ドーム）で6回に右中間に4号ソロ。ただ、それも実らずに延長12回の末の引き分け。4時間45分の激闘を終えても、大谷は札幌ドーム内のウエートルームに1時間もこもり、黙々と汗を流していた。周囲の心配をよそに、蓄積疲労は顧みず、時には筋肉が張ったままトレーニングをしていたこともあったという。

160キロを投げる剛腕のイメージが先行していた大谷だが、この頃から打者としての存在感が強まり始めた。5月17日のソフトバンク戦（北九州）。初回に先制の8号2ランを放ち、球団では1981年のトニー・ソレイタ以来35年ぶりの5戦連発。デビューからプロ野球記録の14連勝をしていたリック・バンデンハークに黒星を付ける決勝弾。北九州市民球場は、スタンドと選手の距離が物理的に近く、熱気むんむん。血気盛んな野次が独特の雰囲気を醸し出す。まだ日差しが残る中、大谷が一振りで決めた。

「特に狙っていた球ではなく、反応で打った。最初から行こうと思っていた。たまたまああいう失投を打った」

この日は父・徹さん54歳の誕生日。私は試合中に記者室を飛び出し、徹さんに電話をかけた。

「誕生日だから打ってもらいたいという特別な意識はなかったですが、打ってもらってうれしいですね」と歓喜。少年時代の大谷に野球を指導した徹さんは「まだ投手では貢献できていないけど、二刀流もまんざらではないですね」と笑っていた。

試合後は小倉駅から博多駅まで新幹線で20分弱。ここまでくると6試合連発は必ず起きると信じ切っていた。だが翌18日。ヤフオクドーム（現ペイペイドーム）に戻った大谷に一発は出ず、6試合連続本塁打のパ・リーグ記録に並ぶことはできなかった。記録は途絶えたが、1点を追う4回1死に痛烈な左中間二塁打で一時、同点のホームを踏み「もともと本塁打打者ではない。崩されず左中間に二塁打が出たことは良かったと思う」と前を向いた。後にメジャーの本塁打王に輝く男が「もともと本塁打打者ではない」という自己分析が今となっては信じられない。

二刀流が新たな領域に入ったのは5月29日の楽天戦（コボスタ宮城、現楽天モバイルパーク）

だ。リーグ公式戦で初めてＤＨを使わず「6番・投手」で先発出場した。打っては3安打1打点、投げては7回4安打1失点で3勝目をマーク。打者で今季2度目となる猛打賞、投手で最速161キロを叩き出すなど、規格外の活躍だった。日本ハムがＤＨを解除するのは1975年の同制度導入後初めてだった。

実はこの試合前日。試合前の監督囲み取材後、ベンチ裏に戻る栗山監督に「監督、すみません！」と直撃した。キャンプ中からことあるごとに話していた「ＤＨ解除」のタイミングについて栗山監督に直接聞こうと思っていたからだ。ただ、この直撃は栗山監督の姿が見えなくなるかどうかの際どいタイミングだったため、そのまま10秒ほど待っても栗山監督が戻ってくることはなかった。この日はデーゲーム。その後、球場近くのスーパーで昼食用の弁当を買って球場外周を歩いている時に、スタメン発表で「6番・投手　大谷」の場内アナウンスが聞こえた。スタンドはもちろん、私と同じように外周を歩くファンも大きくどよめいた。

私は驚きより、しまったという思いが先行した。なぜこんな歴史的なタイミングで記者室ではなく、外周を歩いているのかという情けなさではない。前日に栗山監督にマンツーマンで聞けていれば、もしかしたらこの「歴史的な1日」をスクープ原稿として書けたのではないかという後悔の念にかられた。

栗山監督によれば、大谷に通達したのは3日前の26日のロッテ戦（函館）の試合前。「（29日の登板で）ＤＨを外すから」と直接伝えたという。登板３日前は打者での出場を続けてきたが、その日に今季初めて欠場。負担を考慮された大谷は打撃練習だけを行い、試合前に次の遠征地の仙台に向かっていた。この日は打撃練習も行わずに、野手ミーティングも欠席。「初めて。基本的に来た球を打つだけだった」。それでも打っては猛打賞、投げては勝ち投手と大活躍した。

試合後の栗山監督の囲み取材終了後。輪が解けると私は栗山監督から声を掛けられた。

「昨日の試合前に俺のこと呼び止めたよね？（ベンチに）戻ったけどいなかったんだよね。惜しかったね」

なんと栗山監督に私の声は届いていたのだ。そして、戻ってきてくれていたとは……。「惜しかったね」とは、ＤＨ解除の可能性を聞いていれば、少しはほのめかしてくれたという意味なのか……。これほどの後悔は後にも先にもなかなかない。

６月12日の阪神戦（札幌ドーム）は「５番・投手」で出場し、７回を３安打無失点で５勝目をマーク。５日に叩き出した自己最速でプロ野球記録の１６３キロを５度も計測。「直球待ちで〝１、２の３〟で来ている中で、空振りやファウルを取ることができた。初回からやろうと思っていたことができた」。直球は58球を投じたが、うち１６０キロ以上は31球で、直球の平均球速は１５９・７キロだった。ある阪神担当の記者は左腕の岩崎優が普段より球速が速かったことを引き合いに「札幌ドームは球速が出過ぎている」と揶揄《やゆ》していたが、そんなことは関係なしに、大谷しかできない規格外のスピードショーだった。

大谷に縁があるのかないのか……

投手として順調に進化を遂げる中、前年の雪辱に燃える「打者・大谷」は打撃練習でこの年からあるルーティンを取り入れていた。打つ瞬間に軸足の左足をはねるように折り曲げ、右足にくっつけて体重移動。フィニッシュは右足だけで立つ。城石憲之打撃コーチ（現ヤクルト2軍総合コーチ）が「ケンケン打法」と命名する、独自の練習法だ。

進化した打撃は右足が重要な役割を担う。大谷の意識は「左足に体重を乗せながら（踏み込んだ）右足の反発を使っている」。大谷は投球時、踏み込んだ左足をはね返す動作が起きる。それを打撃に応用した二刀流の相乗効果かと思ったが、打撃と投球は「切り離して考えている」という。

「体重移動をしながらも、後ろの軸を保っている」と城石打撃コーチ。体を開かずボールを引きつけ、大きく引いて振り出したバットは、地面を蹴り返す右足の反発力で加速する。オフからマンツーマンで打撃練習を見守る中垣トレーニングコーチも「昨年より体重移動そのものをバットスイングに伝えることができている」と証言した。

この年は首位ソフトバンクと最大11・5ゲーム差が開いたが、夏場にかけて日本ハムが凄まじい勢いで追い上げた。その中心こそ大谷だった。7月3日のビジターのソフトバンク戦に「1番・投手」で出場。初回表に初球を叩き、右中間へ先制の10号ソロを放った。今も語り継がれるプレーボール弾。投手の先頭打者本塁打は史上初。「2桁勝利&2桁本塁打」した2014年以来の2桁本塁打に早くも到達。投げても8回無失点で7連勝となる8勝目を挙げた。チームを2007年以来9年ぶりの10連勝に導き、2位浮上に貢献した。

私は持っているのか、持っていないのか。大谷に縁があるのかないのか。この時点ではさっぱり分からなかった。ただ、何か予感めいたものがあったのか、この時、私は休日で札幌市内の自宅でテレビ観戦していた。大谷が本塁打を打った瞬間は鳥肌が止まらなかった。案の定、東京本社のデスクからの着信が鳴り止まず、現地取材中の日本ハム担当キャップから大谷の談話を共有してもらい、急きょ3面と「フリートーク」を執筆することになった。当時のスポニチ東京版では超異例の1～3面の3枚展開だった。それほど衝撃的なパフォーマンスだった。

後日、他紙の先輩記者から「結果論でなく、チームが優勝を狙う上で大事な3連戦だったから、会社を説得してでも取材に来るべきだった」と愛のある指摘を受けた。その通りだった。上司の指示をただこなすだけが仕事ではない。自分で考え、つくりあげていくものだ。担当記者として反省し、今もその悔しさは胸に刻まれている。

1番・投手で出場。初回の初球を叩いて先制アーチ

7月10日、日本ハムは6－5でロッテにサヨナラ勝ちし、球団記録の2007年の14連勝に並んだ。一方、先発の大谷は右手中指のマメをつぶして7回途中で降板し、球宴の出場が微妙になった。「先発登板が有力な16日の球宴第2戦（横浜）の登板について、大谷は「全力では無理だと思う。回復させるのがベストだけど、恐らく厳しいんじゃないかと思う」と回避する可能性を示唆。一方、チームは連勝を球団新記録の15まで伸ばした。結果的にこれがこの年のリーグ優勝のハイライトとなった。

2016年の球宴で大谷は球史に残るパフォーマンスを見せた。球宴前日の7月14日。涼しげな青シャツを身にまとい、大谷が博多駅に現れた。右手中指のまめの影響で登板を回避し、野手で出場。球宴第1戦（当時ヤフオクドーム、現ペイペイドーム）は代打待機、第2戦（横浜）はDHでスタメン予定。「（球宴で登板する投手は）大体、真っすぐの雰囲気。真っすぐを投げてもらうからには、やっぱり大きいのを狙いにいく。勝負ですし、そうじゃないと性に合わない」と、特大アーチに意欲を示した。

外野手でファン投票選出された1年目以来、3年ぶりに「打者」で出場。ファン投票の結果、ホームランダービーには2戦とも出場することが決まった。柳田悠岐（ソフトバンク）、筒香嘉智（DeNA、現ジャイアンツ傘下マイナー）、山田哲人（ヤクルト）との争いに「僕が一番少ないと思う」と謙虚に話した一方で、「緩い球を打ち上げにいけば入ると思う」と自信を示した。特に山田については「僕より格段上。崩されずに打つことができる。あまり間近で見たことがないので良い機会」と語り、技術を余すことなく吸収する意欲を示した。

そして迎えた15日の球宴第1戦。試合前に行われたホームランダービー1回戦で山田を6－5で下し、決勝では先攻の柳田が2本で終了。大谷が優勢かと思われたが、初球から5球連続でミスショットした。あと1アウトで敗戦となる6アウトの時点では1－2。同点でもルール上、ファン投票得票数上位の柳田が優勝になるが、ここから2連発だ。「プレッシャーはなかった」と振り返るが、この窮地で千両役者ぶりを発揮。大谷が振り抜いた打球は高々と舞い上がり、バックスクリーン左に飛び込んだ。それも中段への推定飛距離140メートルの特大弾で優勝を決めた。対戦相手の柳田も打球を指さし、笑うしかなかった。

本気だった。試合前フリー打撃では球宴用に用意されたメープル材の青バットを使用したが、ホームランダービーでは「試合と同じアオダモでやりたい」と、アオダモ材の黒バットで臨むことを決断。メープル材のほうが反発力は高いが、アオダモ材はしなりが大きく、より長くボールを押し込むことができる。試合前フリー打撃では柵越えゼロだったが、優勝を決めた一発は、大谷らしくバットを体の内側から押し込んだ。持ち味の逆方向への打球を最後の最後に放った。

試合前から早々に東京版の終面掲載が決定。球宴の試合ではなく、本塁打競争が終面に躍り出ることは極めて異例で、過去にはもちろん例がない。試合は代打で登場した8回の打席で、スコット・マシソン（巨人）の157キロに振り遅れて三直。「僕はフライを打ちにいったけど、差し込まれてしまった」と苦笑いした。

これだけで十分だが、ここで終わらないのが大谷たる所以だ。16日の球宴第2戦は「5番・DH」で先発出場し、5回に左中間へ球宴初本塁打となるソロを放った。前日に優勝した本塁打競争の2日連続優勝こそ逃したものの、一発を含む3安打猛打賞をマークし、自身初のMVPを獲得した。

0―3の5回。球場周辺の山下公園で開催された花火大会の爆音が響き始めたその時だ。「狙っていた。みんな（本塁打を）打っていたので打ってみたい」と。井納翔一の初球、145キロ直球を強振。打球は逆方向の左中間席中段に達した。球宴通算10打席目で待望の初本塁打に「すごく気持ちよかった」と会心の笑みをこぼした。ファンが打ってほしいところで打つ。まさにオールスターに相応しい一発だった。

横浜スタジアムに大きなウエーブが起きた。最優秀選手に「大谷翔平」の名前がコールされると万雷の拍手と歓声。「打者で（MVPを）獲れるとは思っていなかった。何とか活躍したいと思っていた」。表彰台に上がった22歳は照れくさそうにほほ笑んだ。

岩手出身の大谷だが、横浜は第二の故郷。母・加代子さん方の実家が横浜市内にあり、小学生の頃から夏休み、冬休みなど長期休暇のたびに電車に揺られ、帰省した。今でも正月には毎年帰省して祖父母ら親戚一同揃って同市旭区の鶴ケ峯神社へ初詣をする。横浜スタジアムは父・徹さんが社会人野球・三菱重工横浜時代にプレーした思い出の地で、同社に勤務した加代子さんがチアリーダーとして声をからしたこともある。家族の思い出が詰まった場所。そこで球宴初MVPを獲得したのも不思議な縁だった。

父子二人三脚の「野球ノート」を独占公開

2016年後半戦は首位・ソフトバンクと追う2位・日本ハムの優勝争いが白熱。日本ハムは8月25日のロッテ戦（当時QVCマリン、現ZOZOマリン）で4連勝を飾り、115試合目で初の首位に立った。その後、「首位陥落」「再奪首」を繰り返すが、その話題の中心にはいつも大谷がいた。

9月13日のオリックス戦（札幌ドーム）。自身が持つプロ野球最速を更新する164キロを出した。3回1死二、三塁で糸井嘉男への初球にマーク。適時打を浴びる反省の1球となったが、5回4安打2失点9奪三振。優勝を争う2位・ソフトバンクと1ゲーム差に迫った。

人知れず「故障」を乗り越えていた。前半戦最後の登板で右手中指のマメをつぶし降板した際に実は大谷は右肘に痛みも感じていたという。開幕直後の4月にも同じ右手中指のマメを悪化させて降板したことがあった。5月以降は投げるたびに変形するマメを爪ヤスリで削るなどケアを怠らなかったが、そのマメを気にしながら投げ続けたため、肘に負担がかかってしまった。

札幌市内の病院で検査も受け、診断は幸い軽度なものだったが、投手としての復帰は遅れた。8月半ばから本格的にブルペン投球を再開し、2、3日に一度のハイペースでブルペン入り。調整は慎重に慎重を重ねた。復帰が遅れた要因は打線の核としてスタメンから外せなかったということもある。だが、全ては逆転優勝へ向けて「投手・大谷」を100％の状態でマウンドへ送り込むため。その期待にフルスロットルの投球で応え、逆転勝ちの一翼を担った。

9月21日には、ゲーム差なしで迎えたソフトバンクとの福岡決戦第1ラウンドを制し、13日以来となる首位に立った。大谷が「8番・投手」で先発し、自身8連勝となる9勝目。今季、投打で出場した試合は驚異の7戦7勝となった。112球を投げ8回4安打1失点。「投げている最中はあまり記憶がない」というほど集中力は研ぎ澄まされていた。7月3日の伝説のプレーボール弾以来、実に2カ月半ぶりの白星。首位返り咲きに大貢献した。

この時期、スポーツ紙の記者は「優勝原稿」に追われる日々を送るのが通例。「優勝原稿」とは文字通り優勝翌日の紙面に掲載する原稿のことで、通常5～6枚程度の紙面をつくるため、担当記者は選手や監督の手記、対談など紙面を埋めるために企画取材を行わなければならない。この年は日本ハムとソフトバンクが優勝圏内だったため、両球団の担当記者が準備。優勝しなければお蔵入りになる可能性が高く、優勝を願う気持ちが一層強まる頃だった。

今季の日本ハムの主役はもちろん大谷。私は大谷の企画取材で最低でも紙面1枚を埋めなければならず、大谷の父・徹さん、母・加代子さんに取材申請。タイミング良くスポーツ紙一番乗りで岩手県奥州市の自宅で取材をさせていただけることになった。

これまで球場などで両親の取材をしたことはあるが、実家での取材は初めて。リビングに寝転んでいたゴールデンレトリバーの愛犬「エース」（翌2017年7月に老衰のため死去）に見守られながら、徹さん、加代子さんが生み出すどこか心地良い和やかな雰囲気の中、取材は進んだ。

取材中、徹さんが「まだ誰にも見せていないものがある」とリビングを離れ、持ってきてくれた数冊のノートが企画のメインテーマとなった。今や日本が誇るスーパースターをどのように育てたのか。小学生時代に父と息子が互いに記した「野球ノート」がスポニチに独占初公開となった。

この「野球ノート」は小学3年になる直前から、大谷が所属する少年野球チームの監督を務めていた父・徹さんが始めさせた。毎日ではなく、大会や合宿などの節目で大谷が「良かったこと」、「悪かったこと」、「目標（これから練習すること）」を記し、父がそこにアドバイスを書き添えていく。徹さんは恥ずかしそうに当時を振り返る。

「書くことによって頭に入る。褒めるのも、本人を目の前にして褒めたくない。文章的に褒めるのが、良いんじゃないかと思った」

ノートに何度も出てくる徹さんの言葉がある。徹さんはこれらを「野球で本当に大切な3つのポイント」と言う。それは、「声を出して仲間と連係を高め」、「全力疾走」で「楽しく野球をやる」だ。さらには、キャッチボールは肩を温めるためだけではなく、狙ったところに回転のいいスピンのかかったボールを投げる。それが、肩の強さにつながるという。

大谷自身もノートに「声がいつもよりだせていたと思った」、「全力で走れていなかった」と書き込むなど、父から学んだ「野球観」がここにあった。

少年時代に高い次元でプレーしていた様子も感じ取れた。徹さんが「10打数10安打10割バッターを目指せ」、「東北の投手で翔（平）の打てないピッチャーはいない」とハッパを掛ければ、息子は「コースによって打ち分けられなくて」と反省点を記す。少年野球チーム時代、2人は全体練習1時間前にはグラウンドに出向き、ティー打撃を行った。徹さんが重点的に指導したのは、広角に打ち分けることだった。

「直球のタイミングで打ちにいって、ピタッと止まって変化球に合わせてミートするという打ち方。〝左中間に飛ばして、二塁打をとにかくたくさん打ちなさい〟と言ってきた」。大谷の長所は逆方向にも強い打球を打てること。このティー打撃で養われたのだ。

「この時にはプロなんて考えていない。社会人までできればいいかなくらいしか考えていなかった」。徹さんはそう言って笑った。しかし、投げては当時日本最速の164キロを誇り、打っては22本塁打。走っても、常に先の塁を狙う好走塁が光る――そんな二刀流誕生は、偶然の産物ではない。親子二人三脚で培ったものだ。その原点に2人の「野球ノート」があった。

実家のある奥州市は大谷の応援一色。母・加代子さんは「町の人、みんなが応援してくれてすごくうれしい。ありがたい」と感謝の言葉を口にしていた。早朝のラジオ体操では前日の打撃成績や投球成績が発表される。

大谷の通った「常盤幼稚園」の園児たちがプロ野球のスーパースターとなった大先輩の「貼り絵」を制作し、贈呈されたこともあった。大谷の活躍は言わずもがな、郷土の誇りだ。

大谷は花巻東時代から体は決して強くなかったという。加代子さんが同校に練習試合を見に行くと「〝翔平、今日熱を出して、医者に行きました〟とかしょっちゅうですよ」と振り返る。毎月のように熱を出していたという。この年はマメで緊急降板する時もあれば、風邪による体調不良で試合直前に欠場することもあり「電話は嫌いみたいだから、私はどんなに長くなっても手紙のようなＬＩＮＥを送る」と語っていた。

父と母の愛情も強く感じた。息子がよく風邪をひいた話題になった時。徹さんが「俺も子供の頃からへんとうがすごかった」と振り返ると、加代子さんは「お父さんの話はいいの。翔平はへんとうが大きいとかはなかったよ」と突っ込みを入れる。昔を懐かしみ、笑いが絶えない両親。大谷が育った岩手には、温かい空気が流れていた。

優勝へのマジックナンバーを1とした日本ハムは9月27日の西武戦（当時西武プリンスドーム、現ベルーナドーム）に臨む。翌28日の予告先発として発表された大谷は、登板前日のためスタメンこそ外れたが、ベンチ入りした。

栗山監督は試合直前「一応、準備させる」と言った。この日は勝てば優勝が決まる試合。栗山監督は「どっちにしても（球場に）残らないといけない日だった」と起用法を思案し、決断した。投手としてブルペン待機し、9回のマウンドに「胴上げ投手」として立つプラン――。ただ、初回2失点で追う展開となり、代打待機に専念した。

大谷は7回に代打出場。プロで初めて登板前日に打席に立ち、二塁打を放った。新人だった2013年、代走出場の翌日に救援登板したケースがあったが、登板前日の打席は初体験。大谷自身は「特に変わりはなかった」とサラリと振り返るが、異例のことだった。先発前日の投手は、試合前や試合中に球場を離れるのが通常だ。

結果的に0―3で敗れた。午後8時29分に試合が終わり、西武プリンスドームの大型ビジョンには9時2分からQVCマリンで行われていたソフトバンク戦の中継が映し出された。日本ハムファンがロッテの応援歌を歌い始め、球場に残って待つナインも三塁ベンチに出てきて戦況を見つめた。試合終了から47分後、2位・ソフトバンクがロッテに勝利。4年ぶりのリーグ優勝は、大谷が先発登板する28日にお預けとなった。9時16分に決着したソフトバンクの勝利を見届けた大谷は、すぐさま立ち上がり、帰りのバスへ歩を進めた。

「（ソフトバンクの勝利は）なんとも思わなかった。明日（28日）取るだけなので、しっかり抑えて勝ちます」

当時のスポニチ東京版1面は大谷らしさが全面にあふれていた。他力での優勝が決まらずナインが派手に手を上げたり、ひっくり返ったり残念がるリアクションをとる中で、大谷が1人だけ表情を変えずにベンチに座って大型ビジョンを見つめていた。頭は冷静に、心は熱く——。これぞ私が知っている大谷そのものだった。集中力は極限まで高まっているように映り、翌日の快投を予感させた。

最高の舞台で前人未到のパフォーマンス

そして、翌28日。伝説が生まれた。大谷は西武戦に先発し、優勝決定試合では史上初の1—

西武に敗戦後、表情を変えずベンチからビジョンを見つめた

0完封を達成し、4年ぶり7度目のリーグ優勝を決めた。わずか1安打で今季最多の15三振を奪う圧巻の投球で10勝目。史上初の2桁勝利、2桁本塁打、100安打を達成し、最大11・5ゲーム差からの大逆転Vに導いた。

西武の先発は尊敬する花巻東の先輩・菊池だった。試合前、首脳陣に頭を下げた。「こんな最高の舞台を用意してくれてありがとうございます」。栗山監督は涙を流した。その気持ちがうれしかった。大谷は「昨日（優勝を）決められなかったのもそう。自分の番で（先発が）回ってくるのもなかなかない。雄星さん（菊池）が先発ということも僕的には特別な感覚。勝つには最高のシチュエーションだった」と振り返る。

何かに導かれるように回ってきた大一番で、自身初の1安打完封。自身が持つ球団記録にあとひとつに迫る15三振を奪い、4年ぶりのリーグ制覇に導いた。「込み上げてくるものがあったけど（9勝目を挙げ、首位を奪取した21日の）ソフトバンク戦とは違って淡々と冷静に投げることができた」。9連勝で3年連続2桁の10勝目。前人未到の「10勝、20本塁打、100安打」を成し遂げた。

プロ入り4年目のシーズン。栗山監督に開幕投手を告げられたのは、アリゾナキャンプ中の2月6日だった。二刀流の元祖で「野球の神様」と呼ばれたベーブ・ルースの誕生日。粋な計らいだった。監督室に呼ばれた。「何でもいいから俺に手紙を書いて」。大谷は迷うことなく、ペンを走らせた。

「今年、日本一になります」。文章の一節にそう書いた。チームを背負う覚悟を決めたのだ。栗山監督からは「俺に約束する必要はない。自分に約束しなさい」と言われた。常々、大谷が指揮官から伝えられてきたことは「このチームを優勝させろ」ということ。それこそが二刀流を続ける真の意味。大谷自身が一番、理解していた。

高校から即メジャー挑戦の夢は断念し、二刀流に夢を見いだした。「投手に専念すべき」。そんな批判的な意見も圧倒的なパフォーマンスで球界の常識を変えた。二刀流でフル回転。最大11・5ゲーム差からの奇跡の逆転ドラマは142試合目に完結した。大谷の魂の125球。プロ野球の歴史にまた新たな伝説が生まれた。

翌29日付スポニチ東京版最終版は1～7面まで全て日本ハムの優勝記事で驚異の7枚展開。大谷以外にも企画の構成を担当したキャップと私にとっても驚くほどの原稿量だった。1面のメイン写真はビールかけに参加した笑顔の大谷が頭からビールをかけられる瞬間の姿。意外に思われるかもしれないが、担当記者は試合後の球場での取材と執筆に追われ、ビールかけの現場に行くことはほぼできない。スポニチに限らず遊軍記者がビールかけの現場に向かって、取材を手伝うケースがほとんどだ。本音を言うとビールかけに参加する大谷を見たかった。ただ、これほど労力とやりがいを感じた仕事はなかなか経験できることではなく、今も大切な思い出、大事な経験として胸に刻まれている。

10月12日に開幕したパ・リーグのクライマックスSファイナルS。日本ハムは大谷が「投手・8番」で出場しソフトバンクを相手に7回1安打無失点。最速162キロの直球でねじ伏せた。打っても5回に中前打を放ち、先制劇を演出。プロ初犠打まで記録する活躍で勝利に導いた。

二刀流の強みを存分に発揮。6回無死一塁ではベンチのサインでプロ入り初の犠打を記録し「バントは得意なので」と胸を張る。マウンドでは最速162キロでねじ伏せ、7回をわずか1安打。1―0の完封でリーグ優勝を決めた9月28日の西武戦以来のマウンドで、またしても1点も許さず、「場数を踏んで成長できているのかな」とうなずいた。

投打の軸としての自覚と責任感が備わっている。レギュラーシーズンを終えた9月30日。札幌市内で選手、スタッフらが集まり、祝勝会が開催された。羽目を外してもいい日だったが、大谷は乾杯時にビールを1杯飲んだ程度だったという。翌日以降の体調を考慮して2次会には参加せず、日付が変わる頃には合宿所へと戻った。日本一へ向けた戦いはもう始まっている。それを誰よりも自覚していたのが大谷だった。

3勝2敗で迎えた10月16日のソフトバンク戦は7―4で逆転勝ちを収めた。リーグ優勝による1勝のアドバンテージを加えて4勝2敗とし、4年ぶり7度目の日本シリーズ進出を決めた。9回には「3番・DH」で先発していた大谷が救援。自身の持つプロ野球最速を更新する16

2016.9.29付スポーツニッポン

5キロを連発し、公式戦初セーブを挙げた。

誰もが目を、耳を疑った。3点リードし、あとアウト3つで日本シリーズ進出が決まる9回。大谷のDHが解除され、投手としてアナウンスされた。ベンチ前ではナインが列をつくり送り出す。超満員4万1138人の大歓声が、背番号11を包んだ。

「良い雰囲気でマウンドに上がれたので、良いパフォーマンスを出せた」。目を血走らせ、力を解き放つ。先頭・松田宣浩への初球に163キロでファウルを奪うと、スライダーで空振り三振。球場がどよめいたのは、続く吉村裕基への初球だ。自身が持つプロ野球最速を1キロ更新する165キロで空振り。これには、相手ベンチの内川聖一も思わず口をあんぐり。そして、再びスライダーで空振り三振。本多雄一には、2球目に空振りを奪ったフォークが151キロを計測する。3球目、6球目にまたも165キロ。最後は高速フォークで遊ゴロに仕留めた。異次元の15球で、自身初セーブ。直球8球の平均球速は164・1キロだった。

漫画のようなストーリーは、2―4の4回の攻撃前に動きだした。ロッカールームに戻ると、厚澤ベンチコーチが登板の準備を告げにやって来た。大谷は自ら「行きましょうか?」と問いかけた。当初予定は第6戦での中継ぎ待機だったが、ここが勝負だと踏んだ。

その思いは栗山監督も同じ。「翔平が珍しくずっとこっちを見ていた。〝チームのために勝ちましょうよ〟って」。5回からブルペンで準備を始め、7回には捕手を座らせ本格投球。「DH

で出ていたので、（アップなしで）直接キャッチボールをしても問題なかった」。通常はダッシュで体の切れを出すが、この日はベースランニングで補った。負ければ逆王手というアドレナリンと、自然な筋肉のほぐれが、規格外の剛球を呼んだ。

野手で先発しマウンドに立つのは、新人だった2013年以来2度目。だが、今回の登板間隔は中3日で、その間は野手でも出場している。栗山監督は「こういうことは二度と起こらない。来年もない」と、一世一代の勝負手だったことも明かした。

起死回生のサヨナラ打からの4連勝で日本一!!

10月21日、マツダスタジアムで行われた広島との日本シリーズ第1戦前日練習。大谷は、はにかむような笑顔を何度も見せた。それは慢心でなく、自信だ。初戦の先発マウンドを託された大谷は練習の最後にマウンドに立ち、イメージを膨らませた。

「何とか初戦を取れるようにしたい。（広島とは）やる機会が少ない。ひとりひとり、特徴のある打者が多い。打線として楽しみにしたい」

セ・リーグCSファイナルSで打率・833をマークし、MVPに輝いた1番・田中広輔を抑えることが鍵となるが「打席に入った雰囲気とか待ち方を見て決めたい」と落ち着き払い、同学年でこの年ブレークした鈴木誠也（現カブス）についても「やったことがないので楽しみ」と話した。このシリーズは自身だけでなく、この年限りでの現役引退を表明した広島・黒田博樹にも注目が集まる。「最後の最後で間近で見られるのはいい。ためになる」と大谷。第3戦（札幌ドーム）に先発する黒田とは「打者・大谷」として対決することになるが「まだそこまでは考えていない。まず、明日（22日）を取れるようにしたい」と気を引き締めた。

翌22日の日本シリーズ第1戦。「8番・投手」の大谷は重盗で先制点を奪われると、2本塁打を喫して6回5安打3失点で降板。痛恨の敗戦となった。

いつもの負けた時と同じだった。帰りの球場通路。丁寧な言葉で、冷静に振り返った。エースの振る舞いだった。プロ4年目で初の日本シリーズ。初戦の先発を託されたが、先制点を許し、一発攻勢に泣く。敗戦の責任を一身に背負い込んだ。

「大一番なので点をやらないことが一番だけど、それができなかった。僕の失点が勝敗を分けたかなと思う」

リズムが狂ったのは2回に喫した重盗。捕手・大野の送球を、マウンド上の大谷がカットするはずだったが「タイミングが合わなかった。次の打者が投手なので二塁に進まれても良かったけど、サインプレーなので詳しくは言えない」。流れを失い、4回には先頭の松山竜平に155キロを右中間スタンドに叩き込まれた。

打者としては、2回の日本シリーズ初打席で左中間二塁打。7回には一塁内野安打を放ちマルチ安打。しかし、自慢の直球は最速158キロ止まりで、6回5安打3失点。スライダーで立て直して2桁11三振を奪う意地は見せたが、今季9試合で8勝1セーブと無敵の「リアル二刀流」で初黒星を喫した。

23日の第2戦でも大谷は、バットで雪辱を果たせなかった。1—5の9回1死一、二塁。代打で登場すると敵地ながら大歓声を浴びたが、守護神・中﨑翔太の142キロ内角直球に空振り三振を喫した。「（前の打者が）単打でつないでいたのでもう一度、上位につなぐ気持ちだった。代打なので1球で仕留めたかった」。しかし2球で追い込まれ、最後は厳しいコースを捉えられなかった。

登板翌日の打者出場はCSを含め今季3度目。これまで原則、登板翌日は休養に充てたが、短期決戦ではそれも解禁している。24日は広島から札幌へ移動し、25日の第3戦からDHで出場予定の大谷は「場所は替わるし、雰囲気も変わるので、しっかり（白星を）取れるように頑張りたい」と力を込めた。

そして、迎えた25日の第3戦。大谷は「3番・DH」で出場し、3—3で迎えた延長10回2死二塁から右前にサヨナラ打を放った。黒田との初対決では2本の二塁打を放ち、最後は3時間51分の死闘に決着をつけた。

大舞台でのサヨナラ打は、努力の結晶だった。前日、広島から札幌へ戻るやいなや、ウエートトレーニングをする大谷の姿があった。それは日本シリーズ進出を決めたCSファイナルS第5戦の翌日も同じだった。9回にDHから救援登板し、プロ野球最速を更新する165キロを連発した次の日、大谷は札幌市内の合宿所の誰もいないトレーニングルームでエアロバイクをこいで有酸素運動をし、バーベルを担ぎ、スクワットで下半身をいじめ抜いた。独り黙々と努力を継続したからこそ出せた結果だった。

黒田との初対決は、このシリーズを通して一番のハイライトとなった。「ほぼ全球種を打席で見ることができた。間合いやボールの軌道が勉強になった」。初回1死一塁は初球のツーシームを叩き、左翼線二塁打。4回は内角のカットボールを強振し、右中間へ2打席連続の二塁打を放った。6回1死走者なしで迎えた3度目の対決。フォークで左飛に打ち取られ、黒田はここで両足の張りを訴え、マウンドを降りた。「それまで全くそういうそぶりを一切見せなかったのはすごい」。大谷にとって憧れの存在だ。

かつて大リーグ移籍前のダルビッシュ（当時日本ハム）が前田健太の打席で全球種を投げ、マウンドからエースの投球術を伝えたことは有名だ。大谷はカットボール、ツーシームは投げないが「今後必要な球種。（自分のイメージに）軌道があるのとないのでは違う」と感謝した。日米通算203勝を誇るレジェンドの投球を目に焼き付けた。

翌日の第4戦では再びアクシデントに見舞われた。8回の遊ゴロで一塁に駆け込んだ際に右足首をひねった。試合後はアイシングを施してロッカールームから出てきたが「もともと（足首の関節が）緩いので」と軽症を強調。このアクシデントが後に大きな代償を払うとは、この時は知る由もなかった。

大谷のサヨナラ打から3連勝を飾り、3勝2敗で日本一に王手をかけた日本ハム。再び広島に空路、移動した28日に、第6戦の予告先発は大谷ではなく、増井と発表された。日本一まであと1勝となり、首脳陣は第6戦に増井、第7戦に大谷を先発起用することを決めた。1、2戦と2人の順番を入れ替えた理由について、栗山監督は「いろんな使い方を含めて、一番幅があるのはこれだなと思った」と説明した。

DH制がない敵地。仮に順番通り大谷が第6戦に先発した場合、第7戦は代打待機に限定される。第7戦に大谷を回すことで、ベンチ待機となる第6戦は、勝っている展開なら救援登板、負けていれば代打と、起用法に「幅」が生まれる。吉井理人投手コーチ（現ロッテ監督）も「投げるとすれば、最後の9回。比較的準備がしやすい」と守護神起用の可能性を示した。

この時、広島空港にできた「出待ち」のファンの数と熱気には驚いた。広島のユニホームを着たファンも、大谷を一目見ようと空港に大挙して押し寄せていた。

そして29日の第6戦。翌30日の第7戦で先発予定だった大谷は歓喜の瞬間をベンチで迎えた。

「うれしい。点差も点差だったので特に緊張するということはなかった」。栗山監督は守護神起用の可能性も探ったが最終的には疲労を考慮しブルペンでは準備させなかった。「出番」はあった。4―4の8回2死満塁、中田の打席でネクストバッターズサークルに入った。「プレッシャーをかける意味でネクストに入って、という感じだった」。中田が勝ち越しの押し出し四球を選ぶと、代打はなくなったが、存在感は抜群だった。この回日本ハム打線は一気に6点を奪い日本一を決めた。

この時もビールかけを取材することはできなかった。さらに言えば第7戦の登板を見てみたかったが、さすがに欲をかきすぎか……。試合後に満面の笑みを浮かべる大谷を見て担当記者の1人として幸せな気持ちになった。

史上初2部門でベストナイン&MVP選出!

シーズン後も主役は大谷だった。11月2日。侍ジャパンの一員として望んだオランダとの強化試合第1戦に「6番・DH」で出場し、1―5の5回に右中間へ140メートルの特大ソロを放った。翌3日の第2戦では7回に代打で登場し、東京ドームの天井の隙間に入り込む「二塁打」を放った。

歓声ではない。東京ドームがどよめいた。2―8の7回。先頭打者の代打・大谷は高めの141キロ、それもボール球を強烈にしばいた。爆発的なスピードで飛び出した打球は高々と舞い、そして消えた。右翼上空の天井に付けられたパネルの隙間に入ったのだ。2002年の巨人・松井秀喜以来、史上2度目の「認定二塁打」となった。

「打った瞬間、（柵越えまで）飛距離は十分だと思った。あとは（ポールから外に）切れるかだけだった」

審判に詰め寄るオランダ守備陣を横目に、大谷は表情を変えることなくダイヤモンドを一周した。「（打球は）見えていた。入ったのがインフィールドだったので、おそらく二塁打だなと思いながら一応、走った」。審判団が協議し「二塁打」が宣告されると、大谷はベンチ前で打撃用手袋を外し、二塁へ。劣勢ムードを変えるには十分すぎる驚愕の一打だった。

規格外のスイングは、球界の歴史上でもトップクラスだ。強化試合前に大谷と面談した権藤博投手コーチは、フリー打撃を見て、目を丸くした。「芯で捉えた時も〝ブンッ〟と（スイングの）音がするのは、（元近鉄の）ラルフ・ブライアント以来だ」。かつて同じ東京ドームで中堅につるされた天井スピーカーを直撃する推定170メートル弾を放った大砲と並び称された。この日もその伝説に並ぶほどの衝撃を残した。

11月25日。セ、パ両リーグが、ベストナインを発表し日本ハムの日本一に貢献した大谷が投手とDHの両部門で選出された。投手では10勝4敗、防御率1・86、打者では打率・322、22本塁打、67打点。今季から投手と野手の重複投票ができるようになり、規格外の活躍が評価された。

受賞を伝え聞いたのは北海道を代表する温泉地・登別で開催された納会。デニムシャツとホワイトパンツの爽やかな装いで現れた大谷の表情が少し緩んだ。投手とDHでベストナインをダブル受賞。史上初の快挙に「選ばれると思っていなかったので素直にうれしい。もっともっと頑張らないといけないと思った」。投票規定の変更により、二刀流がひとつの形として実を結んだ。

ただ、大谷は素直な気持ちを打ち明けた。「規定打席にも規定投球回にも届いていなかったので〝まさか〟という気持ち。チームが優勝したのでそういうところも評価してもらえたと思う」。規定投球回数には3イニング、規定打席数には61も足りなかった。

大谷はシーズンの疲れを考慮しノースロー調整中。利き手の右手を極力、使わない方針で、この日の選手会納会ゴルフにも参加しなかった。今後の課題について「いっぱいありすぎる。ひとつに絞りきれない。来年までにひとつでも多く克服したい」と真顔で答え、「また日本一を獲るのが目標。（来年は）個人的にも納得のできるシーズンにしたい」と締めた。

11月28日。「NPB AWARDS 2016」でMVPのトロフィーを手にした大谷は、喜びをかみしめた。史上初の投手とDHのダブルベストナインに続き、「二刀流」が最高の栄誉という形で評価され、入団4年目で球界の顔となった。

「パ・リーグの素晴らしい選手の中から選ばれて光栄。日本一になったからこそ評価していただいたのかなという気持ち」

有効投票を投じた254人中253人が1位票を投じ、残りの1人も2位票という圧倒的な評価で、本塁打王を獲得した同僚のブランドン・レアードに大差をつけての初受賞。規定投球回数も、規定打席数もクリアしていないが、インパクトは絶大だった。

この日、表彰式とは別に日本シリーズで相まみえた大谷と鈴木の対談が実現した。スポニチ東京版の2017年元日紙面用の目玉企画だった。同じ1994年生まれの「二刀流」エースと「神ってる」スラッガーが、共通の目標を見据えた。

日本ハム、そして大谷を担当して4年目。鈴木の取材は初めてだったので、対談前に名刺を差し出すと、大谷がちゃちゃを入れてきた。「誠也、この人は要注意人物だから気をつけて」。鈴木が「そうなの？」と私の顔をのぞく。それを見た大谷はいたずら顔を浮かべて笑った。

格好いい大谷に、ひょうきんな鈴木。グラウンド上ではそんなイメージだが、逆だ。話し始めると鈴木のほうが熱っぽく、大谷がそれをいじる。撮影中、お互いに見つめ合うシーンでは、鈴木の真剣な表情に大谷は笑いをこらえ切れず、何度もNGを出した。「なんで笑わずにできるの？」と本気で困り果てる大谷に、思わず現場も和んだ。

――メジャーリーガーとの対戦は楽しみ？

大谷　野球をやっている人なら、みんな楽しみだと思う。やったことない人と戦うのは楽しい。

誠也　メジャーリーガーは野球選手の中のトップ。そこから選ばれた選手との対戦はすごい興味がある。カーショー（ドジャース）が投げるという話もある。一度は打席に立ってみたいと思う。

大谷　カーショーとは投げ合うより、どうせなら打席に立ってみたい。誠也には神ってるプレーをしてほしいね。さらに進化させたプレーを。

――同学年の他競技の選手には、フィギュアスケートの羽生結弦や競泳の萩野公介らがいる。

誠也　強化試合の時に、翔平が親しい萩野選手との食事に連れて行ってもらいました。

大谷　鈴木誠也世代。

誠也　それ、絶対言うと思ったわ～。

大谷　神ってる世代。

誠也　やめろって。本当にやめろって（苦笑）。

大谷　真面目な話をすると僕らは日本でしか戦ってない。公介も羽生くんも世界基準。そういう意味でまだまだです。

――WBCでは2人がその「世界」に挑む。

大谷 初めてなので、分からないものが多い。世界一になりたい気持ちがある一方、その中で戦うプレッシャーがどれだけ重いのかな……と。想像はしても、理解はしていない。経験されている人は分かるかもしれないけど、僕たちはまず戦いの中に入ってみないと。

誠也 やっぱり日本野球がなめられたくない。そういう気持ちは、代表に選ばれる方はみんな持っていると思う。世界一になりたいです。試合に使ってもらえるのなら、仕事ができるように、しっかり準備したい。

――WBCの後は、ともに自チームでリーグ連覇を目指していく。

大谷 日本シリーズで戦った広島は強かった。ホームランを打たれた後、誠也はしっかり三振してくれたけど。

誠也 わざとじゃねーわ。流れに乗って打てるかと思ってたよ。

大谷 同学年なんで打たれたくはなかった。前の年まで同学年といえば藤浪（阪神）。爆発的に活躍した野手はこの世代で誠也が初めてだった。

誠也 こっちも同学年でこういうすごい選手がいるのはすごい刺激。翔平はシーズン中もぼんぼんホームランを打っていて、打席数もこっちが全然多いのに負けられない、という思いだった。

大谷　誠也に今年やってほしいのはトリプルスリー……。いや、3冠王。いやいや。「3冠トリプルスリー」だ。トリプルスリーを成し遂げて3冠王。つまり最強だね。

誠也　交流戦で当たった時は盗塁を稼がせてください。トリプルスリーをやるには盗塁が一番難しいから、まじで。翔平には（2013年楽天の）田中（将大）さんの記録を抜いてほしい。24連勝を抜く25連勝。バッターとしては、ほどほどに3割30発。

大谷　お互いに、いい一年にしよう！

ハワイへの優勝旅行に帯同

12月5日。大谷は札幌市内の球団事務所で行った契約更改交渉の席上で球団から翌オフ以降のポスティングシステムでのメジャー挑戦を容認された。高校から直接メジャー挑戦を表明していた経緯を踏まえ、2016年は日本一に導くなどプロ4年間の貢献度を考慮された。5年目のオフにメジャー挑戦すれば最短。年俸は7000万円増の2億7000万円で、高卒5年目ではOBのダルビッシュに並ぶ最高年俸となった。

「今日正式に自分の気持ちを優先させてもらえるという形になった。自分が行きたいと思った時に意思を尊重してくれるという話。応援してもらえるのはうれしいし、ありがたいと思った」

海外FA権を取得するのは順調でも2021年で、移籍するにはポスティングシステムを利用する必要がある。球団が容認したことで、早ければ翌年オフのメジャー挑戦が可能になった。花巻東3年時に高校卒業からのメジャー挑戦を表明していたが、プロ入り後に球団と話し合ったのは初めて。挑戦の時期について「明確な基準があるわけではない。来年、そういう気持ちになるかもしれないので、そうなった時の話をしてもらった」と言った。

印象に残ったのは当時の島田利正球団代表の言葉だ。

「（大谷は）日本を代表する世界一の選手を目指している。（メジャー挑戦を容認しないという）一球団のエゴはいけない。我々も（メジャーでの活躍を）見てみたい。一番いい時に行かせてあげるべきかな」

日本で経験を積んでからのほうがメジャーで成功すると説得して入団した経緯もあり、大谷の気持ちや未来を考慮した。

12月12日。10年ぶりの日本一に輝いた日本ハムは、成田空港からチャーター機で優勝旅行先の米ハワイへ出発した。グレーのパーカ、紺のパンツにリュック姿。杉谷拳士、有原、谷口雄也ら「独身組（当時）」と談笑しながら出発ゲートを通る大谷の表情は、人生初のハワイ行きに心弾ませる普通の22歳だった。「せっかくだから楽しみたい？」との問いには「それはもちろんありますよ」と素直に返答。かねて「ハワイでは僕は一般人なので。追わないでください」

とはにかみながら予告しており、気配を消して常夏の島に溶け込む。

しかし、進化をやめない二刀流は、6日間の旅行をバカンスだけで終わらせるつもりも当然ない。「いろいろ考えているし、やることはある。できる環境はある。やれることはやる」と語った。

人生初めてのハワイを思い切り満喫した。ドラフト同期の鍵谷陽平、この年新人王の高梨裕稔（現ヤクルト）、白村明弘（現香川オリーブガイナーズ）らとマリンスポーツに出掛け、バナナボートやシュノーケリングに挑戦。「きれいでしたね」とエメラルドグリーンの海を存分に堪能した。

つかの間のバカンスだが、ハワイでも日々のトレーニングは怠らなかった。2日目のマリンスポーツも本来は終日のプランだったが、午前中で切り上げ、午後はトレーニングに充てた。翌年3月のWBCには侍ジャパンの一員として臨むことが決定的で「実戦が早い分、多少早くは投げると思う。どの程度（量を）投げるかはいろいろと相談しながら」と言った。

優勝旅行最終日。目の前にワイキキビーチとダイヤモンドヘッドの絶景が広がった。「シェラトン・ワイキキホテル」で行われた優勝記念パーティーを終え、大谷はナインと満面の笑みで記念撮影に納まった。「楽しかったですね。また（優勝旅行でハワイに）来られれば。それが一番良い」。来年もチームメートと喜びを分かち合いたい。素直な気持ちだった。大谷の優勝旅行中の取材対応はこの最終日だけだった。

パーティー会場からホテルまでのルートを報道陣がボディーガードのように囲うことで「Win－Win」の関係が成立。大谷も笑顔で取材に応じた。この日も、夜も更けた優勝記念パーティー後に「今から行きます」と筋力トレーニングに直行。野球に全てを注ぐ男はハワイでも健在だった。

優勝旅行中の一番の思い出は西川遥輝（現ヤクルト）のトレーニングに同行させてもらったことだ。最もきつかったのは、両腕にダンベルを持ち、膝上くらいの高さの台を素早くジャンプしながら昇り降りするメニュー。瞬発力や下半身、心肺機能の強化が目的で、数セットこなしただけで当時31歳の記者は息切れ。最後まで耐えきれず、ジムの外に飛び出しておう吐してしまった。

そんな苦しいメニューをひょうひょうとこなす西川の姿に驚いた。その西川も認める後輩の大谷のトレーニング量とは一体どんなものか、恐ろしささえ感じた。この優勝旅行は、私を含め報道陣はチャーター機に同乗。アリゾナキャンプの往復と今回の往復を合わせ、まさか1年に4度もチャーター機に乗ることができるとは思わなかった。

年末が差し迫った頃、大谷はプロ4年目で初めて、実家を離れて年越しを迎えることを明かした。過去3年間は地元・岩手に帰省していたが「（今年は）帰らないので。練習はこちらでやります」。鎌ケ谷での練習は12月30日で終了して、大みそかにはNHK紅白歌合戦で審査員を務める。年末年始も「都内とかにジムもあるし、体を動かすことはできる」とする予定で「シーズンも近づいてくる。（調整ペースが）上がっていくのが普通」と明かした。ちなみに、のちに栗山監督は「2016年のクリスマスの夜、打撃練習でフォームを変えている翔平の動画が（関係者から）送られてきた。この5年間、クリスマスだろうがなんだろうが野球をやり通してきた」と語っている。

2017年。野球界にとっては「世界一奪還」の年明けだ。3月開催の第4回WBC。侍ジャパンは連覇から一転、準決勝で敗れた2013年の前回大会の雪辱を期す。

1月6日。恒例となった鎌ケ谷での公開自主トレで目を輝かせた大谷の表情は、野球少年そのものだった。二刀流5年目の本格始動。テレビカメラ8台、スチルカメラ13台、60人を超える報道陣から「このオフに一番印象に残ったことは？」と質問された時だった。

「長嶋（終身名誉）監督に初めて会う機会があって、すごく刺激をもらえて、勉強になった」

投げては10勝、打っては22本塁打。昨季チームを10年ぶりの日本一に導き、MVPに輝いた22歳には野球界の枠を超え、各分野からオファーが殺到した。前年の大みそかにはNHK紅白歌合戦で審査員を務めるなど、多忙を極めて岩手の実家に帰省もできなかった。

「全部が全部、新鮮。野球以外の人と会い、その人の空気感とか勉強になった」。その中でも、この人だけは特別だ。2016年12月、ソフトバンク・王貞治球団会長とともに、「ON」として巨人のV9をけん引した長嶋氏と取材現場で初対面。今や日米の球界を席巻する二刀流だが、58歳上の国民的スーパースターのオーラに圧倒された。

「言葉ではなく、話している感じとか人柄。現役（時代）を知らない僕らでもそう感じるということは、それだけ魅力があるということ」

この日は室内練習場で打撃マシンを相手にバットを振り込み、ネットスローで腕を振った。そんな姿をカメラに追われた。注目度はすでに「ミスター級」だが、大谷は「全然、残してきたものが違う」と否定。ただ、真摯に質問に受け答えをする立ち居振る舞い、積極的なファンサービスは、プロ野球選手として常に意識してきた。それを率先してきたのが長嶋氏だ。

「僕が長嶋さんにそういう感情を抱いたように（その空気感は）目指すものではなく、それは周りが決めること」

ファンあってのプロ野球。スターの領域に足を踏み入れた男だからこそ、国民を熱狂させた長嶋氏のカリスマ性を肌で感じ取ることができた。

1月28日。大谷はチームとともに春季キャンプを行う米アリゾナ州ピオリアに向けて出発した。成田空港では大勢のファンに見守られ、グレーの球団スーツ姿でチャーター機内へ。「いよいよ始まるという気持ち。アリゾナからしっかり調整していきたい。まずはWBCがあるので、そこを目標に頑張りたい」。その胸は自然と高ぶった。

WBC欠場決定で失意のどん底に

このオフ、栗山監督は大谷の蓄積疲労を懸念し、スロー調整を指示した。他のWBC組がピッチを上げる中、大谷だけはじっくりと調整。初ブルペンも1月20日で新人だった2013年に次ぐ遅さだった。この時、3月7日のキューバとの開幕戦（東京ドーム）での先発が内定。順調に調整が進んでいると私を含め多くの人が信じていた。

日本との時差は16時間。無事にアリゾナ入りし、一夜明けた現地28日。自主トレーニング初日から大谷の姿はなかった。前日は全体ミーティングを終え、WBCへ向けた報道陣の質問には「特にないです」とだけ答え、足早に宿舎へ戻っていた。

2016年11月まで侍ジャパンでプレーし、ここ数日は両太腿裏を気にするしぐさを見せていた。WBCでは3月7日のキューバとの開幕戦先発が内定しているが、「ずっと忙しくて疲労もあると思う。無理はさせられない」と福島芳宏チーフトレーナー。投手陣から離れた別メニュー調整についても、「可能性はある」と示唆した。栗山監督も「状態を見て、確認する」とし、「ひとつひとつきちんとやらなければダメ。ベースができていなければ故障が起こる可能性がある。それが一番良くない」と説明した。

翌29日発熱による風邪の症状を訴え、米アリゾナ州での合同自主トレ初日を欠席した。福島トレーナーは「風邪っぽくて熱がある。ホテルで静養させている」と説明。前夜、体調が優れずに体温計は38・5度を示した。大谷は朝方に福島トレーナーにLINEで報告。微熱程度の37・2度まで下がり、食欲もあったが、大事を取って休んだ。病院には行かず、風邪薬をのんだ。同トレーナーは「シーズン中も熱が上がることがあるのでそんなに心配していない。移動の疲れもあったかな」と語った。

風邪による発熱で合同自主トレ初日を欠席した大谷が、2日目は練習に参加。全体とは違うメニューながら、軽めのランニングとキャッチボールで体を動かし「大丈夫。体調は思ったより良かった」と笑顔を見せた。今後のペースアップについては「そこは要相談だと思う。（遅れを）取り返すというのはおかしいけど、できることはしたい」と話した。

1月31日のキャンプイン前日。衝撃的な事実が明らかになった。大谷が右足首痛を理由に、投手としての出場を辞退する考えを明らかにした。昨年痛めた箇所で、回復が思わしくなく、調整が間に合わないことから決断。今後は打者出場の可能性を探るも状況は極めて厳しい情勢となった。

「状態をギリギリまで上げようと頑張っていたけど、なかなか難しいかなと。（栗山監督と）今回は投手はやめようかという話をした。投げたいと思う大会だった。残念な気持ちはある」

原因は「もともと関節が緩い」という右足首の痛みだった。２０１６年10月の日本シリーズで一塁ベースを駆け抜けた際に痛め、11月の侍ジャパン強化試合で悪化させた。オフに入っても回復せず、12月中に福島トレーナーに「痛みが抜けない」と報告。

病院の診断は「右足首の三角骨による痛み」だった。このオフのブルペンは２回のみで、捕手を立たせての軽めの投球。その後は右足首をかばった影響か、両足の張りも訴えていた。大谷は「底屈《ていくつ》している時が痛い」と説明。ピオリア入り後は発熱で１日休養するなど、調整不足は明らかだった。

余談だが、大谷が使った「底屈」という言葉は実に興味深かった。取材の輪が解けた後、私を含む多くの報道陣が「テイクツって何？」と互いに聞き合って、スマートフォンで意味を調べていた。「底屈」とはつま先を下げる動き、足裏の方向に足首を曲げる動きのこと。大谷が普段から体についてよく勉強している証だった。

大谷は侍ジャパンのエースとして、３月７日のキューバとの開幕戦での先発が内定していたが「３月７日にもっていくのにちょっと時間が足りない。１００％の状態でいける自信が正直ない」と打ち明けた。この日、ランニングなどで汗を流した後に栗山監督と話し合い、正式に投手回避を決断した。

大谷は「今できることは状態を上げることなので、そこ（打者出場）に向かって頑張りたい」といちるの望みに懸けているが、現実的には厳しい。「打撃には支障はない」としたが、全力疾走はできず、実戦復帰の時期は不透明に。キャンプ第1クールは別メニュー調整が決定した。福島トレーナーは「（病院から）〝痛みがひどいならオペ〟とも言われている」と、シーズン後の手術の可能性まで言及するほど、思った以上に深刻だ。回復具合によってはレギュラーシーズンの開幕さえ間に合わない事態も考えられた。

「100％いける自信がないと（WBCは）行っちゃいけないと思っている。無理なら無理で早い段階で決めないと他（の選手）に迷惑が掛かる」

多くのメジャー関係者が注目していたWBC初舞台。そのマウンドに立つことはかなわなかった。

2月2日。大谷が3月開催の第4回WBCに出場しないことが正式に決まった。右足首痛で既に投手としての出場は見送られていたが、侍ジャパンの小久保裕紀監督（現ソフトバンク監督）が、打者としても断念したことを発表した。キャンプ3日目を迎えた大谷は「（小久保監督と）電話しました。投げられないというのはある程度決まっていたので、投げられないならという感じでした」と話した。

この日も2日連続で別メニュー調整だった。ランニング、約70メートルの距離で遠投。キャッチボールは「リリースの時」に右足首に痛みを感じると言い、「痛くならないように投げているので良くはない」と表情を曇らせた。

WBC出場の道が途絶えただけではない。最悪の場合、早期手術に踏み切る可能性も浮上した。大リーグ公式サイトのバリー・ブルーム記者による2年連続での単独取材を受けた大谷は、インタビューで右足首について「まずは回復具合を見たい」とした上で、「良くならないなら、たぶん早く手術をしたほうがいいと思う」と考えを述べた。

手術時期について、大谷は「ベストな時期は分からない」と淡々。しかし、今オフにもポスティングシステムを利用してメジャーに挑戦する可能性を考えれば、早めの手術決断にはメリットもある。才能あふれる22歳は「全ての可能性を排除しない。徐々に（状態を）上げていくしかない。やれることをやりたい」とも話した。

2月3日。大谷が欠場を決めたWBCへの思いを語った。上唇の上には珍しく無精ひげがうっすらと残っていた。失意のどん底だった。大谷は「相当気持ちを入れて、（WBCで）優勝したいなと思ってやってきた。今は目標を見失っている段階。なかなか切り替えるのは難しい」と胸中を吐露した。

右足首の手術については「昨年の強化試合もない、（3月の）WBCもない状況なら、もしかしたら昨年の段階で（手術を）していたかもしれない」と話し、「現時点でどうなるかは（右足首の状態が）上向くか上向かないのか、それ次第」と続けた。

野球に全てを注ぐ大谷が「今は目標を見失っている段階。切り替えるのは難しい」と語るのは相当だ。見たこともないほど落ち込む姿に私を含む報道陣は言葉を失った。

２０１６年10月の日本シリーズで走塁中に痛め、11月の侍ジャパンの強化試合で悪化させた右足首が回復せず、日本時間の１日に投手でのＷＢＣ出場を断念することを表明。打者としての出場を目指してきたが、正式に代表から外れることが通達された。「覚悟はしていたが、喪失感というか、本当に申し訳ないという感じ」。この日の会見中に発した「申し訳ない」という謝罪の言葉は７度だった。

大谷語録「芯こすり」「芯詰まり」「投げ心地」を披露

このキャンプで、大谷は打撃練習を全て室内練習場で行った。報道陣は室内練習場を覆うシートの隙間から覗き込み、時にはカメラのレンズだけその隙間に置く日々が続いた。ハッキリと室内の様子は見えず、音やわずかに聞き漏れてくる声が頼り。アリゾナ特有の厳しい日差し、真っ青な天然芝での取材とは程遠い、文字通り日の当たらない地道な取材だったが、それほど大谷は注目度が高い証明でもあり、各社1人は必ず大谷の動向を注視するなど目が離せない日々が続いた。

第2クール初日の2月6日はその室内練習場に突然、鈍い音が響いた。大谷が打ったボールは硬球ではなかった。ティー打撃に割いた約30分のうちの数分間。開始当初は手探り状態だったが、打球は徐々に鋭さを増していった。

「重いボールを使って、足（右足首）の負担は大丈夫かなという確認。今日は大丈夫だった」

別メニュー調整が続く中、ティー打撃で使用したボールは「パワーフォーストレーニングボール」と呼ばれるゴム製のものだった。硬球より一回り小さいが、重さは約3倍の425グラム。痛めていた右足首のリハビリの一環で、トレーナーに前方からトスしてもらい、右足首へかかる負担を確かめた。

室内練習場は業務提携を結ぶパドレスの施設で、このボールはマイナーリーガーなど、若手選手がパワーアップや練習の目先を変える目的で使う。

右足首の痛みは投球時の底屈に限られており、打撃の動作には支障がない。この日のランニングでは明らかにスピードアップするなど着実に段階を踏んでいた。

「全体の動きはあまり変わらないが、ランニングメニューの強度はだんだん高くなっている。基本的には日に日に良くなっている。無理のない範囲で普通にこなせている」

ＷＢＣに出場しないことが決まった。さらに3年連続の開幕投手も絶望視されている。それでも、打者出場への希望は決して捨てていなかった。

アリゾナキャンプ最終日の2月10日。右足首痛のため、別メニュー調整が続く大谷が手術の可能性について言及。開幕前は手術せずに状態を上げることに専念し、改善しなければシーズン中に決断する意向を示した。

今後、どうすればいいのか。大谷は頭の中でしっかりと整理できていた。右足首痛のため、アリゾナキャンプを初日から最後まで別メニュー調整で終え、懸念されている手術について言及した。

「極力やらないのがベスト。シーズン前まではやらない方向でいる」。初めて開幕前には踏み切らない方針を示した。その上で「どうしても投げられない、走れないとなれば、（手術を）やらなければいけない。１００％のパフォーマンスができなければしようがない」とシーズン中にも決断する意向を示した。

ＷＢＣに出場する侍ジャパンのメンバーから外れることが決まり、約1週間が過ぎた。「ＷＢＣに出るということだったら日付が決まっているのでそこまでに（練習強度を強く）しなければいけないけど、今はそれがなくなった。直近の試合に合わせることはない」。コンディション不良のままWBCに間に合わせないといけないストレスは消え、焦りもない。右足首の痛みは投球時の底屈に限られており、打撃の動作には支障がない。大谷は「名護（キャンプ）中には打ちたい」とフリー打撃再開に意欲を見せた。

その言葉通り、沖縄・名護に移動後の2月18日に今年初めて屋外でフリー打撃を行い、41スイングで場外7本を含む13本の柵越えを放った。スコアボードを越える推定飛距離160メートルの超特大弾も放った。右足首痛を公表し、WBC不参加が決まってから2週間以上が経過。自らを「ひきこもり」と表現し、打撃練習は全て室内で行っていただけに「楽しかった。ちょっとは日差しも浴びられたので良かった」と思わず笑みがこぼれた。やはり、大谷はグラウンドが似合う。

この時、私は既に取材申請中だった第4回WBCに参加中の侍ジャパンを取材するため、大谷取材の現場から約3週間離れ、合宿地の宮崎に向かった。その後、東京ドームでの1次ラウンドを突破したところで取材班を離れ、再び大谷取材の現場へ戻った。私を含め多くの大谷担当の記者が同様にアメリカ行きをキャンセルしていた。これも前例のない出来事。いかに大谷が特別な選手かを表していた。

3月18日の広島とのオープン戦（マツダ）。3週間ぶりにみた大谷は、ほぼ復調しているように見えた。0―2の3回2死二塁。クリス・ジョンソンのカットボールを捉えた大谷の打球は左翼席、それも上段に届いた。引っ張ったような痛烈な打球に記者席からも笑いが起こるほどだった。

「（ジョンソンの得意球が）カット（ボール）、ツーシームなんで同じタイミングでいった。たまたま甘かった」

前年の沢村賞男からの一撃だけに、調整過程として価値があった。この日は「黒田博樹特別試合」と銘打たれ、黒田氏本人が始球式に登場。大谷は「改めて偉大な選手だと感じた。ああいう選手になりたいと誰しもが思う」と言った。黒田氏の著書を読破するほど心酔する大谷にとって、かけがえのない財産。進化した姿を見せることが恩返しだった。

世界一を目指す仲間たちへのエールも忘れなかった。WBCの激闘はテレビなどで欠かさずチェック。「誠也（鈴木）とはちょくちょく（連絡を）やっている。（投手コーチの）権藤さんからは電話がかかってきた」と大会中も侍メンバーと連絡を取り合っていることを明かし、「2連勝で優勝目指して頑張ってほしい。応援したいと思う」と願った。世界一奪還は大谷の夢だからだ（結果は決勝トーナメントに進出したものの、準決勝でアメリカに敗れた）。

右足首痛の影響で全力疾走が制限される中、3年ぶりに迎えた打者での開幕カードの西武戦（札幌ドーム）。第3戦の4月2日、最後はバットを左手で強く押し込んだ。0—1の4回1死。大谷がブライアン・ウルフのカーブ、それも低めの球を捉えた。高々と舞い上がった打球は左

2013
2014
2015
2016
2017
2018
2019
2020
2021
2022
2023
2024

翼席へ。2017年初アーチ、5年目で初となる開幕カードでの1号に納得の表情が浮かんだ。

「〝芯こすり〟みたいな感じ。入ってくれて良かった」

昨季より左肘を高く掲げ、右肩を内側に入れて構える。早めにトップの位置を作り、逆方向を強く意識することが狙いだった。〝芯こすり〟の一発。大谷の口から飛び出す独自な言葉は実に興味深い。3年目の2015年のキャンプ中に放った一発は〝芯詰まり〟と表現し、この後の2017年8月の一発は〝芯先〟と表現している。「投手・大谷」としてよく使う「投げ心地」と同様に、自分の感覚や感触を言語化する能力に優れていることが分かる。野球人・大谷の大きな特徴のひとつだと感じている。

忘れもしない〝微妙〟な表情

しかし、わずか6日後の4月8日のオリックス戦で再び悪夢が襲った。大谷が初回の走塁中に左足に違和感を覚え途中交代。私を含めた担当記者は試合中にもかかわらず、京セラドームの地下駐車場に向かう異例の事態となった。

理由は無論、大谷が試合中に病院に行くことを〝警戒〟してのこと。異様な緊張感に包まれる中、大谷は試合後に登場。無数のフラッシュに包まれたが、表情を変えることなく、自力でバスに向かった。報道陣の問いかけには「何もないです。トレーナーに聞いてください。僕からは何も言えない」と話すのが精いっぱいだった。

アクシデントは初回2死で迎えた1打席目に起きた。チェンジアップを打ち損じ、三遊間へ緩いゴロが転がると一塁へ全力でダッシュ。だが、途中で足元がばたつき、歩幅を合わせることができず、痛めている右足で一塁ベースを踏んだ。栗山監督はベンチで何かを叫び、腕を組んだまま動かなかった。大谷は苦痛に表情をゆがめ、左足を引きずりながら三塁ベンチへ。アイシングを施し、試合を見守るしかできなかった。

福島チーフトレーナーは「走っている時に痛みが出た」と説明し、右足首をかばった可能性についても「あるかもしれない」と認めた。試合後、大阪市内の病院でMRI検査を受け「左大腿二頭筋肉離れ」で程度は「2度」と診断された。中程度の肉離れで、試合に出場できる状態になるまで1カ月程度を要することになった。再発防止のため「全力疾走禁止」を通告していた指揮官が心配していた事態が起きてしまった。

さらに2日後の4月10日には、大谷は大阪から東京へ移動し、都内の病院へ直行。発熱の症状があり「インフルエンザB型」と診断された。その後、鎌ケ谷の「勇翔寮」に移動する予定を急きょ取りやめ、都内のホテルに滞在先を変更。熱が下がった後も、完全にウイルスが抜ける2日後まではホテル内での静養を要する。他の選手への2次感染を防ぐための隔離となった。

左太腿の肉離れは、実戦復帰まで6週間程度を要するため、インフルエンザ感染が復帰時期に直接影響を与えるわけではないが、WBC直前から度重なる負傷、アクシデントが立て続けに襲った。

それは私にとって、レギュラーシーズンを日本ハム担当キャップに任せて、「鎌ケ谷通い」が始まることを意味した。日々、大谷の練習の進捗状況を観察し、トレーナーや関係者に確認。大谷を焦らせてはいけないので、担当記者で〝談合〟して大谷には間合いをみて質問するようにしていた。その後、リハビリ中にもかかわらず、ドジャースとレンジャーズの関係者が視察によく来ていた。当時の取材メモを振り返ると、ドジャースで当時編成部長を務めたゲーレン・カー氏（現球団副社長）がなんと3日連続で視察。そのほかにもパドレスの球団関係者、オリオールズのスカウトなど計6球団も視察に訪れていた。

その後、6月23日に1軍復帰。出場機会がないまま代打待機が続き、6月26日には、オールスター戦のファン投票最終結果が発表され、左太腿裏肉離れで4月8日を最後に出場していない大谷がDH部門で選出された。

忘れもしない〝微妙〟な表情だった。無数のフラッシュに包まれた大谷は素直な気持ちを吐露した。「複雑だけど選んでいただいてありがたい」。投手としてはまだ登板できず、打者としてもわずか8試合の出場。DH部門で1位選出に、感謝と申し訳ない気持ちが入り交じった。

オールスターに選ばれるも複雑な表情

4月初旬に左太腿裏を肉離れ。2カ月以上の長期離脱を強いられたが、2位デスパイネ（当時ソフトバンク）を7万票以上も引き離し、44万7910票も集めた。球宴は5年連続5度目。ファン投票選出は4度目で過去は外野手、投手で選出されたが、今回のDHで史上5人目の3ポジションでの選出となった。「期待に沿えるように全力で頑張りたい」と決意を込めた。

2016年は投手で選出されるも、右手中指マメの影響で急きょ打者出場。本塁打競争で優勝し、第2戦では一発を放ちMVPに輝くなど活躍した。表彰への意欲を問われると「ファン投票で選んでいただいたからには全力で頑張りたい」と語ったが、今思えばなんと酷な質問だろうと思う。出場機会が圧倒的に不足しているにもかかわらず、選出に複雑な思いを抱えている大谷の心情をおもんぱかってあげられなかった責任をメディアの1人として痛感した。

その後、6月27日のソフトバンク戦（当時ヤフオクドーム、現ペイペイドーム）で代打として復帰し、翌28日の同戦で復帰後初安打となる左前適時打を放った。1点を追う5回2死一、二塁。一塁ベースに到達した大谷は手がしびれたポーズを見せた。笑顔の裏には安どの気持ちも入り交じる同点タイムリーが明るい光を放った。

「復帰2打席目であんなに内角のスライダーとか見られると思わなかったので個人的には良い打席だった。たまたま（打球が）落ちてくれて良かった」

試合は敗れたが、大谷の「取られても追いついたり良いところもあったので、勝ちにつながるように全員で頑張りたい」という前を向く姿が印象的だった。投げて、打って、チームを勝利に導く。二刀流・大谷の復活こそが5位に苦しむ前年王者の現状打破の鍵を握ると感じた。

次々と押し寄せるメジャーの視察

7月1日。左太腿裏を肉離れした大谷が、ついに投手でも復帰への道を歩み始めた。イースタン・リーグの西武戦（鎌ケ谷）で今季実戦初登板を果たし、1回を1安打1失点で最速157キロを計測した。「天候が良くなかったので〝持っていないな〟と思ったけど、今日は投げられたことが収穫。スピードどうこうではなく、ストライクゾーンで勝負できればいいかなと。ひとつの段階をクリアできた」と手応えを口にした。

7月12日のオリックス戦（京セラドーム）で先発。球数を制限してのマウンドは、1回1／3で2安打4失点の結果に終わった。全29球中、ボール球は17球。直球は最速158キロを計測したが、制球できなかった。

2016年10月22日の広島との日本シリーズ第1戦以来、263日ぶりの1軍マウンド。復調の過程で球数に制限がある中、勝ち負けがかかる1軍戦で先発した。野手としての顔も持つ大谷。2軍戦で投げることもハードルは低くない。2016年も7月に右手中指のマメをつぶし、復帰へのステップとして9月7日のロッテ戦で短い回に限定した1軍先発を経た。結果、優勝投手へと駆け上がった。

「キャンプでも（右足首痛のため）全く投げていない。できないのが普通なので、それを早くできるように調整したい」と大谷は言った。節目の借金20となった1敗。苦渋の全てを受け止めて、次に進むしかない。「実戦の中で得るものは大きいと思う。次に向けて頑張りたい」。この敗戦を決して無駄にしない。

京セラドームでの今季初登板から一夜明けた13日。ダークスーツに身を包んだ大谷が新幹線で名古屋に到着した。私を含め報道陣の問いかけには無言だったが、会釈しながら宿舎へ。2017年の球宴。5年連続5度目の出場だが、今年は出場8試合でのファン投票選出。複雑な心境は表情だけでなく大谷が解き放つ雰囲気で感じ取れた。

14日の第1戦に「3番・DH」で出場し2打数無安打。初回は空振り三振、4回も左飛に倒れた。試合前のホームラン競争も1本のみで1回戦で敗れ「入らないよりは良かった」と苦笑い。ベンチに退いた後は一、三塁コーチを務めた。

15日の第2戦ナゴヤドーム（現バンテリンドームナゴヤ）は代打で凡退した。「ある程度（試合に）出ているのとは全然違う」と複雑な心境も「雰囲気を楽しめた」と笑顔で振り返った。

この頃、大谷の父・徹さんが監督を務める中学生の硬式野球チーム「金ケ崎リトルシニア」

の取材が実現した。充実したスタッフ、施設に加え、規格外の存在といえる大谷を育てた父・徹さんの指導理念に迫ることができた。

社会人野球の三菱重工横浜で外野手、二塁手としてプレーし、二刀流の大谷を育てた徹さんの指導方法はユニークで説得力がある。

まずは投球。投手には走者の有無にかかわらず必ずセットポジションで投球させていた。「僕のこだわり。体重移動が一定にならないと制球がつかない」。ワインドアップは腰をひねるため反動がつく分、体にブレが生じやすい。大谷もプロ1年目までは振りかぶっていたが、2年目以降はセットポジションでの投球に変更。徹さんは「翔平からヒントをもらったのは事実」。

もうひとつのこだわりは「指先でスピンの利いたボールを投げさせること」。同様の指導を受けた大谷は少年時代から指先を意識するあまり、中指、人さし指のマメをよくつぶした。入浴中は指をふやけさせないため、湯船からずっと指先を出すほどだったという。

打撃に関しては「特にティー打撃が大事」と言う。トスを10球上げれば、1、2球は高くボールを上げ、わざとタイミングをずらす。「直球を待ちながら変化球を打つ練習」だ。腰を回さず、腕だけで振るティー打撃も取り入れる。「腰を使うと体が先に開いて（引っ張って）ファウルになる。逆方向にも強い打球が飛んでいかない。〝当たるところから最後まで目を離すな〟と伝えている」。かつて大谷も父と二人三脚で取り組んだティー打撃。逆方向へ強烈な打球を飛ばす練習がここに受け継がれていた。

早ければこの年のオフにもポスティングシステムでメジャーに移籍する可能性があると報じられていた大谷。メジャー球団は毎試合のように視察に訪れていたが、8月18日の西武戦（札幌ドーム）のインパクトは絶大だった。試合前からバックネット裏に陣取ったのはドジャース関係者だった。編成トップのアンドルー・フリードマン編成本部長を筆頭に、ジョン・ディーブル環太平洋スカウト部長（当時）、ゲーレン・カー編成部長ら総勢8人。その中には、ド軍OBのオレル・ハーシュハイザー氏の姿もあった。通算204勝を挙げ、「ミスターゼロ」の異名を取った大物レジェンドだ。

この日はレンジャーズ、パイレーツ、アストロズも視察に訪れたが、花巻東1年時からマークを続けているド軍の「本気度」はすさまじかった。フリードマン編成本部長は、米球界でも一、二を争う敏腕として知られており、自ら日本まで足を運ぶのは異例だった。

私はこの時、初めて姿を見た。花巻東の1年時から担当スカウトがほぼ全登板試合を視察し、密着マーク。2012年9月には日米球団のトップを切って佐々木洋監督と面談して育成プランを説いたが、1位指名した日本ハムに入団した経緯があった。

ハーシュハイザー氏は、球団専属のテレビ解説者で、編成業務には携わっていないが、伝説のサイ・ヤング賞右腕まで連れてくることで大谷に思いを届けた。試合後の大谷はド軍など各メジャースカウトについて「特にはない」とコメントを避けたが、気付かないはずがないほどの存在感だった。

「大谷狂騒曲」は加速していく。8月31日のソフトバンク戦（札幌ドーム）で今季2度目の先発登板。3回1／3を3安打4失点で2敗目を喫したが、メジャーの14球団、22人のスカウトが見守る中、最高球速160キロを4球計測。初めて直接視察に訪れたヤンキースのブライアン・キャッシュマンGMは才能を高く評価した。ドジャース同様、ヤンキースでも編成トップがシーズン中に米国外に視察に訪れることは異例だが、同GMのほか、松井秀喜獲得にも尽力したジーン・アフターマン副社長兼GM補佐も含め、3人態勢でチェックした。

試合後。大谷の投球を脳裏に焼き付け、札幌ドームのエントランスホールで、キャッシュマンGMは上機嫌だった。「日本の選手は非常に才能あふれた選手が多い。何人かを見に来た」とし、大谷について「非常に才能にあふれている（He is talented.）」などと称えた。簡単な英語だったが、大物の発言に「〝talented〟って言いましたよね？」と記者同士で何度も確認。帰宅しようとしていた水原通訳を引き留め、念のため録音した音声を聞いてもらった。

大谷は「打者と向き合った時に駆け引きがしたい。今日はただ投げている感じだった」と自身の投球に集中していたが、周囲は騒がしくなってきていた。

9月12日の楽天戦（札幌ドーム）。大谷が今季初のお立ち台に上がると、拍手が湧き起こった。

負ければＣＳ進出が完全消滅する一戦で5回2／3を1安打無失点。今季初勝利に「こんなに遅れて申し訳ない気持ち。良い投球を見せられて勝って良かった」と安どした。

6回2死で交代を告げられ「（6回の前に）あと2人と言われていた。3人いければ良かったけど」。80球程度という予定通り78球で降板したが、視察したナ・リーグ球団スカウトは「投球の勘が良い」と称えた。別のナ・リーグ球団スカウトも「（他の選手と）比べられない。投打両方やるんだから」と語った。優勝決定試合で史上初の1—0完封勝利を挙げた２０１６年9月28日の西武戦以来、３４９日ぶりの白星となった。

翌13日付スポニチ東京版にはこの投球内容ではなく、「メジャー今オフ移籍　大谷　決断」という見出しの1面記事が掲載された。２０１６年オフの契約更改で球団からメジャー挑戦を容認された大谷は「来年（２０１７年）そういう気持ちになるかもしれないので、そうなった時の話をしてもらった」と語っていたが、スポニチとしてこのオフにメジャー挑戦をする意向を固めたという〝裏〟が取れていた。

ただ、後日、大谷がこの記事について「なんでこのタイミングでこういう記事が出ているの？」と不満を漏らしていたという話を関係者から聞いた。本来なら原稿化前に大谷本人に報告したり説明するのが「筋」だが、マンツーマン取材が禁じられている大谷の場合はそれが難しかった。

あるぞ全30球団争奪

スポーツニッポン

2017年9月13日【水】

スポニチ

大谷 メジャー今オフ移籍 決断

25歳未満新協定で「格安」契約金最大6.3億円

ポスティング導入後最速5年目

日本ハムの大谷翔平投手(23)が今オフにポスティングシステムを利用してメジャーリーグに挑戦する意思を固めたことが12日、分かった。昨年12月に球団から今オフ以降の移籍を容認され、時期については一任されていた。5年目オフの移籍は、ポスティングシステム導入後最速となる。この日は楽天戦に先発。最速163キロで5回2/3を零封し、今季初勝利を挙げた。【関係記事2面】

楽天	000	000	000	0
日本ハム	000	322	00X	7

視察16球団32人の前で快投今季初勝利

2017.9.13付スポーツニッポン

だが、この時は禁を破ってでも事前に報告するべきだったとも思う。大谷に関する取材や原稿化が一筋縄ではいかない一例であり、担当記者として今でも反省している原稿だ。

２０１７年9月26日の京セラドーム。オリックスの高卒新人だった山本由伸（現ドジャース）と大谷の最初で最後の対戦が実現した。最初の打席はスライダーで空振り三振を喫し、その後は中犠飛と中前打で雪辱した大谷は「今年対戦した中で一番いい投手」と称賛。その言葉はすぐに報じられ、ドジャース関係者が山本への調査を本格的に開始した。ドジャースと山本を最初に結んだきっかけが大谷だったことが、既に運命の始まりだった。

10月4日のオリックス戦（札幌ドーム）。大谷が5年目で初めて「4番・投手」で先発出場し、投げて2安打10奪三振完封、打って1安打を記録した。プロ野球史上66年ぶりの「4番・投手」での完封勝利だった。２０１７年本拠地最終戦。同年初めてのＤＨ解除。しかも4番。「〝やるかもしれないよ〟とは言われていた。基本的にやることは変わらない」と冷静に臨み、4回まで無安打に抑えた。直球は最速１６２キロに達し、１６０キロ台を7球計測しての２０１７年シーズン初完封。打っては4回に中前打で出塁し、４連打での3得点を呼んだ。海を渡る意思はまだ公表していないため「そこに関しては別にない」と口を閉ざしたが、期する思いはあったはずだった。

11月11日11時、メジャー挑戦を発表

10月9日の敵地楽天戦。シーズン最終戦後の大谷はピリピリしていた。この時点で正式にメジャー挑戦を表明していなかったが、今後は球団とポスティング申請の時期も含めて話し合い、メジャー移籍へ動き出すとみられていた。2016年秋の日本シリーズで痛めた右足首の手術も受ける見通しで、すでに代理人の選定もスタートさせていたが、大谷は今後の予定について「今ここで言う必要がない」ときっぱり。「(メジャーは)目標というか憧れみたいなものはあるんじゃないかなと思う」とは語ったが、〝一般論として〟という注釈がつくような言い回しだった。

そんな状況下、日本ハムは10月11日、大谷が同12日に都内の病院で内視鏡による「右足関節有痛性三角骨(足関節後方インピンジメント)」を除去する手術を受けると発表した。手術は無事に成功、その後は鎌ケ谷でリハビリが続き、11月7日に大谷が契約したばかりの代理人について切り出した。

「自分で決めた。自分が向こう(メジャー)に行くために必要なものなので、このタイミングで決めた」

昨年の契約更改の席で、球団にポスティングシステムを利用した今オフのメジャー移籍を容

認されてから1年。二刀流で衝撃を与えてきた男が、プロ入りしてから初めてメジャー挑戦を表明。大手エージェント「CAA（クリエーティブ・アーティスツ・エージェンシー）スポーツ」と代理人契約を交わしネズ・バレロ氏が担当することを明かした。

日本ハムが11月10日に東京都内のホテルで会見し、大谷から今オフの大リーグ挑戦の申し入れがあり、ポスティングシステムを利用してのメジャー移籍を認めると発表。翌11日午前11時から都内の日本記者クラブで会見を開くことが決まった。

会見当日。決意に満ちた表情の大谷は壇上で無数のフラッシュを浴びた。背番号11と同じ11月11日午前11時。感謝の思いを込めたファイターズカラーの青ネクタイは輝いていた。

質問者の方に体を向け、うなずき、実直に答える。大谷の人柄があふれた1時間の会見だった。ポイントはふたつ。なぜ、プロ5年目オフのこの時期にメジャー挑戦するのか。そして、メジャーでも二刀流を続けていきたいか、だった。

メジャーの労使協定では、25歳未満のドラフト対象外の外国人選手には球団別に総額で最大575万ドルの契約金上限が定められている。23歳の大谷にも適用され、球団は新入団選手と同様に6年間の保有権を持てる。譲渡金を日本ハムに払ったとしても、メジャー30球団には「格安」との見方が広がっていた。

これに対して、大谷は「まだまだ不完全な選手だと思っている。もっとやらなきゃいけないことが多いと思っているけど、そういう状態の中で行ってみたい気持ちのほうが強かった。それは高校を卒業した時も同じだった」と言った。FAなら「100億円以上」と言われる総年俸だが、10万ドル以下のマイナー契約からのスタートになる。だが、どの環境に身を置けば「23歳の伸びしろ」を伸ばせるか、シンプルに出した結論が、この時期のメジャー挑戦だった。

二刀流の継続については、交渉に臨むメジャー球団次第とした。ただ、「栗山監督をはじめ期待してくれている人たちがいる。その人たちの分も頑張っていきたい。まずは（メジャー側の）話を聞いてみたい」と意欲を見せ、「もう自分だけのものではないという部分もある」とも言った。1918年に当時レッドソックスのベーブ・ルースが2桁勝利（13）&2桁本塁打（11）を達成して、来年でちょうど100年。その間、誰も達成できなかった偉業だが、日本で2度達成した大谷ならば米国でもやってのけるかもしれないと期待を抱かせた。

2016年は珍しく優勝旅行が大きな記事になったが、2017年はファン感謝デーが異例の大きさの紙面に掲載された。それもこれも全て大谷効果だ。11月26日。大谷は札幌ドームで行われたファンフェスティバルに参加。日本ハムでの最後のイベントとなり、満員となった3万9606人のファンに別れを告げた。

ステージ上で足を交互に滑らせた。右手を頭に当てる姿は帽子をかぶっているようだ。アクション伝言ゲームのお題は「マイケル・ジャクソン」。大谷は華麗なムーンウオークを決めた。「やれって言われたらやるしかない」。160キロを超える剛速球、軽々とスタンドに放り込む豪快な打撃の時のように、札幌ドームは大歓声に包まれた。

サイン会などにも参加し、ファンと交流した。「5年間しか（日本ハムのユニホームを）着ていないけど、自分なりに愛着もかなりある。寂しさもある」と感慨に浸り「（ファンに）頑張ってねと声を掛けてもらった。楽しかったし、良い1日だった」と続けた。ロッカールームでは得意の先輩いじりもした。「〝中田キャプテンの下でできなくて残念です〟と、（中田に）冗談で言っていた」。涙はない。大谷らしく、明るく振る舞った。

監督室にも出向いた。「監督室で（栗山監督と）話すのもおそらく最後。最後のけじめとして札幌ドームであいさつした」。二刀流を提案してくれたのは球団であり、栗山監督。感謝の気持ちしかなかった。

退場時にはスタンドにサインボールを投げ込み、ファンに別れを告げた。「僕の口からポスティングに関して言えることはひとつもない。温かく静かに決まるまで見守ってくれたらうれしい」。そう話し、最後の札幌ドームを後にした。

ファンフェスティバルではボールリフティングを楽しんだ

誰もが予期できなかったエンゼルス入団

11月末。渡米した大谷を追いかけるように、急きょ私の米国出張が決まった。目的はもちろん大谷の動向取材。大谷がメディカルチェックに訪れることを警戒し、トミー・ジョン手術の総本山として知られるロサンゼルス市内の「カーラン・ジョーブ・クリニック」には既に在米の日本記者が大挙して押し寄せていた。そのほかにも「CAA」の事務所前にも大量の報道陣が出待ち。私は米国駐在の通信員と複数人体制で臨み、マークの薄かったドジャースタジアム、エンゼルスタジアムや近隣の大学のグラウンドにも足を運び、大谷の足取りを追った。取材と言えば聞こえはいいが、広大な南カリフォルニアで大谷を見つけなければならないという雲を掴むような難しいミッションだった。

そんな生活が約1週間続き、絶望に打ちひしがれている12月8日、エンゼルスが大谷の入団を発表。入団発表後に「CAA」の事務所前に入る大谷の写真を共同通信社が撮影。スポニチは私含め当時は「CAA」の事務所前に不在だったため、翌日の紙面は共同通信員社撮影の写真が掲載された。

大谷とニアミスだったことも発覚した。私は発表前日の7日エンゼルスタジアムの駐車場で大谷の出入りを待っていた。後日、陽が落ちた頃に大谷がエンゼルスタジアムを訪れたという話を耳にした。私はちょうどそのタイミングで「もう暗くなったし来ないだろう」と球場を離れていた。なんということだろうか。大谷がエンゼルスタジアムを視察に訪れたことを確認できたとしても、記事として報じられたかは分からないが、悔しい出来事となった。

12月9日。エンゼルスの入団会見。気温31度。太陽が照りつけ、青空が広がった。ファン公開型の屋外入団会見。会見に先立ち着席した当時のビリー・エプラーGMやマイク・ソーシア監督の名前が呼ばれる度に1000人を超えるファンから地鳴りのような大歓声が沸き起こった。大音量のアップテンポの曲も鳴り響くなど、震えるほど格好いい演出だった。

そんな中、真っ赤なユニホームに袖を通した大谷はカリフォルニアの空気を目いっぱい吸い込み、第一声を発した。

「ハイ、マイネーム イズ ショーヘイ オオタニ」。英語で自己紹介した後、こう誓った。「これからエンゼルスの一員としてファンの皆さまとともに優勝を目指したい」。鳴り止まない大谷コール。さらに「今日、トラウト選手の結婚式がありますので結婚おめでとうございます」とエ軍が誇るスターにも祝福の言葉を贈り、ファンのハートをわしづかみにした。

7球団に絞った面談でエンゼルスを選んだ。「本当に縁みたいなものを感じた」。面談の席ではトラウトとテレビ電話で話す機会が設けられ、共闘を呼びかけられた。26歳にしてMVPを2度獲得の現役最強メジャーリーガー。同じ「世界一の選手」を目指す大谷の心は突き動かされた。地域性やリーグの違いは決め手ではなく「本当に感覚的なもの」とも言った。二刀流のバックアップはもちろん、トラウトを代表とするエ軍の家族的な雰囲気は、どこか日本ハムに近いものがあったのか。

背番号は17。日本ハムで11を背負った大谷は「本当は（トラウトの）27にしようかなという気持ちはあったけど、埋まっていたので17番にしました」と再び〝トラウトいじり〟で爆笑を誘ったが、こうも言った。「新たな気持ちでここで頑張っていくことを決めた時に17にしようかと思った」。17は花巻東の出世番号に当たり、過去に菊池、そして大谷も背負った。メジャーを夢見た初心に帰る。実直な大谷らしい選択だった。

大谷は会見後、球場コンコースで日本メディア、米メディア、現地テレビ、ラジオ局の取材に対応した。通常、日本メディアは日本メディア用の取材時間しか話を聞くことができず、そのほかはその場から離れるのが〝暗黙のルール〟だったが、米国での取材が初めてだった私含め他の日本人記者は、全てのインタビュー現場を大谷のそばで聞いた。当時の日本メディアに対応する大谷の写真はエンゼルスタジアムの会見室に飾られ、私も後ろ姿ではあるが、大きく映っていることが秘かに自慢だ。

会見後、ホテルに戻って原稿を書いていると、会社から「大谷が帰る空港をケアするように」との指示が飛んだ。当然の指示だが、私の処理能力の許容量を超えていた。ｉＰｈｏｎｅのレコーダーアプリ「ボイスメモ」（以下、レコーダー）の音声の書き起こしもそこそこに、ホテルからレンタカーで約30分かけて空港へ。空港のベンチで大谷が来るか警戒しながら、レコーダーの音声を書き起こし、原稿を書くという、これまでにない過酷な状況だった。

結局、大谷は空港に現れず、入団記者会見から一夜明けた10日。午後10時前のロサンゼルス国際空港に姿を見せた。黒シャツ、淡いブルーのジャケット姿。一般客とは別に用意された通用口から入り、帰国の途に就いた。あまりに一瞬の出来事だったため、私物のミラーレス一眼カメラでは大谷の横顔しか撮影できず、ｉＰｈｏｎｅで撮ればよかったと深く後悔した。ともあれ無事に、帰国日未定で始まった米国出張が終了した。

それにしても、なぜエンゼルスなのか。私が把握している限り、スタンドに球団スカウトを見かけたことはなく、そもそもレンジャーズのように駐日スカウトも常駐していない。ドジャースのように高校時代から熱心にスカウト活動を続けていたわけでもない。大谷は理由について「縁」や「感覚的なもの」という言葉で表現したが、今も当時も１００％腑に落ちてはいない。

12月25日。札幌ドームで「惜別会見」が開催された。栗山監督にラストボールを投げ込むセレモニーでは、サプライズでエンゼルスのユニホームを着用。無料開放された会場に集まったファンは約１万３０００人。最後はスタンドからの手拍子が鳴り響き、自らの登場曲の中で退場した。「（普段は）あんまりウルっとこないけど……。（ナインからのメッセージをまとめた）ビデオを含めて良かった」。目頭は熱くなったがこらえた。「野球だけに没頭できた5年間だった」。大谷らしく、最後まで笑顔でファンに別れを告げた。

大谷の天真らんまんな人柄は米国でもきっと愛される。大谷は人をイジるのがうまい。2015年シーズン中の鎌ケ谷での練習日。大谷がニヤニヤしながら私に近づきこうつぶやいた。「有原さんが〝最後にひとつだけ〟と言ってから、たくさん質問するのはやめてほしいと言っていましたよ」。笑いながら練習に戻る大谷にあっけにとられた。この2017年もそうだった。ある日の西武戦後。メットライフドーム（現ベルーナドーム）の長い階段を上りながら取材していると、大谷の右足首と接触。「あー、痛い。今ので痛めた。あー、痛い」と大声。かなりオーバーなリアクションだが、開幕前に痛めた箇所だけに笑えず平謝り。それを見て大谷はいたずらっぽく笑った。野球だけでなくこのキャラクターも、もっと伝えていきたいと感じた。

この12月に私は北海道総局から東京本社スポーツ部への再異動を拝命。日本ハム担当からMLB担当になることが正式に決まった。当時のMLB担当は、先輩記者のキャップと私の2人体制。大雪が降りしきる札幌を後にして、東京都内を拠点に新たな生活が始まった。

栗山監督（当時）に感謝のラストボールを投げる大谷

2018

第3章
鮮烈メジャーデビュー、洗礼、新人王、トミー・ジョン手術

通訳は意外な〝人選〟

2018年1月5日。鎌ケ谷の2軍施設で恒例の「自主トレ公開」では自信にみなぎっていた。テレビカメラ8台、70人を超える報道陣から「〝開幕〟(のイメージ)は頭の中にある?」と問われ、「開幕……ないですね」と返答し、すぐにその理由を明かした。

「キャンプから勝負だと思っている。勝ち取りにいく立場。やっぱり1年目なので(自分の)良いものをキャンプの中から見せていければと思う」

2017年10月に手術した右足首の状態も良好。キャンプインには「100(%)でいける」と力を込めた。順調ならば、今月中旬にもブルペン入りするとみられる。まずは2・14バッテリー組のキャンプインに照準を合わせる。

8日にはエンゼルスのビリー・エプラーGMら4人が来日し、鎌ケ谷へ来訪。栗山監督らに助言を求め、起用法、メンタルを含め、同GMの質問は45分に及んだ。会談には出席しなかった大谷とエプラーGMらが室内練習場に移動。非公開の中で約20分、17年10月に右足首を手術した大谷の動きをチェックし、日本ハムのトレーナー陣と現状と今後の練習プランを共有した。シーズン中の球数やトレーニング法を含めた5年間のデータ提供も受け、最新のメディカルチェックも行ったもようだ。1時間45分の滞在だったが、エンゼルスにとっては二刀流のノウハウを吸収する濃密な時間となった。ＧＭが直々に来日し、旧所属球団に助言を求めることは異例中の異例。それも、前例のない挑戦をアシストするエンゼルスの本気度の表れといえた。

大谷の練習パートナーを務めたのは大谷が入団した２０１３年から２０１７年まで日本ハムで通訳を務めた水原一平氏。大谷専属通訳に就任し、キャッチボールのほか、ティー打撃のトスも上げた。水原氏は「（12月の渡米時に）ロサンゼルスでも（大谷と）キャッチボールはやっていた」と語り、大谷も「十分うまいんじゃないかな」と笑顔だった。

日本ハムでの5年間で、少なくともグラウンドで大谷と水原通訳が話している場面を見たことがなかったが、「翔平のロッカーがメンディー（メンドーサ）の隣で球場ではちょろちょろ話していました」と水原通訳。２０１４～２０１７年途中まで日本ハムに在籍したメキシコ出身の右腕は陽気で心優しく、母国語はスペイン語だがメジャー経験が豊富で英語も堪能だった。大谷はグラウンドでよくメンドーサと冗談を言って、笑い合っていた。メジャー移籍後も、メンドーサから水原通訳に「大谷は大丈夫か？」とメールがよく届いたという。

日本ハム時代の大谷の取材に関しては、青木走野《そうや》氏という広報がよく報道陣と折衝し、周囲から見れば〝専属広報〟同然だった。選手として現役時代に豪州に留学、現地でのプレー経験があり、英語が堪能。独立リーグの高知ファイティングドッグス（ＦＤ）時代に大谷の7歳上の兄龍太さん（現トヨタ自動車東日本コーチ）とルームメートだったという縁もあり、メジャーでも大谷の広報を務めると多くの報道陣が予想していたため、大谷の通訳は意外な〝人選〟という印象だった。

1月11日にはアイウエア契約を結ぶオークリー社による目の定期測定を受け、担当者は「(プロ野球選手を中心にアスリートを)800人以上を見ているがなかなかいない。完璧だった。リップサービス抜きで何にも悪いものがない」と絶賛した。

ゆがみが近視や乱視の原因となる「角膜形状」はきれいで、網膜に集まる光のズレを表す「収差」も全くない。顔の中心から左右の瞳孔までの長さは「1ミリ単位でぴったんこ」(同担当者)。瞳孔までの距離の左右差は打者として内外角の不得手の原因となる。

視力は2・0程度と言われるが、完璧なバランスに大谷も「よっしゃ!」と喜んだ。オークリーの本社はアナハイムにある本拠地エンゼルスタジアムから車で20分ほどの距離で、サポートを受けやすい環境が整うという。投打だけでなく目まで完璧なのか。大谷に関するネガティブな要素は疑いたくなるほど聞かない。

1月25日。大谷が千葉・鎌ケ谷で、オフ3度目のブルペン投球を行った。初めて捕手を座らせ、昨年10月の右足首手術後初の本格的な投球練習。直球のみで32球、「メジャー仕様」の硬めのマウンドから初めて投げた。

2月14日のキャンプインを見据えた「エンゼルス流調整法」を実践。17日と21日はともに30

球。中3日の間隔を空けて同じような球数を投じており、本田訓宏トレーナーは「エンゼルス側のスケジュール。本人の状態も良いから、（ブルペンに）入っている」と説明した。

自主トレ公開日以降、大谷に取材制限がかかり、話を聞くことができなくなっていた。本人の意思か、球団の意向か、はたまた両者か。談話はなくても、目の前で起きた事象が記事になる異例の取材態勢がこの頃から本格的に始まった。

大谷はこの渡米直前の1月に花巻東時代のチームメートから「寄せ書きTシャツ」をサプライズで贈られていた。正中堅手だった千葉峻太さんと三塁コーチャーだった皆川清司さんが、千葉・鎌ケ谷の日本ハム2軍施設を訪問し球団関係者を通じてTシャツを渡した。

提案したのは花巻東時代に大谷の2番手投手だった小原大樹さん。赤色のジョーダンTシャツを選んだ。その理由については「（マイケル・）ジョーダンはレジェンド。翔平もメジャーでレジェンドになってほしいという思いを込めた。赤色はエンゼルスの色だから部屋に飾っても浮かないように」。野球部同期全員の寄せ書きに加え、大きく添えられたメッセージは「翔べ　翔平　～世界一のプレイヤーへ～」だった。仲間の思いも背負い戦っていた。

2月1日。大谷が成田空港から日本航空機でロサンゼルスに出発した。セレモニーと会見が出発ロビーに居合わせた約200人に公開される異例の形式で開かれ、「楽しみというのが一番。不安は多少あるけど行ってみないと分からないこともある。自分のできることをしっかりやりたい」と語った。

まず住居など生活環境を整え、2月14日のキャンプインに向けてアリゾナへ移動する。「最低限（の荷物）で来たつもり。パスポートと野球道具と気持ちがあれば、なんでもできると思っていきたい」。裸一貫は覚悟の表れ。米国でも野球に没頭し、二刀流で世界を驚かせる。

前夜に「ライトゴロでアウトになるっていう夢を見た」と明かした。日本ハム時代にキャンプインを迎えていた「プロ野球の正月」に見た〝初夢〟だった。疲労回復のため7時間の睡眠確保と定時起床を守ってきた。徹底した体調管理はメジャーに行っても変わらない。「一番野球がうまい選手になりたいと小さい頃から頑張ってきた。そういうシンプルな目標に向かって頑張りたい」と現実の「夢」を追い続ける。

2月14日。アリゾナ州テンピでスタートしたバッテリー組のキャンプ初日。大谷は両翼約109メートル、中堅128メートルの広さを誇る「フィールド2」で行われたフリー打撃で33スイング、7本の柵越えを放った。18スイング目で初本塁打を放つと一気に量産。推定飛距離135メートルの特大弾もあり、見守ったマイク・ソーシア監督も驚きの声を上げた。

「打撃練習のやり方とか回り方も全然違うし、今日初めてやったスタイルだったので、それ（周囲の視線）を気にする余裕は僕にはなかった」
7、8球を5人一組で回し、打撃投手がマウンドから約3分の2の距離で速いテンポで投げるメジャー式。さらに、打撃投手を務めたマイナーのコーチは「野手投げ」でテークバックが極端に小さい。そんな日米の違いに戸惑いながらも「打者・大谷」として、対応力の高さとパワーを見せつけ「慣れていければもっともっといい練習ができる」と話した。

球場に隣接するホテルで行われた会見で、大谷は米メディアから水原通訳を選んだ理由を問われ「5年間一緒にファイターズでやってきて、僕自身も信頼してますし、そういう方にやってもらえるっていうのはすごく僕にとっても心強いんじゃないかなと思います」と答えた。

投手・大谷を守った〝特注品〟

私にとっては2016年、2017年の日本ハムのキャンプから3年連続のアリゾナ取材。ただ、今までの取材は日本選手が中心で、会見では必ず通訳がいた。通訳がいない初めてのメジャーキャンプ、初めてのキャンプ地テンピは、戸惑いの連続だった。

メジャーでは報道陣はシーズンもキャンプも、練習前後にクラブハウスに入ることが許可され、取材が可能。一方、グラウンドで選手を引き留めて取材するのは許可されていないことはないが、一般的ではなかった。選手、コーチなど関係者への取材はもちろん通訳は不在。そもそも英語に不安を抱える私を含め日本からの出張者にとっては酷な現場だがやるしかない。事前に英語で質問を考えて、後はレコーダーを何度も聞き直し、どうしても分からなければ英語の熟練者に質問するしかなかった。出張当初、取材、執筆にかかる時間は少なく見積もっても普段の2～3倍長くなっていた。

そのほかにもメイン球場の駐車場にレンタカーを駐車していると、後方の車がエンジントラブルでいきなり炎上。レンタカーのナンバープレートや車体の一部が溶けて、指示器のランプが破損。慣れない英語で保険会社とのやり取りや、レンタカーの交換を迫られるなど、私の初のメジャーキャンプ取材はグラウンド外でもトラブルが絶えなかった。

エンゼルスのキャンプ施設は「カクタス・リーグ（アリゾナキャンプを張る15球団のオープン戦の通称）」で最も古い「ディアブロ・スタジアム」。フルサイズの練習場が2面、内野専用が1面で、ブルペンもマウンドが4つ。クラブハウスも古く大谷のロッカーも横幅が約1メートル20センチ程度と狭い。ただ、大谷は「全然いいじゃん。大丈夫」と気にも留めていなかった。グラウンドでプレーするのが自分の仕事。大谷にとっては当然のことなのかもしれない。最低限の快適ささえあれば、大谷にとっては関係ないようだった。

一方で、大谷の取材体制を巡って、日米メディアとエンゼルスの広報部は折衝を繰り広げていた。キャンプ前に球団はメインスタジアムの左翼フェンス後方に大谷の会見用の特設テントをつくるなど入念な準備を整え、「日本ハム時代を踏襲して1日1回取材機会を設けるようにする」と宣言。

大谷の入団をきっかけに、ドジャース時代の野茂英雄の通訳を務めた経験もあるグレース・マクナミーさんもエンゼルスの広報部に入り、日本メディアへの連絡は滞りなくスムーズに進んだ。だが、実際にキャンプがスタートすると、二刀流で多忙なことも重なり、そううまくことは運ばなかった。

松井秀喜のエンゼルス在籍時も知るエリク・ケイ広報が大谷の会見前に「オ、オ、オオタニ♪」とラップを披露したこともあったが、余裕のない日本メディアの心には響かず、微妙な空気が流れていた。

2月15日。キャンプ2日目で迎えた初ブルペン。大谷は20球でマウンドを降り、次の投手が投げ終わるのを立って待った。約6分間の休憩を過ごし、再びマウンドで16球を投じた。

「実際に試合の中で一気に50球、60球を投げることはない。そういう意味では実戦向きで良い練習だなと思う」

インターバルを取り入れた「アップ・アンド・ダウン」と呼ばれるメジャー流の調整法で、直球以外にカーブ、スライダー、フォークを投げ込んだ。大谷にとって初めての経験だが、ビリー・エプラーGMは「試合で投げることと同じようにすること」と説明。この年のオープン戦は2月23日から開始。日本ハム時代より約1週間早く、実戦を意識する必要があった。

大谷の野球人生を変えた出会いもあった。野手集合日2日前の2月16日。MVP3度、3000安打まで当時あと32本に迫っていたアルバート・プホルスが初めてクラブハウスに姿を現した。大谷はあいさつ。ただ、初対面ではなく、キャンプ地に入る前、一緒に打撃練習をする機会があったことを明かした。

「素晴らしい選手ですし、緊張した」。渡米後の自主トレはロサンゼルスが拠点。1日限定で、オレンジカウンティの施設で自主トレ中だったプホルスとの合同練習が実現した。「調整段階だったけど、バンバン本塁打も入れていた。勉強になることがたくさんあった」という。

プホルスは、その時に大谷に与えた助言を明かした。「野球は同じ。言葉の壁があるから少し違って感じるかもしれないが、自分の知っている野球をプレーし続ければいいと言った」。二刀流の大谷がDH起用される際、プホルスは普段のDHから一塁に回る可能性が高く「体重を15ポンド（約7キロ）は落としたかな」と準備している。「彼はストロング。あの年齢にして打席での様々な知識を持っている。投打両方で成功するといい」とエールを送った。

2月24日のブルワーズ戦でオープン戦初登板初先発し、1回1／3を2安打2失点。2回先頭打者に左越えソロを浴びるなど、イニング間の準備に課題を残し、スライダーの制球もつかなかった。

「日本はイニング間にキャッチボールができる。そこは今日は違ったなと思った。攻撃も点を取ってくれて長かった。体を温めながら、なおかつキャッチボールができない中で、どうやって2イニング目の先頭を抑えるかはすごく勉強になった」

メジャー球への対応にも球種によって差があった。「スライダーがあまり決まらなかった。カウント（を取る）球がちょっと苦労した」と振り返ったように、2球投げた同球種はいずれもワンバウンドとなった。この日のアリゾナの湿度は30％を切り、乾燥でボールはさらに滑った。

2月26日のパドレスとのオープン戦（ピオリア）に「2番・DH」で野手として実戦に初めて出場し、1打数1安打1打点2四球。メジャー初安打、初適時打、初打点を記録し、出塁率&打率で「10割デビュー」を飾った。

「打者・大谷」としてメジャー流の姿も随所にあった。まずはバットのグリップ部分に巻いたエンゼルスカラーの赤いグリップテープ。日本では滑り止めスプレーを使用していたが、メジャーでは主流ではない。近年、多くのメジャーリーガーが使うグリップテープで滑りを軽減させた。

さらに走塁中には右手に鍋つかみのような赤い袋状の防具を装着。クロスプレーやスライディング時に利き手を守る意味合いがあり「今日初めて着けたので試しながら。（球団から）〝一回試してみて〟っていう感じで今日は着けた」。二刀流ならではの特注品が「投手・大谷」を守った。

私も日本ハムキャンプ取材時に経験があるとはいえ、アリゾナ生活が2週間を過ぎても、この乾燥に慣れることはなかった。濡れたタオルをホテルの部屋で干すなど乾燥対策をしないと、朝起きるとのどがやられ、声はガラガラ。日本では味わわない強い静電気にも悩まされた。砂漠気候のため、朝晩の寒暖差は激しく、半袖、パーカー、薄手のダウンといくつかのパターンの服装の準備も必要。日中は強烈な日差しのため、サングラスをしてないと目は充血し、天然芝やアスファルトの照り返しで特に遠くのものが見づらかった。

日焼け止めも必須。日焼けで耳の後ろの皮がめくれたことも初めての体験だった。これだけ文句を書き連ねると信じてもらえないかもしれないが、私はアリゾナでの生活は嫌いではなかった。日本食レストランやスーパーは多く、またハンバーガーの名店も多く、食生活に困ったことはない。

交通状況やスーパー、レストラン、ショッピングモールもせわしない印象がなく、現地の人々にはゆったりとした空気が流れる。カリフォルニアと同様に雨はめったに降らず、雲ひとつない晴天は何より心を晴れやかな気持ちにさせてくれた。

大谷もメジャー1年目のキャンプとなったアリゾナ州のテンピで奮闘していたが、とにかく投打で結果が出ず苦しんだ。3月16日のロッキーズ戦に先発し、いずれもキャリアワーストタイの1回1/3降板、7失点。2回に2本塁打を許すなどつかまり、予定の75球に満たない50球で降板して初黒星が付いた。実戦4試合全てで失点。

ビリー・エプラーGMは地元紙ロサンゼルス・タイムズに、開幕25人枠入りをまだ確定させていないと答えた。「今すぐ判断を下すのは早すぎる」。期待の大きさからすれば自然に思えたメジャー開幕が、米メディアなどには不自然と捉えられ始めていた。

打撃も同日までオープン戦8試合で20打数2安打（打率・100）と苦戦。内角球に差し込まれる場面が多く見られ、本人は「（ボールの）見え方の違いというよりは入り方の違い。早くタイミングを合わせられるようなテークバックの取り方は必要かなと思う」と現状を分析した。

約2カ月に及ぶ、キャンプが終了。2月13日のバッテリー組終了日からスタートし、チームとしてオフは2日間だけ。「4勤1休」や「5勤1休」などが主流の日本のキャンプとは比較にならないほど疲労が溜まっていたので、グラウンドでプレーしている選手の疲労度は想像がつかなかった。選手でもなくメディアの1人ではあるが、まだレギュラーシーズンが始まってもいないのに、メジャーの厳しさをまざまざと痛感した。

メジャー初打席初安打！

大谷は開幕直前に大きな変化を決断した。3月26日のドジャースタジアムで行われたドジャースとのオープン戦に「8番・DH」で出場。初めてメジャーの本拠地でプレーし、4回に左前へオープン戦初の2試合連続安打をマークした。何より驚かされたのが、ノーステップ気味の新打法を取り入れたことだ。

右足を上げず、内側に少しだけひねる。4回に大谷はほぼノーステップで左腕リッチ・ヒルが投じた88マイル（約142キロ）の外角直球を逆らわずに捉え、打球は逆方向の左前で弾んだ。リッチ・ヒルはこの年までメジャー通算50勝で17年に12勝を挙げている。しかも上、横と変則で、老かいなベテラン左腕から打ったことに価値がある。4打数1安打ながら、6回の一直も強烈な打球だった。

「（打撃フォームで）省けるところは、どんどん省いていければいいと思っている。良い感覚で入れた」

オープン戦初の2試合連続安打。苦しむことで、知恵が生まれた。左脇を大きく開ける構えはそのままで、早めにトップの位置もつくった。「形は変わっているように見えるけど、そんなに変わっていない。トップに入る過程を省いたくらい」。試合前のフリー打撃から改良したフォームを試し、試合でも全4打席で実践した。

キャンプ中、大谷は「直球というより、（投球）フォーム自体にワンテンポ遅れる印象がある」と話したことがあった。メジャーの投手はテークバックがコンパクトで、日本の投手のように投球モーションに「間」がない投手が多い。大きく右足を上げる大谷にとってはタイミングが取りづらい要因のひとつだった。登板翌日のため欠場した前日も打撃練習で汗を流した。「（投手は）いろいろな投げ方があるけど、それにアジャストしやすい」と効果を語り、「飛距離も変わっていない」と手応えを口にした。

後に大谷は今も続けるこの打撃フォームに関して「ヒールダウン（すり足気味の打ち方）をやろうと思ったのはプホルス選手を見て決めた。すごく影響を受けている」と明かした。2018～2021年途中まで同僚でクラブハウスのロッカーも柱を挟んで隣で近かった。「打撃では常に逆方向を意識しろ」と教えられ、2021年の球宴の本塁打競争中には「逆方向へ打て」と携帯電話で助言も受けた。大谷にとって通算700本塁打を達成したプホルスは打撃の〝師匠〟だ。

プホルスとともに2001年に新人王に輝いたイチローも、この時の大谷の力になった1人だ。思うような打撃ができない大谷がバット1本を持って、イチローの自宅を訪れた。自分の才能を信じることの大切さを学んだという大谷は「普通はアドバイスはなかなかもらえない。

ありがたいし、見るだけでも勉強になる。実際に教えていただいて、すごく勉強になった」と感謝していた。

3月27日。マイナー契約の大谷がメジャー昇格し、開幕4戦目の4月1日のアスレチックス戦に先発登板することが決定。ドジャースタジアムで行われたドジャースとのオープン戦最終戦後にマイク・ソーシア監督が明かした。投手として実戦5試合全てで失点し、防御率11・77。マイナー落ちしたニック・トロピアーノ、パーカー・ブリッドウェルらに比べて結果を残せていなかったが、日本ハム時代の実績と能力が評価された形で先発枠に収まった。正直、誰もが納得した成績を残したわけではなく、NPBにやってくる新外国人であれば2軍スタートレベルだったと思う。グラウンドやクラブハウスでトロピアーノが怒っているように見えたのも、勘違いではないはずだ。ただ、マイク・ソーシア監督は「私たちは違うレンズで見ている。プロセスが大事」と言い切った。

ただ、大谷は持ち前の明るさでチームに溶け込んでいたのは間違いなかった。英語やスペイン語を積極的に話し、投手陣5、6人ではスマートフォンの対戦型カードゲーム「クラッシュ・ロワイヤル」が大流行。先発右腕のJC・ラミレスは「〝ハラヘッタ〟という日本語を教えてもらった」と話し、自身も大谷にスペイン語を教えていた。

その実力を疑う者もいなかった。2017年に24本塁打で球宴に初出場した内野手ザック・

コザートは「あのスイングを見て、どれだけ運動能力が高いか分かる。ボールにとんでもないバックスピンを与えられる。彼のことを全く心配していない」と賛辞の言葉を並べる。中継ぎ右腕のノエ・ラミレスも「いつも笑顔を絶やさないところが良い」と話しつつ、「でも、〝行くぞ〟という時になると変わる。格好いい」と、二刀流にほれ込んでいた。

チームの顔でもある主砲マイク・トラウトは大谷のニックネームを「ショーウィー」と早々に命名し、チーム内ですぐに浸透。おしゃれな私服姿に「ファッションモンスター」といじられ、一時は登場曲にも使われたこともあった。

このオープン戦最終戦後は飛行機で約1時間30分かけて同じカリフォルニア州を北上しサンフランシスコへ。当時から物価は高く、1泊300ドル以上するダウンタウンのホテルに泊まり、レンタカーの駐車場は1泊50ドル。何が普通か、どれくらいが相場か分からないまま、無我夢中で駆け抜けていた。

そして迎えた、3月29日の開幕・アスレチックス戦。サンフランシスコからレンタカーで約40分かけて、敵地オークランド・コロシアムに到着した。NFLのオークランド・レイダース（現ラスベガス・レイダース）と併用しているとあって、通常はないバックスクリーンにも観客席がある、日本にはないスタイルの球場。当時は恥ずかしながら人気映画『マネーボール』を見る前だったので、周囲の日本人記者ほど感慨にふけることはなかった。

試合前練習から50人は優に超える日本メディアが大谷の一挙一動に視線を送り、無数のシャッター音が響いた。オークランドの照りつける日差しにブーイングが交じる中、大谷は初打席に向かった。2回2死一塁だった。

「初打席に向かう時は、おそらくこの先忘れない打席になるのかなと思うので、すごい特別な感情があるんじゃないかと思った」

だが、そんな感慨は集中で消した。「ずっと投手のモーションを見ながら1球目から合わせにいく準備だけをしていた」。右腕ケンドール・グレーブマンの初球、内角に食い込む92マイル（約148キロ）カットボールを振り抜いた。痛烈な打球は一塁走者アンドレルトン・シモンズの股の間を抜け、右前に転がった。

印象的だったのは、残りの4打席のうち、3度の内野ゴロで一塁へ全力疾走したことだ。アスレチックスのボブ・メルビン監督も「あんなにいい走りができる選手だとは思わなかった」とうなった。その礎は父・徹さんの教えにある。米メディアから「父から一番ためになったアドバイスは」と聞かれ「一塁までしっかり走ること」と答えていた。打って、走った打者デビュー戦。スタンドで徹さんと母・加代子さんも観戦した。大谷は自身の手に戻ってきた初安打の記念球について「両親に渡すと思います」と語り、感謝の気持ちを込めた。

2013 2014 2015 2016 2017 2018 2019 2020 2021 2022 2023 2024

あわや完全試合の快投

メジャー初安打から3日後の4月1日。「今日は本当にただただ楽しく投げられた。マウンドに行く時も、一番最初に野球を始めてグラウンドに行く時の気持ちで投げられた」。初回2死、マット・オルソン（現ブレーブス）の初球に球場表示でこの日最速99・6マイル（約160・4キロ）を計測。テレビ表示は100マイル（約161キロ）だった。2―0の2回に連打からマット・チャプマンに逆転3ランを被弾した。甘く入ったスライダーで「少しひきずった」と言う。ベンチに戻ると、マイク・ソーシア監督に言われた。

「ここから抑えれば何も問題ないから」。切り替えた。2回以外は安打を許さず、逆転勝ちにつなげた。メジャー移籍後初となる100マイルを3度も計測し、力でねじ伏せた。花巻東時代に一度は志した最高峰のマウンド。「全体的にすごい楽しめた。そっちの気持ちのほうが緊張感を上回っていた。入りから最後までそういう気持ちだった」とはにかんだ。

5度の実戦全てに失点した開幕前のイメージを払しょくした。好投の理由は「本当に、そこ次第かなという部分はあった」。〝そこ〟とは宝刀スプリット。渡米後最多の全92球中、24球を投げ込み、6三振のうち5三振はスプリットで奪った。

試合後は日米報道陣が大挙して押し寄せたため、レイダースのロッカールームを急きょ借り

メジャー移籍後初の100マイルも計測

て囲み取材を開催。初勝利のボールを手に安どした表情を浮かべる大谷の姿を見て、報道陣もみんな笑顔になった。ここ一番で結果を残す修正能力の高さと勝負強さには感銘さえ受けた。原稿の打ち合わせのために電話したその日のデスクも「大谷はさすがだ。ここで勝つのはさすがだよ」と興奮気味でなかなか電話を切ってくれなかった。

時効なのか時効でないのか判断がつかないが、私は実はこの前日、発熱でダウンしていた。日本から持参した風邪薬を飲んで、ホテルの部屋で10時間以上は寝て、起きた時は体中が汗でびっしょりで、熱は引いていた。いや、正式には体温計を持っていなかったため、発熱していたか熱が引いたかも定かではない。それでも、体感で38度以上はあった。

後に聞いた話では、米メディア2人と懇親会を兼ねて寿司を食べに行った私を含め日本メディア全員が体調を崩していたという。一方で、米メディア2人の体調は問題なかったと聞いた。慣れない環境、慣れない食事で免疫力が落ちていたのかもしれない。コロナ禍前だが、この時はそれぞれが体調を崩すほどの目まぐるしい忙しさだった。

大谷の勢いは止まらない。本拠地エンゼルスタジアムでのデビュー戦となった4月3日のインディアンス（現ガーディアンズ）戦に「8番・DH」で出場し、初回に1号3ランを放った。本拠地エンゼルスタジアムでの初試合初打席でメジャー初本塁打。初マルチとなる3安打で、打点も初となった。

同点の初回、第1打席だった。2死満塁から暴投で勝ち越した直後、2年連続2桁勝利を挙げている右腕ジョシュ・トムリンから3ランを右中間に叩き込んだ。2−2から6球目のカーブ。3球目に空振りしたが、暴投になっていた球種だ。「ワイルドピッチで点も入って楽になった。そのおかげでカーブがちょっと浮いてくれたのかなと思う」。投手心理を読み切った、二刀流の大谷ならではの一撃だった。

記念すべきメジャー初アーチを放った後、待っていたのは「メジャーの洗礼」だった。ベンチに戻った大谷は誰からも見向きもされず、両手を広げてアピールする。無視が続き、たまらずイアン・キンズラーに抱きつくと、ナインが一斉に集結。手荒い祝福に最高の笑顔だ。「何かよく分からなかった。ちょっとたって気づいた。うれしかった」。選手を祝福する「サイレント・トリートメント」と呼ばれる儀式で、主砲のトラウトとプホルスの発案。スタンディングオベーションにはヘルメットを掲げて応え「最高でした」と喜んだ。

ちなみに、大谷のメジャー初アーチの記念球をゲットしたのは、当時9歳の地元オレンジカウンティ在住のマシュー・グティエレス君。同33歳のインディアンスファンのクリス・インコーバイアさんが手にし、後ろに座っていたエンゼルスファンのマシュー君にプレゼント。好きな選手に大谷、プホルス、トラウトを挙げたマシュー君は「将来はメジャーリーガーになりたい」と目を輝かせていた。地元の少年野球チームでは投手、捕手、内外野もこなし、大谷も顔負けのマルチプレーヤーである。記念球は球団を通じて返したが、試合後に憧れの二刀流と記念撮影。サイン入りのバットとボールを直接手渡され、とてもうれしそうだった。

翌4日のインディアンス戦でも2点を追う5回に2試合連発となる中越え2号同点2ランを放った。前年に2度目のサイ・ヤング賞を獲得したコリー・クルバーを攻略。本拠地デビューから2戦連発は球団史上6人目で新人では初。また歴史の扉を開いた。

2点を追う5回2死二塁。大谷がクルバーの92マイル（約148キロ）外角直球を捉えた。打球は中堅後方へ伸び、エンゼルスタジアム名物の「ロックパイル」と呼ばれる岩山の麓に飛び込んだ。

「今日も確信はなかった。二塁に走者がいて、安打でいいと思ってしっかりコンパクトに打ったつもりだった。なんとか越えてくれて良かった」

クルバーと初対戦となった3月14日のオープン戦では徹底的に内角攻めを受け、バットも折られた。何度も映像で球筋を確認し、リベンジの時を待った。「今日も内角がしっかりきていた。レベルの高い投手。投げミスが極端に少ない」。頭と体に内角球の残像を刻みつつ、外角球にしっかり踏み込んだ。過去の対戦、そしてこの日の1打席目の攻め方を受けての対応力が、2試合連発を生んだ。

こうなるともう訳が分からない。試合のないオフを挟み6日の本拠地アスレチックス戦では

3戦連発となる中越え3号ソロを放った。0―6の2回、大谷が94マイル（約151キロ）のツーシームを強振すると、打球は中堅をはるかに越え「ロックパイル」と呼ばれる岩山の水場に着弾。水しぶきが舞った。

「芯でも捉えていたし、しっかりと自分のスイングが形良くできていたんじゃないかな」。メジャー初登板初勝利した際、投げ勝ったアスレチックスのダニエル・ゴセットを今度はバットで粉砕する3戦連発。現地テレビの実況も「うそだろ？　現実離れしている」と叫ぶほどだった。この一撃が口火を切り、6点差を逆転勝ち。大谷が打席に立つたびに観客は総立ちになった。当時、テレビ、新聞、通信社を含め総勢30人を超える日本メディアの多くは右翼ポール際の記者席で観戦していた。私もその1人で観客と共用のトイレに向かうと、「大谷がまた打ったぞ！」「3試合連続本塁打だ！」と現地のファンが興奮気味に語り合っていた。

さらに8日のアスレチックス戦では本拠地で初先発し、7回1安打無失点、12奪三振の快投で自身2連勝。7回1死から左前打を浴びるまで完全投球を披露した。大記録達成はならなかったが、4万4742人は一斉に立ち上がった。エンゼルスタジアムが改修した1998年以降、デーゲーム最多の観衆は大谷に温かい拍手を送った。完全投球で迎えた7回1死、マーカス・セミエンに96マイル（約154キロ）を左前に運ばれた直後だった。

「（完全投球は）5回くらいから気づいていた。〝来る時が来た〟というか、そこに準備して初回からずっと抑えていた」
冷静だった。続くジェド・ローリーに四球を与え、マウンドに集まったナインに「ゲッツー取ってください」と笑った。だが、その必要はなかった。クリス・デービスを投ゴロ、マット・オルソンをスプリットで空振り三振。ピンチを切り抜け、吠えた。7回1安打無失点。12奪三振と圧倒しての2連勝だった。

メジャーリーグの原稿は日本のプロ野球の試合と違い、試合終了から24時間近く、時にはそれ以上経過して、テレビやネットニュースで一通り報道されてから紙面化され、そのためデスクからは「見たままの〝戦評原稿〟ではなく、自分なりの切り口とテーマをもって原稿を書くように」とよく指示を受けた。今回、大谷が2勝目を挙げた翌日のスポニチ東京版の記事で「スタンドから視察した他球団の西海岸担当スカウトは『15勝、20本塁打もいける』と断言」と紹介したことが切り取られ、「2勝&3発」より大きなフォントで「15勝20発　視察スカウト断言」という見出しが躍った。

だが、のちに社内で「読者に誤解を生む見出しだった。シンプルに7回1安打無失点、12奪三振を強調したほうが良かったのではないか」という声があったと聞いた。ストレートな見出しをとるか、翌日以降に発行される紙面を意識した見出しをとるか。万人が納得する紙面をつくるのは難しいと改めて感じる試合だった。

世界で一番注目される野球選手に

9日に発表された週間MVP（2～8日）では、大谷が初受賞。投打の「二刀流」をこなす選手の受賞は、同リーグが週間MVPを選び始めた1973年以来、初めて。メジャー1年目の日本選手で4月上旬の選出は過去最速、23歳9カ月も最年少と、記録ずくめの「初タイトル」となった。

4月中旬にはメジャー1年目に密着する月1回のスポニチの新企画「Monthly Shohei」がスタート。第1回は「体づくりをサポートする食生活」に迫った。当時契約していた明治のスポーツサプリメントブランド「ザバス」のサポートを受け、栄養面を徹底管理。普段は見られない「料理男子」の姿も独占公開し、1面で掲載した。

特にキャンプ期間中の夕食のサポートを受け、牛ヒレ、豚モモ、鶏ムネ肉、ホタテ、エビなど100グラム中20グラム以上のタンパク質が摂取できて、脂質が10グラム以下のものを100グラムずつ調理。毎日3種類300グラム、日本同様に、夕食でタンパク質を60グラム以上取ることができた。また、初のひとり暮らしとなる大谷が自炊できるように調理実習も実施した。

大谷が希望したのは、チキンライスの上にのせたオムレツにナイフを入れると〝ふわとろ〟の卵が開いていく「タンポポオムライス」。タマネギのみじん切りから大谷自身が実践したことも明かされた。

同時にスタートした人気企画が、大谷を一番近くで支える水原通訳が数々の舞台裏を明かす『水原一平通訳 I REPORT』。第1回の中で、水原通訳は大谷の初安打を振り返り「翔平からは初安打を打った時の『革手（打撃用手袋）』をもらいました。ふざけて『一平ちゃんへ』って書いてあります。うれしいですね」と記した。誰が語るよりも臨場感があり、大谷の素顔が明かされる本コラムは2022年まで5年間続いて、現在は一時休載中。「Monthly Shohei」は現在も続いている。

4月17日の本拠地レッドソックス戦ではまたもアクシデントに見舞われた。後にドジャースで同僚となるムーキー・ベッツに先頭打者アーチを浴びるなど2回4安打3失点。右手中指のマメを悪化させて66球で降板し、メジャー初黒星を喫した。そのマメの影響で制球に苦しみ、特に決め球のスプリットが機能しなかった。

4月21日のジャイアンツ戦。エンゼルスタジアムの記者席で隣に座った初老の米記者がおもむろにつぶやいた。「大谷、今日スタメンで出ないらしいね。ホテルに帰ろうかな……」。登板前後でもなく大方の予想は打者出場だったが、まさかの肩すかし。試合も代打待機のまま欠場した。初老の記者はサンフランシスコ・クロニクル紙で当時ジャイアンツ担当の記者だったヘンリー・シュルマン氏。「ホテルに帰ろう……」はもちろん冗談だが、大谷の一挙一動が米記者の間で話題に上がるのは今や日常の光景となっていた。

ロサンゼルス・タイムズ紙のコラムニストを務めるディラン・ヘルナンデス記者も早くから二刀流に注目してきた1人。日本ハム時代の大谷を取材したこともあり「こっち（米国）の人々は今までにない新しいものを求めている。スターを待ち望んでいる。新しい歴史を作る可能性ある大谷の二刀流にはみんなが注目している」とまで言った。

ただ、エンゼルスの本拠地があるオレンジ郡の地元紙オレンジ・カウンティ・レジスターで当時唯一の日本人記者として働いていた志村朋哉氏の見方は少し違った。「〝全米が熱狂〟というレベルにはまだ達していない」。人種のるつぼだけに趣味、関心も多種多様。特にMLBはNBA、NFLに比べ人気は下降気味。そこはヘルナンデス記者も同調し、「野球は〝地区スポーツ〟。他の地区の試合を見ない人は多い。野球選手は広告にもほとんど登場しない」と語った。

だからこそ、大谷にかかる期待は大きい。中でも大谷の誠実な人柄やベンチ内で見せる豊かな表情の変化は米メディアやファンの間でも評判となっている。ヘルナンデス記者は「米国の記者は野球を書くのではなく、〝人〟を書く」と言う。ルールこそないが、日本のメディアは「試合後の会見は試合のことを聞く」のが通例。確かに、米記者は「父から学んだことで一番、大切なことは？」、「試合前に子供にバットをあげたのはなぜ？」と、大谷の人間性に迫ろうとする質問が多い印象だ。

志村氏は「大谷は間違いなく世界で一番注目されている〝野球選手〟」と断言した。外国人であるかどうかは関係ない。スポーツの垣根を越えたスーパースターになれるか。大谷には日本だけでなく、米国球界の未来を担っているといっても過言ではなかった。

大谷は4月27日の本拠地ヤンキース戦では2回にルイス・セベリーノが投じた内角の97マイル（約156キロ）を捉え、右越え4号ソロ。だが、5回に二ゴロに倒れた際の走塁で左足首を捻挫し、7回に代打を送られ、翌28日の田中将大とのメジャー初対決はお預けとなった。このヤンキース3連戦を最後に3カ月に及ぶ最初の長期出張が終了。数え切れないほどの歴史的瞬間に立ち会えた喜びと同時に、肉体的にも精神的にも今まで感じたことのない疲労感を覚えながら、帰路に就いた。

国内勤務中の私は、米国に駐在する数名の通信員から送られてくる原稿や米メディアの記事を翻訳して原稿化することなどが仕事だった。そうした状況で最初に印象に残った試合は5月16日の本拠地アストロズ戦。「2番・DH」で出場したが、今季ワーストタイの3三振を含む4打数無安打。剛腕ジャスティン・バーランダーに屈し、5戦連続安打はならなかった。

「こういうチャンスがないと気づかないこともある。いい勉強になった」。初回はスライダーに空振り三振。4回の二ゴロ、6回の空振り三振は内角を攻められ、最後は外角球に屈した。

9回はボール気味の外角高めの96マイル（約154キロ）直球で3球三振。通算2500個目の三振を献上した。

前夜の対戦で99マイル（約159キロ）を計測したゲリット・コールを含め「野球をずっとやってきて、打席で見た一番速い球。ここまで品のある球というか、スピードもなかなか経験したことがない」と脱帽した。ただ、相手が強いほど燃える。「いくら（お金を）払ってでも経験する価値のあること。クリアしていく楽しみというか、技術も含めて今後の自分にとって大事」。屈辱を味わいながらも、目を輝かせたのがテレビ越しでも伝わってきた。例え話とはいえ、大谷の談話に〝お金〟が出てくることは極めて珍しく、それほどの興奮具合がうかがえた。

その後、6月6日の本拠地ロイヤルズ戦では大谷は右手中指のマメが悪化し、4回1失点で降板。8日に右肘の内側側副じん帯の損傷で自身初となる10日間の故障者リストに入った。ビリー・エプラーGMは「降板し、アドレナリンが収まったら肘が張ってきたと大谷が言ってきた」と経緯を説明。7日にロサンゼルスでPRP注射を受けたことを明かした。じん帯損傷には3段階あり、球団によると今回は「グレード2」で部分断裂などしていても肘は機能する状態だった。

ひじの違和感を気にかける

サイン入りカードは10万ドル以上の値打ち

私の2度目の出張は7月6日の本拠地ドジャース戦からスタートした。大谷は1―2の9回2死無走者から四球を選び、二盗に成功。同点、そしてサヨナラ劇へつなげた。前田健太とのメジャー初対決は2打数無安打だったが、右肘じん帯損傷から復帰後初の本拠地試合で大谷がけん引した。

この7月の『水原一平通訳 I REPORT』で、水原通訳は「翔平が右肘のケガで故障者リスト入りした直後に『フェイスタイム（ビデオ通話）』でトラウトから電話がありました。遠征先から『大丈夫か、頑張って早く復帰してくれ』と言葉をかけてもらいました。翔平と一緒にいて通訳しましたが、本人も励まされたと思います」と記した。また、リハビリ中の大谷が、チームメートがクラブハウスに連れてくる飼い犬に癒やされていたことを明かし、シモンズはハスキー犬、マット・シューメーカーも犬を連れてきていたという。大谷の犬好きがよく分かるエピソードだった。

7月19日。エンゼルスは、右肘内側側副じん帯損傷でノースローだった大谷がロサンゼルス近郊で再検査を受け、患部が回復したため、投球練習再開が認められたことを発表した。非公表だったが、同日中にエンゼルスタジアムで43日ぶりにキャッチボールを再開した。実戦なしのぶっつけ本番で復帰した打者に対し、投手はどのような復帰スケジュールを踏むのか。

当時、地区首位と14ゲーム差の4位。プレーオフ進出が極めて厳しい中で、大谷を投手として復帰させる理由は何か。次のシーズン以降に向け、本当に右肘のトミー・ジョン手術が必要ないのかを確認するためだった。

7月28日の本拠地マリナーズ戦。大谷が珍しく「願掛け」を行った。いつも使用する黒いメープル材のバットでも、何かが違った。15打席連続無安打で迎えた8回2死から5打席目。大谷は芯付近の塗料が剥がれ落ちたバットを手にした。

「最後はずっと練習で使っているバットでいった。普通、はじきが悪くて使わないけど、いつも頑張ってくれているので〝彼〟なら打ってくれると思った」

左腕ロエニス・エリアスが投じた内寄りの95マイル（約153キロ）直球をフルスイング。右翼フェンス上部にぶち当てた。本塁打まであと30センチ。シーズン自己最速となる113・2マイル（約182・2キロ）の弾丸ライナーに、「フェンスを越えるかなと思ったけど、ちょっとドライブ気味にいったので入らなかった」と振り返ったが、この打席まで打率・146と苦手としていた左腕から、使い込まれた練習用バットで、トンネルを抜けた。

悩みは深かった。「捉えたと思った打球が安打につながらない」。安打性の打球が、内野陣が右寄りに守る「大谷シフト」に阻まれることもあった。前夜の延長10回。コール・カルフーンのサヨナラ弾で試合は決したが、この時も大谷はベンチで練習用バットを手にし、次の打席に備えていた。

「やっぱり（安打が）出ないと打ち急ぐ。普段通り打席の中で見ていけない。それでも、積極的にいかなければいけない。そういうところが難しい」。日本ハム時代の２０１３年に18打席連続無安打を経験したが、この時は高校を卒業したばかりのルーキーだった。メジャーでの不振は想像を上回る苦しさだった。「もちろん（安打が）出ないより、最後に出たほうが明日につながる」。大谷がバットを擬人化して「彼」と表現したことがとにかく印象に残った。

8月3日の敵地インディアンス戦。初の3番に入り、初回に左翼へ10号2ランを放って2桁本塁打に到達した。メジャー1年目の2桁本塁打は日本選手7人目で、同一シーズンに10本塁打と50奪三振以上はメジャー史上初の快挙。3回には2打席連発の11号を放つなど初の4安打と、初づくしの「SHO TIME」となった。

敵地で、そして逆方向への一発はメジャー移籍後初めて。持ち味である逆方向への強い打球が減っていたことに、大谷は「させてくれなかったという表現のほうが正しい。あの方向に本塁打を、強いボールを打つというのは、１５０キロが当たり前の中でなかなかできなかった」と語る。

右肘の故障から打者復帰後も取り組み続けた球場施設内ケージでのマシン打撃では、カーブを想定して打ち込んだ。練習を見守る当時のエリク・ヒンスキー打撃コーチは「左中間にライナー性の打球を打つことに焦点を絞って打たないといけない」と説明。体を開かず、内側からバットを出してボールを強く押し込むことを緩い球を打つ中で体に染みこませた。

「中学くらいだったらもちろんあると思うけど、あまり記憶にない」と日本ハム時代を含め自身初の4安打。「まだまだ（打撃の）〝型〟があるような感じではない。それをしっかり探したい。変えることに全く怖さはない」と話す大谷に末恐ろしささえ感じた。

大谷にとってもだが、私にとっても初めてのオハイオ州クリーブランド。試合前の時間を使って「第39回全米スポーツコレクター協会博覧会」に足を運んだ。東京ドーム何個分だろうか。「40万平方フィート以上」という広大過ぎる敷地にところ狭しとお宝グッズが並んだ。「トップス」、「パニーニ」など大手メーカーがそれぞれのブースでＭＬＢを中心に、ＮＢＡ、ＮＨＬなども網羅した最新グッズを展示。この展示会は審査を通過さえすればコレクターが自身のブースでグッズを展示することも可能だ。モーターショーやゲームショーにフリーマーケットの要素が加わったようなものと言えば分かりやすいだろうか。

このような法人、個人を含め出展者は何と６００以上。コレクター同士によるカード交換の場はもちろん、実際にトレーディングカードを袋から大量に取り出す早業の見本を見せるコーナーも大きな盛り上がりを見せていた。

そして、何を隠そうこの展示会の目玉は野球カード雑誌を発行する「ベケット」が展示した大谷のサイン入り限定カードだった。同カードは「スーパーフラクター」と呼ばれ、紙ではなくクロームメッキ製。専門家によれば「10万ドル以上」の値打ちがあるという。展示場へ向かうと、頑丈なケースで保管され、確かにまぶしいほどに輝き、格好いい。特別なカードであることが一目で分かる。

そもそも、このカードはカリフォルニア州サクラメント在住でカードコレクターのジョン・ミュイム氏が取得。同社を通じてオークションに出すことにも合意した。同氏は「(カードを)パックから取り出した時、私は理解するまで数秒かかった。とても美しいカードだ」と大興奮の様子で、同社のジェロミー・マレー副社長も「2018年で最も貴重なトレーディングカードのひとつとなったカードを展示できるのを誇りに思う」とコメントしている。

珍しいものでいえば、オリックス時代のイチローのサイン入りユニホームが395ドルで売られ、元祖二刀流で「野球の神様」と呼ばれたベーブ・ルースのビジターユニホームは1000万ドル(当時約11億1000万円)の値が付いていた。スケールの大きさにただただ驚き、大谷がこの中で特別な存在であることが日本人としてなんだか誇らしかった。

トミー・ジョン手術勧告の日に2本塁打

クリーブランドから帰ってきた後の8月6日の本拠地タイガース戦を最後に2度目の出張が終了。7月に捕手マーティン・マルドナド、大谷への「サイレント・トリートメント」で話題になったキンズラーがトレードで、8月初めに内野手のルイス・バルブエナがDFA（メジャー40人枠から外す措置）でエンゼルスを去った。

メジャーリーグではポストシーズン進出の可能性が低くなれば、トレード期限でFAが近い主力を放出し、他球団から若手有望株を獲得する流れが通例。知識としては知っていたが、日本のプロ野球とは段違いの入れ替わりの激しさを目の当たりにするとさすがに面を食らった。その球団一筋何十年というフランチャイズプレーヤーは少なく、ファンはどんな気持ちで応援しているのだろうというのが率直な感想。これも日本と米国の野球の違いだった。

2度目の帰国後、日本国内での勤務が続く中、大谷が投手として再出発した。9月2日の敵地アストロズ戦に先発し、右肘の内側側副じん帯損傷から6月6日のロイヤルズ戦以来、88日ぶりの投手復帰だった。

初回2死一、二塁、5番タイラー・ホワイトへの2球目。動作解析システム「スタットキャスト」で、この日の最速99・3マイル（約160キロ）が計測された。外角へのボール球となったが、最後はスライダーで見逃し三振に斬った。

2回無死、ピッチャー返しに右手を出して薬指付け根を打撲した。「あまり今までに手を出したことはなかった。（とっさの）反応というか。捕るつもりでした」。遊撃手に任せれば平凡なゴロ。投手の実戦勘が不足していたためのアクシデントともいえる。さらに、練習以上の負荷が掛かったことで、1、2回の投球中から腰に張りを感じたという。3回、平均5マイル（約8キロ）も球速が低下して、無死一塁からスプリンガーにスライダーを2ランされた。2回1／3を2失点。50〜60球の球数制限もある中、49球で降板した。

試合後のマイク・ソーシア監督は次週の登板を示唆したが、急激な球速低下は嫌な予感しかしなかった。

そして、9月5日の敵地レンジャーズ戦を前に衝撃の事実が発覚する。2日のアストロズ戦で投手復帰した後、右肘の張りが引かなかった。この日、遠征先のアーリントンで精密検査を受け、じん帯に新たな損傷が判明。医療スタッフから、投手復帰まで1年以上かかる右肘のトミー・ジョン手術を勧告された。

ただ、何ごともなかったように検査直後の試合で打者出場した。3回に投手強襲の安打。5回には先頭で、内角90マイル（約145キロ）を振り切る。大きな放物線を描いた右越え17号ソロ。日本選手の1年目で2位だった松井秀喜（2003年ヤンキース）の16本塁打を抜いた。これが同じ日に手術を勧告された選手のスイング、打球なのか。敵地はどよめき、中継局の実況キャスターは「Are you kidding?（冗談だろ?）」とあきれ返った。

中前打で出塁した7回には二盗。クライマックスが、8回の18号2ランだ。高めに浮いたチェンジアップを1本目よりさらに豪快にかち上げ、右翼席最前列へ。メジャー1年目の日本選手で1位の城島健司（2006年マリナーズ）に並んだ。球団の意向で取材対応はしなかったが、投手として苦境に立たされながら、打者として志願出場でタフな精神力を示した。

9月10日の本拠地レンジャーズ戦では右中間二塁打を含む2安打をマークし、連続試合安打を8に伸ばした。長打は6試合連続で、日本選手の同一シーズンでは最長となった。日米通じて初の三塁盗塁にも成功。この日は今季2度目となるア・リーグの週間MVP（3〜9日）の受賞も発表され、記録ずくめの1日となった。

9月18日の本拠地アスレチックス戦からシーズン3度目、最後の米国出張がスタート。24日の本拠地レンジャーズ戦では、初回に8試合30打席ぶりとなる先制の21号ソロを放った。

前カードのアストロズ3連戦では12打数1安打と精彩を欠いたが、体を張ってチームを盛り上げた。ヒューストンから移動のバスの車内で、今年はメジャー恒例の「新人仮装」ではなく「新人カラオケ」が開催された。

「みんなが知っている曲でいきたいと思っていた」と、世界的ヒット曲『Despacito（デスパシート）』の日本語バージョンを熱唱。「曲もあんまり知らなかったので、歌詞を見ながら一生懸命歌いました」。高音も歌い上げ、自然と手拍子と掛け声が湧き上がるほど盛り上がった。

9月25日の本拠地レンジャーズ戦後には、レギュラーシーズン終了後の10月の第1週にロサンゼルス市内の病院で右肘のトミー・ジョン手術を受けると発表。会見場で、エ軍のパーカ姿の大谷は吹っ切れた表情で覚悟を語った。

「（手術を）やらないという方向を含め、いろいろなプランを提案してもらい、最終的に自分で決めた。時期的なものも含めベストな選択と思っている」

トミー・ジョン手術はロサンゼルス市内の「カーラン・ジョーブ・クリニック」のニール・エラトロッシュ医師が担当する。大谷は「残念な気持ちはあるが、まだ貢献できる部分（打撃）があるということは、むしろプラス」と前を向いた。通常、投手での復帰には12～16カ月を要するが、DHならば、送球プログラムのリハビリが省かれ「4カ月半～半年の間に本格復帰できる」とする医師の見解もある。さらに、大谷は右投げ左打ちで、打撃で押し込む側の左腕でない点も負担は減る。エ軍の2019年の開幕は3月28日で、「打者・大谷」として開幕に間に合う計算だった。

9月5日の精密検査で右肘に新たなじん帯損傷が発覚し、同手術を勧告されてから20日。大谷は第2、第3の意見を求めた。エンゼルスのスタッフに呼ばれ、日本の医師がロサンゼルスで診察も行った。熟慮を重ねシンプルに答えを出した。「自分の100%のものが出せるのであれば、やらないほうがいいと思うけど、そうではないと思った」。高みを目指すための決断だった。

2019年は打者に専念し、2020年に再び二刀流として戻る。前例のない野手出場をしながらのリハビリにもなる。「手術が失敗しないことを祈ってというか、マウンドにもう一回上がるまではすっきりしないと思う」と本音も漏れたが、道なき道を切り開く覚悟でいる。「かなり高い確率で今以上の状態になれると言われている。そこをイメージしながらやりたい」。自らに言い聞かせるように締めくくった。

9月26日の本拠地レンジャーズ戦では、同点の8回に日本ハム時代の同僚クリス・マーティン（現レッドソックス）から決勝の22号ソロを放った。日本ハム時代の2016年に記録した自己最多本塁打数に並んだ。今季終了後に右肘のトミー・ジョン手術を受けると発表した翌日の一発。2016年に日本ハムで一緒に日本一を味わった右腕から、決勝弾に「場面も場面だったし、一緒に戦ってきた選手なので、打ちたいなという気持ちは当然、他の投手よりは強いかなと思う」と胸を張った。

試合後は大谷だけでなく、レンジャーズのクラブハウスにも訪問。出遅れてしまったため、マーティンの囲み取材の輪の後方で話を聞いていると、マーティンから「何か聞きたいことあるんだろ？」と声を掛けてもらった。日本ハム担当をしていた時からの顔なじみで「君の顔を覚えている」と笑顔を見せてくれた。「連戦中に大谷とどんな会話をした？」と〝ベタ〟な質問をしてしまったが、互いの近況を報告し、前日も米国で人気のシミュレーションゲーム「ファンタジー・フットボール」の話題で盛り上がったエピソードを教えてくれた。

さらに「ボール先行になり、彼から（日本ハム時代に）教えてもらったスプリットを投げたかったが、投げられない状況になった」とマーティン。開幕直後の4月には走者としてけん制球で大谷を刺していただけに、借りを返され、苦笑いを浮かべていた。

9月30日の今季最終戦の同戦の9回には先頭打者で中前打を放ち、劇的な逆転サヨナラ勝ちを呼んだ。投打の「二刀流」に挑んだメジャー1年目の今季は4勝2敗、防御率3・31、打率・285、22本塁打、61打点、10盗塁で終えた。

試合前に開いた1年目の今季を総括する会見。「毎日、感じるのはやっぱり〝まだまだうまくなれる〟。キャンプからやってきて本当にそういうのを感じる日が日本にいた時よりも多い」と旺盛な向上心をのぞかせた。打率・125、防御率27・00のオープン戦中には、実力に懐疑的な目を向けられた。しかし、4月上旬に初登板勝利、3試合連続本塁打をマーク。結果で、メジャーで通用することを証明した。試合後は荷物整理を行い、遊撃手のシモンズには自らのバットを譲った。

「いいリハビリをしたいし、そこで頑張ってなんとか来年にいい流れを持って行けるようにしたい」。大谷の目はすでに来季へと向けられていた。

この日、マイク・ソーシア監督が自ら退任を発表した。試合後の会見で「来季、監督として戻ってくることはありません」と涙ながらにあいさつした。2000年から指揮を執り、同一球団を率いる期間は現役監督最長の19年目だった。大谷は「常にジョークを交えてコミュニケーションを取ってくれた」と感謝した。

圧勝でア・リーグ新人王に選出

私にとっても初めてのメジャー取材のレギュラーシーズンが終了した。試合がデーゲームだったこともあり、他社の記者仲間と食事を済ませると、安心してしまったか、そのままソファで眠りについてしまった。

早朝4時、日本時間午後8時に目覚めると、スマートフォンには20件以上の着信履歴が表示され、体中から汗が出た。デスクに電話すると幸か不幸か怒られる時間もなく「あと20分で頼む」とひと言。これまでにない集中力で1面原稿を書き終えことなきを得たが、記者人生で最大のピンチだったかもしれない。

そして、10月1日の午前中。大谷が早速、「カーラン・ジョーブ・クリニック」で手術を受けた。

30日のシーズン最終戦でサヨナラ勝ちを収め、荷物を整理して球場を後にしたのは前日午後5時。それから半日後の「即手術」は、「時期的なものも含めベストな選択と思っている」と口にしていた二刀流が、1日でも早く完全復帰するためだった。打率・310、7本塁打などを残し9月の月間最優秀新人に選出。打者に専念する来季へ弾みもついた。

11月12日。大谷はア・リーグの新人王に選出され、日本選手では2001年イチロー以来、17年ぶり4人目の快挙となった。受賞が発表された野球専門チャンネル「MLBネットワーク」の番組に、大谷はエンゼルスタジアムから生出演。チームカラーの赤の練習着姿で「1年目に獲ったのもうれしいですし、応援してくれた方にとってもうれしいんじゃないかなと思います」と表情を緩めた。第一声で、周囲やファンのことを口にした。

30人の投票中、25人の1位票を集めた圧勝劇。29人が2位までに投票し、対抗馬のミゲル・アンドゥハー（当時ヤンキース）らに大差をつけた。

大谷が逃した5つの1位票は、東地区の記者3票と、西地区の記者2票。ヤンキース勢に傾くと予想された東海岸でも得票差はなかった。83・3％の1位得票率は、日本選手でイチロー（96％）に次ぐ2番目の高さだった。

投手では10試合で4勝2敗、防御率3・31。打者では104試合で打率・285、22本塁打、61打点、10盗塁を記録した。同一シーズンでの「10試合登板、20本塁打、10盗塁」はメジャー史上初だ。「憧れ」というイチロー以来の受賞に「単純にすごくうれしい。素晴らしい選手の名前の中に並ぶことができて光栄だと思います」と話した。

大谷の新人王発表時、私は広島のホテルにいた。午前中に大谷の受賞談話や外電記事を整理し、午後は日米野球の取材でマツダスタジアムへ向かった。

凱旋《がいせん》登板した前田（当時ドジャース）や、ナ・リーグの新人王に輝いたMLB選抜の外野手ロナルド・アクーニャ（ブレーブス）の会見を取材。合間を見て、大谷関連の原稿を出すハードスケジュールをこなした。

そんな状況で、日米野球の試合中に、大谷の新人王受賞の陰の功労者として水原通訳に関する〝フリートーク〟を執筆した。通訳の本業はもちろん、キャッチボール相手や運転免許を持っていない大谷の運転手役も務めた。「今年は1月から毎日、会っていますね」。オールスター休暇を利用して、アナハイム近郊のユニバーサル・スタジオを訪れた際にも同行。『ハリー・

ポッター』や『ミニオンズ』のアトラクションをともに楽しみ「子供用となめていたら、迫力があってすごかったと（大谷は）驚いていました」。水原氏がいたから、大谷も心置きなくリフレッシュすることができた。キャッチボール相手を務め続け、左肩甲骨を痛めたこともあった。それもまた勲章。水原氏も大谷同様、シーズンを戦い抜いた。

11月22日には1年ぶりに都内の日本記者クラブでメジャーリーグ1年目を振り返る会見を開いた。日本ハム時代と同じく、メジャーで常に比較され続けたのが1914～1935年にプレーした元祖二刀流、ベーブ・ルースだった。会見でも質問が相次ぎ、大谷は「神話の中の人物と思うくらい現実から離れている存在。なかなか本塁打の出ない時代で、あれだけ数多くの本塁打を打てるというのは、とてつもなく素晴らしい選手」と敬意を表した。

ただ、こうも言った。「〝時代を代表するような選手〟という意味では目指すべきところ。一選手としてより高いレベルでプレーしたい」。ルースの時代の主流は少ない得点を守り切る「スモールボール」。しかし、ルースの豪打によって米国中が本塁打の魅力に目覚め、野球が国民的娯楽に発展する契機ともなった。今季、大谷は唯一無二の二刀流として米国でスタートを切った。新たな時代を切り開く自覚と責任が確かに芽生えている。

会見は野球以外にも英語力、自炊、結婚に関してなど話題は多岐にわたり、私が迷った末に聞いた質問は現在のトレーニング状況についてだった。新聞の見出しにとられる可能性が少ない地味な質問ではあるが、現状や今後を知るためには必要だった。

その後、12月上旬には2019年正月紙面掲載用の単独インタビューが実現した。インタビューでは、大谷が大谷の打撃を分析する「激レア」な企画も快諾してもらった。私が用意したのは日本ハム1年目の2013年と、昨季の連続写真。意識しているのは打席の中で「なるべく動かずに、なおかつ大きな力を発揮する」こと。打席での動作を最小限に抑えることで体のブレが少なくなり、確実性が上がる。

「バントは典型。最初から構えて、バットに当たる確率もヒッティングより高い。バントでホームランにできるなら一番、確率が高い」

いかに動きを小さくするかを追求し「フライングエルボー」と「すり足」が生まれた。「理想は野球を知らない人でも、いいな、きれいだな、格好いいな、なんか打ちそうだなと思うのがベストかと思います」と語った。

毎年、大谷に必ず聞く「来季の目標」。具体的な数字こそ挙げてもらえなかったが「数字を答えられればいいんですけど」という返答に心境の変化を感じた。根拠のない答えは口にしたくない、野球に真摯に向き合う大谷らしさでもあるが、いつもは「数字、好きですね」と笑ってはぐらかされていたからだ。

打撃フォームの連続写真を食い入るように見つめる姿は野球小僧そのものだった。絵馬にサインを書く前には2度も下書きし「もっと大きくですか?」としっかり確認。エンゼルスのチームフラッグの前に立つと「これ作ったんですか?」と無邪気な笑顔を見せた。記者にとって大谷の単独インタビューは対談形式を含め、これで6度目。どこか警戒しながら話すかつての姿は消え、等身大で語ってくれた。

この12月、私は遅ればせながらスポニチに申請、承認を得た上でMLB担当としてのツイッター（現X）を開設。日々の記事だけでは紹介仕切れない取材内容、動画や写真を投稿すると反響が驚くほど大きく、「大谷人気」のすさまじさを知ることになる。

2019-2020

第4章

メジャーの壁、
新型コロナウイルス
感染拡大による
短縮シーズン

驚異の〝睡眠力〟で順調に回復

このオフの大谷は「毎日スポーツ人賞」「報道写真展」「内閣総理大臣杯日本プロスポーツ大賞」と各表彰式に出席した。表彰式ラッシュの最後を飾ったのは2019年1月11日。「テレビ朝日ビッグスポーツ賞」の授賞式。2019年は打者に専念する大谷は、西武からポスティングシステムで同地区のマリナーズに入団する菊池との対決を心待ちにした。

「僕が安定して出られれば必ずやるチャンスはあると思う。楽しみながらやりたい」

花巻東の3年先輩との対戦は日本ハム時代に打者で5打数2安打、3三振。投手としても4度、投げ合った。この年は4月1日を皮切りに19試合が組まれていた。「年も明けたので、もっとうまくなって今季に向かって頑張っていきたい」と力を込めた。控室では中日の根尾昂、古巣・日本ハムの吉田輝星（現オリックス）ら新人5選手に「頑張ってね」と優しく声を掛け、壇上では記念撮影。この日、一番のフラッシュを浴びた後は会釈し、さっそうと会場を後にした。

大谷が日本を拠点に自主トレに励んでいたこともあるが、MLB担当はキャンプ前の1月は現場で見える動きが少なく、私は日本で内勤に励んでいた。そんな中、大谷は1月21日夕方に成田空港発の日本航空機でロサンゼルスに向けて出発した。報道陣はまさかの私1人。

緊張しながら待っていると、乗客が全て乗り込んだ最後に大谷と水原通訳が関係者の案内で登場。左肩にリュックを背負い、濃いグレーのブルゾンジャケットにジーンズ姿で現れた。真っすぐに前を見つめ、メジャー2年目への決意を胸に秘め、ロサンゼルスへ出発した。

再渡米後の表彰イベントでは、1月26日にニューヨーク州マンハッタンのホテルで行われた全米野球記者協会ニューヨーク支部主催の晩さん会に出席したのが印象的だった。この年で96回目を迎え、1回目にはベーブ・ルースも出席した伝統ある晩さん会。イベント冒頭の特別映像は大谷の本塁打で始まるなど、2018年のア・リーグMVPに輝いたベッツ（当時レッドソックス、現ドジャース）らが出席する中でも存在感は主役級だった。

大谷が公の場で英語を話すのは、エ軍の入団会見以来だが、スピーチの最後には「願わくば次はこのチートシート（カンニングペーパー）が必要なければ」とアメリカンジョークを飛ばし、爆笑もさらった。約940人が出席した「野球版オスカー」とも呼ばれる伝統あるイベントで、まさに「SHO TIME」となった。

2月13日。右肘を手術し、「二刀流」を封印して迎えるメジャー2年目のキャンプイン。右肘のトミー・ジョン手術明けで打者に専念する大谷は、開幕に間に合わせることを目標としていたが、ブラッド・オースマス新監督は、復帰時期の見通しを「全てが順調にいけば5月頃を目標としている」と明かした。この日、大谷はバットを持たなかったが、8日から素振りを再

順調に回復しキャンプイン

開している。力の程度は「7、8割」と明かし「問題なくできているので予想通り」と順調な回復具合をアピールした。

2月22日には右肘手術を受けてから初めてティー打撃を再開した。2018年9月30日のシーズン最終戦以来145日ぶりの打撃で、ブラッド・オースマス監督は「予定通りだ」と説明。球団広報によると大谷は打撃ケージ内で約15分間、ティーにボールを置いた打撃で感触を確かめたという。

エンゼルスのウエートルームはキャンプ地のメイン球場「ディアブロ・スタジアム」の右翼フェンス後方に建てられたテント小屋。右翼フェンス後方へはチーム関係者以外立ち入り禁止のため、このキャンプ中は数多くのメディアが一塁側後方スタンドで張り込み、ウエートルームと球場を往復する大谷の姿を追った。それが唯一、大谷の動向を探る手段で、シャッターチャンスだったからだ。

私を含め日本メディアはサブグラウンドで練習する他の選手の練習を見ることはほとんどできなかったが、仕方なかった。アリゾナは砂漠気候のため、太陽が見える時と、そうでない時の寒暖差が激しく、日中は半袖シャツだが、朝夕は薄手のダウンを着る時もあった。

3月6日。大谷が球場外での生活について明かした。昼寝を取り入れ、外食も控えているという。練習後の過ごし方について「夜は午後11時くらいに寝るけど帰ってすぐ18時くらいまで寝てる時もある。2回、寝ている」と明かした。疲労回復のために、大谷は睡眠を2回に分ける。この日は午前8時に球場入りし、午後0時45分に球場を後にした。「（タイミングは）まばらだけど、けっこう寝る」と話す大谷の昼寝が午後2時から4時間で、夜の睡眠時間を7時間とすると、計11時間を休息に充てていることになる。

この日は6日連続で「ソフトトス（下から投げるティー打撃）」を行い、最多の30球を打ち込んだ。2018年10月に右肘手術を受け、2月に右半身を使ったウエートトレーニングの許可を得た。そこから1カ月。「（右腕の）筋力はそれなりに戻ってきている。単純に扱う重さだと（手術前の）8割、8割5分」まで回復したことを明かした。

3月8日。2018年10月に右肘のトミー・ジョン手術を受けてから初めてスローイングを行った。最長40フィート（約12・2メートル）の距離で60球。ゆっくりと右腕を上げ、ゆっくりと振り下ろした。恐る恐るといった感じなのに、大谷の表情はうれしそうだった。

「〝軽く、余力を残すくらいでいいよ〟と言われていた。投げてるかどうかも分からないくらいの強度だったけど問題なくできた」

グラウンドでグラブをはめてボールを投げるのは、右肘じん帯に損傷が見つかる前の昨年9月4日以来185日ぶり。マイナーのコーチを相手に20フィート（約6・1メートル）の距離で20球、最大40フィート（約12・2メートル）まで延ばし30球、クールダウンも含めて計60球を投じた。「野球をやっているなという感じ。(怖さは)特になかった」とセットポジションで投げ続けた。

トレーナーから「もうちょっと軽くでいいよ」と諭される場面もあった。最速165キロを誇った右腕は「投球動作の中で軽く投げるというのはしない。慣れないことはやりづらい」と苦笑いし、「興奮というよりは安心。普通にできて良かった」と半年ぶりの感触を喜んだ。その後は初めて外野でランニング、8日連続となるトス打撃、ティー打撃を行った。

大谷が変えたMLBルール

3月14日。大谷がまたも歴史を変えた。大リーグ機構(MLB)と選手会が2020年からのルール変更を発表し、従来の投手、捕手などに加えて「Two-Way Player(二刀流選手)」の登録が新設された。

全体練習前の監督会見は、その話題で持ちきりだった。投手として4勝、打者として22本塁打をマークし、2018年に新人王に輝いた二刀流の出現が、ルールを変える格好となった。まさに「大谷ルール」。ブラッド・オースマス新監督は「そのような感じで呼ぶキャンペーンを始めましょう」と笑みを浮かべた。

2020年から導入される「二刀流選手」の登録は、前年かその年に投手で20イニング以上、野手で20試合以上の先発出場が条件となる。投手以外の登板は二刀流選手か、6点差以上の展開、もしくは延長に突入した場合に制限。投打で活躍した大谷の登場で戦略などが複雑化。試合時間短縮の狙いもある。

2019年の大谷は「投手」で登録されるが、右肘手術の影響で打者に専念する。特例で許可されない限り、2021年開幕時は「二刀流登録」でスタートできない（後に特例で許可された）。指揮官は「投手として登録する。投手が打ってはいけないと明記されていない」と二刀流起用に支障がないとし、条件クリア後に登録を切り替える方針を打ち出した。

エンゼルスにとってメリットは大きい。同年から出場選手登録枠が25人から26人に拡大。その内訳は投手13人、野手13人と明確に分けられる見込みだが、「二刀流選手」がいれば、投手13人、野手12人、二刀流1人という配分が可能となる。大谷を含めて投手は事実上14人となり、手薄なブルペン陣を厚くできる。

2018年は救援投手が先発し、2番手に先発投手がロングリリーフする「オープナー」が流行したが、今後は「二刀流」がトレンドになる可能性もある。指揮官は「子供たちが大谷のマネをして二刀流をするようになり、大学やプロのレベルでやっていくのではないか」と希望を膨らませた。

この日、カメラマンは別の日本人メジャー選手の取材で不在だったため、私が急きょカメラマンも兼務。右手にコーヒーカップを持ったまま いつものウエートルームから出てきた大谷の撮影に成功し無事に翌朝のスポニチ東京版の1面に掲載された先輩記者から「今や新聞記者は書くだけが仕事ではない」と言われたことがあったが、まさにその通りの時代になってきた。

カメラマンがいなければ自ら撮る。紙面記事を書く前にWEBに速報記事を書く。SNSにも積極的に発信して宣伝、告知を積極的に行う。現場は年々仕事量が増え、総合的な能力が問われていると実感する場面が増えてきた。大谷はこの二刀流登録の新設について「僕に関してはプラスしかない。チームとして(投手の)枠が1個空く。そこはいいこと」と歓迎した。

この後、私は東京ドームで開催されるマリナーズVSアスレチックスの取材で日本へ帰国。歴代最多日米通算4367安打のイチローの引退を記者席から見届け、大谷が何を思うか、どんな発言をするのか気になっていた。すると一夜明け、全体練習前の大谷がイチローの現役引退について口を開いたと、私の代わりに大谷を取材した現地通信員から報告を受けた。

「朝、起きて(ニュースで)見たので信じられない感じ。まだ信じられていない。本当に引退するのかなというのが今の感じ。(イチローは)目標になるような存在。それはこれからも変わらない。プレーする姿は見られないけど、昔から見てきたそういう選手像を目標にやりたい」。受け継がれた系譜。イチローを追いかけ、いつかは乗り越えてくれると願った。

5月3日。この年2度目の出張は米国ではなくメキシコ・モンテレイだった。この時期はいつ大谷が打者復帰してもおかしくない状況で、大谷はこの遠征に同行していなかったが、ビリー・エプラーGMら関係者の取材のため早めの出張が決定。私を含め日本のペン記者はわずか4人。結果的に3日、4日のメキシコ遠征の記事は2日続けて20行の「雑観」と呼ばれる短い記事だけで、スポニチとして「費用対効果」は決して高くなかったと思う。

しかし、当時の4人は「大谷不在のメキシコ遠征にきた記者」として広報部ら球団関係者に認知され、結果的には行った甲斐のある出張となった。大谷が7日の敵地タイガース戦で復帰する可能性について、ブラッド・オースマス監督がこの遠征中に「出場できるかもしれない」と答えたことで、緊張感は最高潮に高まった。

メキシコ遠征終了翌日の5月6日。チームはモンテレイからデトロイトに移動日。試合はなかった。我々日本メディアは、大谷がリハビリ拠点のアナハイムからデトロイトにやってくるはずだと予想し、午前中にはデトロイトに移動した。

すると、デトロイト到着直後の午後2時すぎ。ビリー・エプラーGMが球団を通じ「大谷が7日のタイガース戦からチームに合流する」と正式発表した。「当日の午後に状態を確認し、出場可否を最終判断する」と追記されていた。

待つこと、数時間。米国に〝張り込み〟の文化はない。まさか米国の空港ですることも思わず、

右肘手術から7カ月 VSタイガース DHで219日ぶり実戦へ
スポニチ
今日午前8時10分ぶっつけ復帰戦
大谷を見逃すな!!
患部ケアばっちり!! ダイヤル式特注プロテクター
マイナー戦経ず
ライブBPだけ
試合勘に不安も…
「数重ねるごとに良くなっている」
3番?1番?? 慎重に下位?
新元GO!! 令和最初の「SHO TIME」
デトロイト到着 チームに合流
メジャーリーグ2019
エンゼルス－タイガース
スポーツニッポン
2019年5月8日【水】
http://www.sponichi.co.jp/

2019.5.8付スポーツニッポン

メディアであることを空港関係者に何度か説明した。

そして、午後7時48分。大谷が白いTシャツにベージュのジャケット姿で現れた。表情はグッと引き締まったままだ。この時も私はカメラマン兼務で空港に到着した大谷と後ろを歩く水原通訳の写真の撮影に成功。ピントがズレた写真だったが、その臨場感に助けられ、翌日のスポニチ東京版1面を飾った。見出しは「今日午前8時10分ぶっつけ復帰戦　大谷を見逃すな!!」。読者に訴えかけるような、これまでにないメッセージ性のある紙面となった。

憧れの先輩との真剣勝負がメジャーで実現

5月7日。大谷が敵地タイガース戦で219日ぶりに実戦復帰した。「3番・DH」で先発出場し、4打数無安打、1四球と安打は出なかったが、3回に遊ゴロで1打点を記録。私の記事で大きく取り上げたのは7回1死二塁で飛び出した痛烈な三直だ。

体をギリギリまで開かず、バットを最短距離で走らせた。大谷の打球はすさまじい勢いで三塁線寄りへ飛んだ。三遊間に寄っていた三塁手カンデラリオが飛びつき好捕したが、敵地もどよめく火を噴くようなライナーだった。

「ヒットになっていないのでそこまで捉えたという感じはない」

冷静に振り返ったものの、これこそ大谷が調子のバロメーターとする逆方向への力強い打球だった。大谷が花巻東時代に日本ハムの当時の山田正雄GMに二刀流の可能性を見いだされたきっかけも、2012年春のセンバツで大阪桐蔭・藤浪から放った三直。2020年の二刀流復活に向けての第一歩としたのも、また三直だった。

試合後には「楽しかった。明日分からないですけど、無事終わって、また明日を迎えられそうなのは良かったかなと。ちょっと安心もしてます」と、素直な心境も吐露した。

久しぶりの試合後の囲み取材。ある記者が質問を終えると、大谷が「チャック開いてないですか？　開いてますよ」とイタズラっぽい笑みを浮かべた。このひと言で空気が一気に和んだ。

「前夜、眠れなかったか？」という問いには「ぐっすり寝られました」。

「手術した10月1日から今日までどんな時間だったか？」との問いには「割と普通のオフでしたね」。マイペースでぶれない大谷らしい回答に報道陣も自然と乗せられ、質問は途切れなかった。開幕以降、チームの遠征には同行せず、取材対応は原則、ホームの1カードに1回だった。日米メディア合わせて約25分間の囲み取材。いつもの光景が戻ってきた。

5月9日。大谷は敵地タイガース戦では初回に先制の右前適時打を放ち、復帰後3試合、10打席目での初安打が決勝打となった。3回にも三塁内野安打を放って今季初のマルチ安打も記録。同僚のプホルスが記録した史上3人目の通算2000打点達成に花を添えた。

試合前のルーティンを変えた。フリー打撃の序盤に左肩にバットをポンと当ててからスイングを開始する。「自分の中の感覚を養うためのひとつの練習方法」と話したが、予備動作を加えることでバットがよりスムーズに出てくる狙いがあるとみられ、マイナー戦を経ずにぶっつけ本番で臨んだ3連戦の最後の試合で結果を残した。

「最後の打席（四球）も感じが良かった。より良くしていければ安打も本塁打も出てくれるんじゃないかな」。豪快な一発は近いと感じた。

5月11日。敵地オリオールズ戦で2安打1打点の活躍で3連勝に貢献。メジャー2年目で初めて訪れた東部メリーランド州ボルティモア。元祖二刀流、ベーブ・ルース生誕の地だ。大谷は試合後、「（ここで試合が）できるのは幸せだと思うけど、普通にも来たい」と野球少年のように目を輝かせて言った。2018年も6月29日から3連戦が行われたが、大谷は右肘痛のためチームを離れて本拠地でリハビリ中だった。

試合前。私はオリオールパークから約300メートルの距離にあるベーブ・ルースの生家を訪れた。現在、生家は博物館になっており、現役当時の写真やユニホーム、バット、愛用の品々などが多数展示され、その歴史ある雰囲気に圧倒された。外周には功績を称えた像が建てられていた。

余談だが、この球場はダイニング（球団スタッフや報道陣向けの食堂）で振る舞われる「クラブケーキ」が絶品。カニ肉やパン粉、マヨネーズ、卵などを使うメリーランド州の名物料理だ。初めて食べたが、ケーキといってもデザートではなく、強いて言うならカニクリームコロッケのような舌触りでジューシー。大谷の一打同様に、強く印象に残った。

5月13日。敵地ツインズ戦では、3回に今季1号となる逆転2ランを放った。復帰6試合目。持ち味の逆方向へ、2018年9月26日の本拠地レンジャーズ戦以来、229日ぶりの131メートル特大弾を飛ばした。

試合後の大谷は安どの表情を浮かべた。右肘手術から復帰6試合目、26打席目にして生まれた今季初アーチ。得意の逆方向、中堅左の電光掲示板に打球をぶち当てた。

「〝あそこ〟にああいう飛距離を打てる状態だという心の安心感。他の球種に対しても、違うアプローチができる。そういう意味では良い打球だった」

2018年9月26日のレンジャーズ戦以来、229日ぶりの一発。1－2の3回無死三塁、同じ1994年生まれでこの年6勝の右腕ホセ・ベリオスが投じた92マイル（約148キロ）直球を捉えた。「これは〝いくな〟と思った。練習で打っている感じで左翼（スタンド）も浅めだったので、多少打ち損じてもいくのは分かっていた」。飛距離429フィート（約130・8メートル）、打球速度111・6マイル（約179・6キロ）の特大アーチだった。

キャンプから積極的に昼寝を取り入れ、腱や関節の治癒に効果が期待できるコラーゲンに関する文献も調べ、食事も徹底。球団も「右手を上げながら滑ること」とスライディングをルール化し、再発防止に注意を払う。逆方向への一発が大谷の明るい未来を照らした。

5月14日。敵地ツインズ戦では2度の積極走塁で沸かせた。1点を追う8回2死一、二塁。二塁走者の大谷は、中前打で本塁へ突入した。一直線に右足から滑り込み、中堅手バイロン・バクストンのノーバウンド送球に間一髪、阻まれた。

「2死なので外野まで（打球が）いったらホームまで還るという走塁。判断は間違っていない」。左足でブロックした捕手ガーバーを吹っ飛ばす強烈なスライディングだった。

常に先の塁を狙う姿勢は、一塁走者だった6回1死でも同じ。右前打で三塁へ向かった。「なんとか1死一、三塁で（5番の）プホルス選手につなぎたかった」。ここでも憤死したが、右肘手術後の野手復帰に際し、懸念されていたスライディングで一切のちゅうちょを見せなかった。いずれもアウトになったが、前年10月に右肘のトミー・ジョン手術を受けた影響を感じさせない果敢なスライディング。このシーズンは走塁中、右肘に特注プロテクターの装着を余儀なくされる大谷だが「もう、そこまで違和感はない」という。ヘッドスライディングは禁止。足から滑る場合に「右肘を上げながら」というルールもチームから課せられる中で、2度ともしっかり守っていた。

5月20日。練習中に投手陣が水原通訳の写真がプリントされたTシャツを着てキャッチボールなどの練習を行った。仕掛け人は大谷だった。救援右腕ノエ・ラミレスは「クラブハウスにたくさんこのTシャツが置いてあったんだ。すごく面白いTシャツだね」と笑顔だった。

水原通訳は「段ボールが届いて、翔平が『やっと来たか（笑）』みたいな感じで。僕の知らないところで動いていたみたいです。あの写真は3月のキャンプ休日に一緒に観光スポットとして人気の『アンテロープキャニオン』に行った時のものですね。『決め顔でやってくださいよ』と言われて面白おかしく撮られていたものがまさかTシャツになるとは……。それでも、みんなが喜んで着てくれて、本当に良い人ばっかりだなあと改めて思いました」と語った。

この頃、エンゼルスの守護神ハンセル・ロブレスが手のひらに日本語を書いて報道陣に披露することが一種のルーティンのようになっていた。

5月31日。敵地マリナーズ戦でロブレスは水原通訳に「大谷は最強」と書いてもらっていた。意味を尋ねると「Ohtani is the best!」と回答した。大谷は左越えへ今季3号ソロをマーク。ロブレスが待機するブルペンに飛んでいったのも不思議な導きだった。

6月8日。本拠地マリナーズ戦で待望のメジャー初対決が実現する。母校・花巻東の3学年先輩にあたる菊池から4回に左中間へ6号ソロ。3者連続本塁打のトリを飾り、憧れの先輩に成長した姿を見せつけた。

野球少年の面持ちで大谷は、米初対決を振り返った。日本ハム時代の2017年3月31日以来800日ぶりの対戦で初アーチ。背中を追い続けた菊池に、打者としての成長を示した。「僕よりも監督、コーチのほうが楽しみにしている部分もあった。この舞台で対戦することができたのがすごく大きい」

4回。トミー・ラステラが初球、トラウトが2球目と2者連続ソロを放ち大谷は初球カーブを強振した。左中間最深部への6号ソロで球団3年ぶりの3者連発。4球で左腕を沈めた。

心躍らせても頭は冷静。二塁内野安打した初回、「(菊池は)首を振って変化球も投げていた。熱くなって直球だけという感じもない」と観察していた。2回はカーブで一ゴロに倒れたが「軌道を確認できたのは良かった」。第3打席で、そのカーブを仕留めた。

日本選手の同窓対決は2007年7月16日の桑田真澄(当時パイレーツ)VS松井稼頭央(当時ロッキーズ)のPL学園出身対決以来2度目。本拠には普段以上の日本人ファンが、日本報道陣は1・5倍の約80人が集結した。

「岩手県で野球をやっている子供たちも楽しみに見てくれていたかもしれない」と大谷。ホームランボールは「母校にあげたい」と話した。「今日が始まり。まだまだ何回も対戦があると思うので、またの機会にしっかり打てるように準備したい」。岩手から世界一の選手へ。憧れの先輩との真剣勝負が、さらに進化させる。

日本選手初のサイクル安打達成

6月11日。本拠地ドジャース戦では前田から初回2死に今季7号ソロを放った。8日のマリナーズ戦で菊池から一発を放ったばかりで、またも日本選手対決を制した。甘く入ったスライダーを捉え打球角度21度のライナーは右翼席に突き刺さった。「やっぱりうれしい。前田さんとはプロ1、2年目の時にしかやっていない。ずっと球界でトップの選手だった。そういう方とこっちでやるのは楽しみ」。2018年は2打数無安打と封じられた。「序盤に一本打ちたいなという気持ちでいった」とうれしそうに振り返った。

試合のない移動日を挟んだ6月13日。敵地レイズ戦で再び歴史に名を刻み、私にとっても忘れられない思い出の試合となった。初回の左中間への8号先制3ランは打球角度19度の超低空弾。3回の左中間二塁打の後、4回守備時に停電による36分間の中断があったが、マシン打撃を繰り返すなど集中を切らさなかった。直後の5回は6球続いたカーブを右翼線へ三塁打。

サイクル安打に残るは単打となった7回。大谷は大記録にリーチをかけても冷静だった。「もちろんヒットは打ちたいなと思ったが四球でも良かった」。フルカウントから8球目のカットボールを中前に落とした。敵地のファンからも喝采を浴びたが「ゲームも続いていたので切り替えた。ベンチでみんな喜んでくれていたので良かった」とサラリと言ってのけた。

日本選手初のサイクル安打を達成。2001年にイチローが日本人野手としてメジャーの舞台に立ってから19年目で生まれた偉業だった。

実は試合中、大谷が本塁打を打った段階で「大谷がサイクル安打を打つぞ」と話しかけてきた米記者がいた。まさかな……。そんな思いとは裏腹に4打席で達成。達成時は記者席も大きく沸き、その米記者も「I told you!（言っただろう！）」と大はしゃぎだった。

試合後のテレビのヒーローインタビューを終えてクラブハウスに戻った大谷をチームメートが待ち構えていた。ナインからビールが浴びせられる。仲間の心遣いが心に染みた。その後の取材対応は敵地メディアも殺到し、急きょビジターのクラブハウスではなく別の大部屋がセットされた。大谷は普段はTシャツなどのカジュアルな服装で応じることが多いが、ワイシャツ姿に着替えて登場した。

「僕も一平さん（水原通訳）も、ビールをかけてもらって……。初勝利とか初ホームラン以来だったけど、いつやられてもうれしい」

2001年4月2日にマリナーズのイチローが日本人野手として初めてメジャーの舞台に立ってから19年目。野手としては15人目、途中出場を含め、野手通算8725試合目にして初のサイクル安打だった。「記憶はないので初めて」と話した大谷は「偉大な先輩がいる中で初めて達成できたというのはすごくうれしい。自分の自信になる」と歴史をかみしめた。

敵地タンパには前日早朝入りしたが時差ボケが解消されていない中での快挙でもあった。「時差があったので（夜は）あまり寝付けなかったなという印象しかないです。今夜もぐっすり寝ると思います」と恥ずかしそうな笑みが印象的だった。

当時の東京版紙面で書いた3面。打撃フォームの変化に着目し、ノーステップ打法を取り入れ、22本塁打を放った2018年とは違い、右足を数センチ上げる打席も出てきたことを指摘した。右足をわずかに上げることで予備動作が加わり、バットがよりスムーズに出てくる狙いがあるとみられ、ブラッド・オースマス監督も「下半身がより使えるようになった」と話していた。2002年のエンゼルスの世界一に貢献したOBのショーン・ウッテン打撃コーチ補佐は「スタンスの幅が広がってきた。今、昨季に近いところまできている」と分析していた。

サイクル安打を達成した大谷は試合後、こう話した。「構えの段階もそう。微調整は常に、下半身だけじゃなくて上半身も常に一打席、一打席、変える時もある。それで良かった、悪かったを繰り返している」。毎年、体も変化する。まして2018年10月の右肘のトミー・ジョン手術明けである。変化とアジャストの日々を重ね、右肘手術から復帰直後の5月からもスタンスの広さに変化が出ていた。

寺田庸一トレーナー兼マッサージセラピストの存在も忘れてはならない。2011年に高橋尚成氏のトレーナーとして工軍入り。高橋氏が移籍した2013年以降はチーム全体のケアを担い、トラウト、プホルス、大谷ら主力選手を主に担当していた。「（右）肘ばかり気にしていると、他の箇所が悪くなる可能性がある。本人にも〝肩の可動域を良い状態にしておくように〟と言っていて、トレーナー陣みんなとも共有している」と話す。

肘に限らず故障明けの選手で肩を痛めるケースは多く、寺田氏は「（試合で）投げてはいないけど、肩は昨年と同じようなケアをしている」。打者出場を続けながら２０２０年の投手復帰に向けたリハビリという前例のない挑戦。トレーナー陣も一丸で臨んでいた。


この日はナイターゲームで、36分間の中断を挟んだため、試合終了は午後10時41分といつもより遅かった。取材を終え、試合後に大谷のインタビューを全て書き起こし、ＷＥＢ用の速報原稿を書き終え、デスクの打ち合わせを終えると既に午前1時を過ぎていた。普段なら紙面原稿を書いている途中か、書き終わっている時間帯。だが、この時はまだ紙面用の原稿を1行も書いていない状況だった。

デスクからの指示は1～3面の3枚展開。当然、大半の原稿の執筆者は私。メイン原稿に加え、「フリートーク」、打撃フォームの変化についてなどを書き、監督、他の選手の談話などをまとめた。全てを書き終えた時、窓の外は明るく、時計の針は午前9時を回っていた。

もちろんその日も試合があり、打撃コーチを単独で取材したかったため、2時間ほどの睡眠で午後0時には球場に到着。当時にタイムスリップしても同じように働ける自信がない。振り返っても私にとって記者として最もタフな経験であり、忘れられない1日（2日）だった。

6月14日。敵地レイズ戦は寝不足なせいもあるが、興奮状態がなかなか覚めなかった。大谷は初回に2018年サイ・ヤング賞左腕ブレーク・スネルから左前打を放ち、2打席目は四球を選んだ。日米での自己最長を更新する6打席連続安打、7打席連続出塁をマークした。

エンゼルスの守護神ロブレスはサイクル安打を達成した大谷を祝福した。練習前に「大谷まあまあやるやん……」と、なぜか関西弁で書かれた左の手のひらを日本メディアに披露。ロブレスなりの祝福らしく「一平（水原通訳）に書いてもらった！」とご満悦の様子だった。

このサイクル安打をめぐって、大谷とプホルスにほほ笑ましいやり取りがあったことが明らかになった。

13日の試合後。プホルスから「次の日（14日）もサイクル安打を達成したら好きな車を買ってやるよ」と言われた。大谷はプホルスの愛車ランボルギーニを見て「あれをください」。「やるよ、やるよ」とはプホルス。2日連続の偉業は逃したが、本気で期待してくれたその気持ちに喜びを感じていた。

その後、6月21～23日の敵地セントルイスでのカージナルス戦は3試合連続で代打出場で、3打数1安打だった。この年はナ・リーグがDH制を採用する直前のシーズン。番記者として、野球ファンの1人として、試合で活躍してほしいと心から願っているが、1打席の代打で空砲だと原稿も大展開しようがなく、記者として肉体的な負担が減るのは確かだった。そのため、当時の大谷の代打出場は、うれしいようなうれしくないような、なんとも言えない微妙な感情に襲われていた。このカードはプホルスがかつての本拠地セントルイスでプレー。総立ちの拍手が全打席で起こり、本塁打も放った。

3連戦後に大谷は「打つべきところで打ってやっぱりすごい。スターだなって」と話し、プホルスから野球人としての生きざまを学んだ一方で、まるで他人事のようにも聞こえた。私は「大谷選手もスターだけど……」と言いかけて、これは会話が広がらないと思い口をつぐんだ。

「大谷は普通の選手だ」と吐き捨てた記者

本拠地に戻った6月26日のレッズ戦前にはブルペン入りし、右肘のトミー・ジョン手術後初めて投球練習を行った。2018年9月2日のアストロズ戦以来297日ぶりとなったマウンドの感触を味わい、「キャッチボールもできない時期から比べたら楽しいですし今日みたいにまた一段階上がってブルペンで投げるのも楽しい」。私には大谷は打者より投手が好きなように映る。取材中には、トラウトから「明日、先発しろよ」と声を掛けられて苦笑いしていた。

この日、2019年2度目の出張を終え、帰国の途に就いた。

その5日後の7月1日はショッキングな1日となった、2019年シーズンでここまでチーム最多の7勝を挙げている先発左腕タイラー・スカッグスが、遠征先だったテキサス州のホテルで死去、27歳だった。地元警察によると、通報を受けた時にはチーム宿舎の部屋で意識がなかった。死因は、スカッグスが広報部のエリク・ケイ氏から提供された医療用麻薬とアルコールを摂取後、吐しゃ物によって窒息死したという。同日のレンジャーズ戦は中止。深い悲しみに包まれた。

大谷とはクラブハウスの席が隣で仲が良かった。スカッグスは帽子を脱げばオールバックの髪形が爽やかで格好良い。投手陣のリーダー格であるとともに、クラブハウスではDJ役だった。レッド・ホット・チリ・ペッパーズの激しいロックの翌日は、ビリー・ジョエルでしっとり。ある日は60年代の名曲『ブラウン・アイド・ガール』をかけるなど、音楽への造詣が深かった。地元を愛し、右腕には「LA」のタトゥー。アジアに興味を抱き、昨オフに結婚したカーリ夫人とタイ旅行に出掛けたこともあった。

5月下旬。右手薬指に投球を受けた大谷が米メディアに「でぇじょうぶ（大丈夫）だ！」と冗談交じりに語った。すると、左隣の席のスカッグス投手は「Daijoubu」の意味を真面目に確認。「You're stupendous!（おまえはすごいやつだ）」と感心していた姿が、とても印象的だった。

薬物を提供したケイ氏は2018年の大谷の会見によくラップを披露していた陽気な人物だ。確かにテンションの浮き沈みが激しいなとは思っていたが、まさか薬物に手を出していたとは。さらに選手に提供していたとは。あまりの事態にしばらく理解が追いつかなかった。

8月末に2019年3度目の出張でアナハイムに飛んだ。この時期、大谷はこれまで見たことないほどに不振に苦しんでいた。米自己ワーストタイの15打席連続無安打を記録。スタメンから外れ、代打でも出番がなく欠場した試合もあった。

それでも、持ち前の明るさだけは失わなかった。9月3日の敵地アスレチックス戦。グラウンド入りの際に水原通訳がベンチ前の階段につまずき、ずっこけたことがあった。大谷は大爆笑しながらカメラマンに「撮れてました？」と聞いた。大谷が報道陣に自ら話しかけるのは当時はもうかなり珍しくなっていた。全員、大谷を撮影していたから撮れていなかったのだが、翌日も別のカメラマンに尋ねるほど大うけだった。

中堅後方の打撃ケージに向かう際には転がるボールを拾い、ノックで球団スタッフのグラブに収めると両手を上げてガッツポーズしていた。野球少年のような笑顔とよく言われるが、大げさではない。翌4日はコーチ陣と映像を見て40分以上もかけて打撃のアプローチを確認していた。苦しいことも全て受け入れ、野球を全力で楽しんでいた。

このタイミングで大谷はある決断を下した。9月13日にロサンゼルス市内の病院で左膝の分裂膝蓋骨《しつがい》の手術を受けた。全治8～12週間の見通しで今季中はプレーせず、前年10月に受けた右肘のトミー・ジョン手術のリハビリは中断。早期決断により、来季の投打二刀流復活へ万全を期すこととなった。

ビリー・エプラーGMは「投手のリハビリで85、86マイル（約137～138キロ）と球速を上げていくうちに、症状が気になるようになり、手術を決断した」と説明。左膝の痛みは先天性で、スポーツ専門局ESPN電子版によれば、人口比で2％未満の症状だという。2月に初めて痛みを訴えた。同GMが10日朝に手術を提案し、大谷が11日朝に決断した。

私には思い当たる節があった。9月1日。大谷は結果的に手術前最後となったブルペン投球を1分間の休憩を挟む10球×3セット方式で投げた。その3セット目の10球目。左足を高く上げることをやめ、山なりのスローボールで投球を終えた。そのラスト1球が「サイン」だったのかもしれない。

実は、その直前にも違和感を覚えていた。淡々と投げるいつもの姿でなく、明らかに歯を食いしばって投げていた。ブラッド・オースマス監督がブルペン捕手を務めて気合が入ったのかとも思ったが、直球は見た目で130キロ程度。大谷は「良くはなっている」と語ったが、どこか腑に落ちなかった。

打者としては軸足となる大事な左足。9月は34打席で15三振し、空振り三振が13を数えた。

この時、「大谷は普通の選手」と吐き捨てる日本の記者もいた。恥ずかしながら私は何も言い返せなかったが、打席でこれほど空振りする姿を見た覚えがなかった。これが実力だとは到底思えなかった。当時の自身の打球速度上位3傑は2019年に記録し、塁間を走るタイムも昨季と同等の数字。だが、左膝の感覚のズレが繊細な打撃に少なからず影響があったのだと「手術」の一報を聞き、ようやく納得できた。

13日の手術から11日が経過した9月24日。術後初めて公の場に姿を現した大谷は会見場に入る前に松葉づえを水原通訳に預け、ギプスを装着した左足を引きずりながら報道陣の前に立った。約25分間の会見で、来年の開幕に二刀流で復活することを宣言した。

「僕自身は出られると思っている。そこ（投打）のポジションも確約されているわけではない。毎年、毎年勝負だなと思っているので、そこをもう一度勝ち取りたい」

右肘手術の影響で打者に専念した2019年は106試合で打率・286、18本塁打、62打点に終わった。後半戦は不振を経験も、左膝の痛みを抱えながら戦った。走塁はもちろん、打撃でも軸足の大事な左足で「加重のしにくさだったり、蹴りのしにくさ」と表現した。

プレーオフ進出の可能性がなくなり「僕がGMでもそういう判断」と手術を決断。分裂した骨片を除去し、電気治療や患部を伸展させるトレーニングを中心に行った。ギプスは就寝時も装着する。投手のリハビリに集中し、11月下旬をメドにマウンドからの投球を目指し、打撃練習は12月に開始する見込みだという。

「来年に間に合うか間に合わないかという感じではない。早めに良い状態にもっていって、来年にしっかり合わせたい」。強い決意を胸に背番号17が再びスタートを切った。

この日、25分間、日米メディアの取材に応じたが、立ったままの会見方式に各方面から心配の声が挙がった。なぜ、立ちっぱなしになったか。会見内容を伝えた私のツイッター（現X）にも多くの質問が寄せられた。誰しも〝座り〟のほうが負担が少ないと思うからだ。そこで球団広報に尋ねると、「本人の希望です」という回答が返ってきた。

右足神経腫の手術を受けて同じく松葉づえ姿だった主砲トラウトの翌25日の会見は〝座り〟。ただ、トラウトは膝を曲げられる状態で、大谷は〝立ち〟を選択したのだった。

大谷は２０１９年から〝座り〟の会見をしなくなった。前年は〝座り〟だったが同広報によると「座りだとメディアの方と距離ができて、どうしてもかしこまってしまう」ことが理由だという。

さすがに6月13日の敵地レイズ戦で日本選手初のサイクル安打を達成した時は〝座り〟で会見を行ったが、そもそも日本ハム時代は試合後に歩きながら取材対応する〝ぶら下がり〟が基本で、試合後に座りながら話すことはない。座ったままだと自分の言葉で話しづらいのかもしれない。

そもそも会見時間が長い、という声もあるかもしれない。ただ、術後初めて公に姿を見せ、日米合同取材。手術をする前にも会見を行っていないことから、不明点が多く、致し方なかった。もちろん、それくらい大谷も承知の上だ。9月13日の手術からわずか11日後だった。立ちっぱなしで25分間。大谷はどんな質問にも自分の言葉で誠実に話し続けた。

会見終盤に私が「右膝にも左膝と同じ症状がないか？」と尋ねたところ、大谷は「ないですね。ただ、こうやって右足で立っているので、疲れるので早く終わりたいですね。ハハハ」と笑い飛ばしていた。立って会見をするぐらいは問題ないという大谷なりの意思表示だと思う。

当時、水原通訳は『水原一平通訳 I REPORT』２０１９年9月版の中で、大谷のリハビリ状況について「リハビリ期間中、僕が担当しているのは運転と『飯係』。スーパーに行けないので、食料を調達しています。食事は『Uber Eats（料理の配達アプリ）』をめっちゃ使っています。あり得ないくらい使っています。僕が全て頼んで、本人に届けてという感じです。インスタント味噌汁くらいは僕が作りますけどね」と説明。さらに「本人は言わないですが、僕が見ていた中で左膝の痛みは何かしら絶対、パフォーマンスに影響があったと思います」と印象を記した。

2年連続の単独インタビューで、いたずらっぽい笑顔の大谷

9月30日。エンゼルスはブラッド・オースマス監督の解任を発表した。3年契約の1年目だが、20年ぶりに90敗（72勝）を喫し、5年連続でプレーオフ進出を逃していた。ビリー・エプラーGMは書面で「難しい決断だったが、十分に検討した結果、別の方向に進む必要があると決断した」とコメント。レギュラーシーズン終了から一夜明け、予定されていたオースマス監督とエプラーGMの総括会見は急きょキャンセルとなった。その後、10月16日にエンゼルスはこの年までカブスで指揮を執ったジョー・マドン氏が新監督に就任したと発表した。

11月中旬。メジャー2年目を終えた大谷が、本拠地エンゼルスタジアムでスポニチの単独インタビューに応じた。都内で行われた2018年に続き2年連続で、今回の取材場所はエンゼルスタジアム。スポニチに限らずメディア全体で経費削減の動きが年々進んでいたが、大谷は例外。カメラマンの派遣は叶わなかったが、私がインタビュアーを担当し、現地通信員で撮影を兼務した。

私にとって大谷の単独インタビューは、これで7度目。今回はYouTube「スポニチチャンネル」の動画撮影も同時に行ったが、大谷はあくまで自然体だった。

「悔しかったですね。悔しい気持ちのほうが全然、強いかなと思います。もちろん収穫や良か

ったこともたくさんありましたけど、悔しいことのほうがたくさんあったと思います」

２０２０年の二刀流復活へ向け「投げられるシーズンを楽しみにしています。今季は打者として悔しいシーズンだったので、より良いシーズンにしたいです」と力を込めた。

インタビューは11月15日、16日の2日間にわたって掲載。2日目には、直球は2種類、スプリットは3種類あるという「ボールの握り」も大公開。前年に続いて自身の打撃フォームの連続写真を見てもらい、再び自己分析も行ってくれた。以下インタビューの一部を抜粋する。

――直球の握りは？

「親指を曲げて握る。親指を伸ばして握る時もあります」

――親指を曲げる理由は？

「若干、手首をロックできます」

――人さし指と中指は通常より開き気味に見える。

「閉じるのは日本のボールなら可能かなと思いますけど、こっち（米国のボール）はけっこう滑るので。ちょっと開いたほうが安定感がある。僕は手があんまり大きくないし。こっちのほうが投げやすい。日本の時から基本、この握りでした。僕は閉じたことはないので」

――肘への負担軽減を考慮してボールの握りを変えるか。

「特に思っていないですね」

二刀流SHOWTIME 2020復活へ

秘密のオオタニSHOW!

大公開

直球2種 スプリット3種を!!

「決まっていないので、曲がればOK。」

キャッチボールで投げて、こっちの方が今日はいいなとか

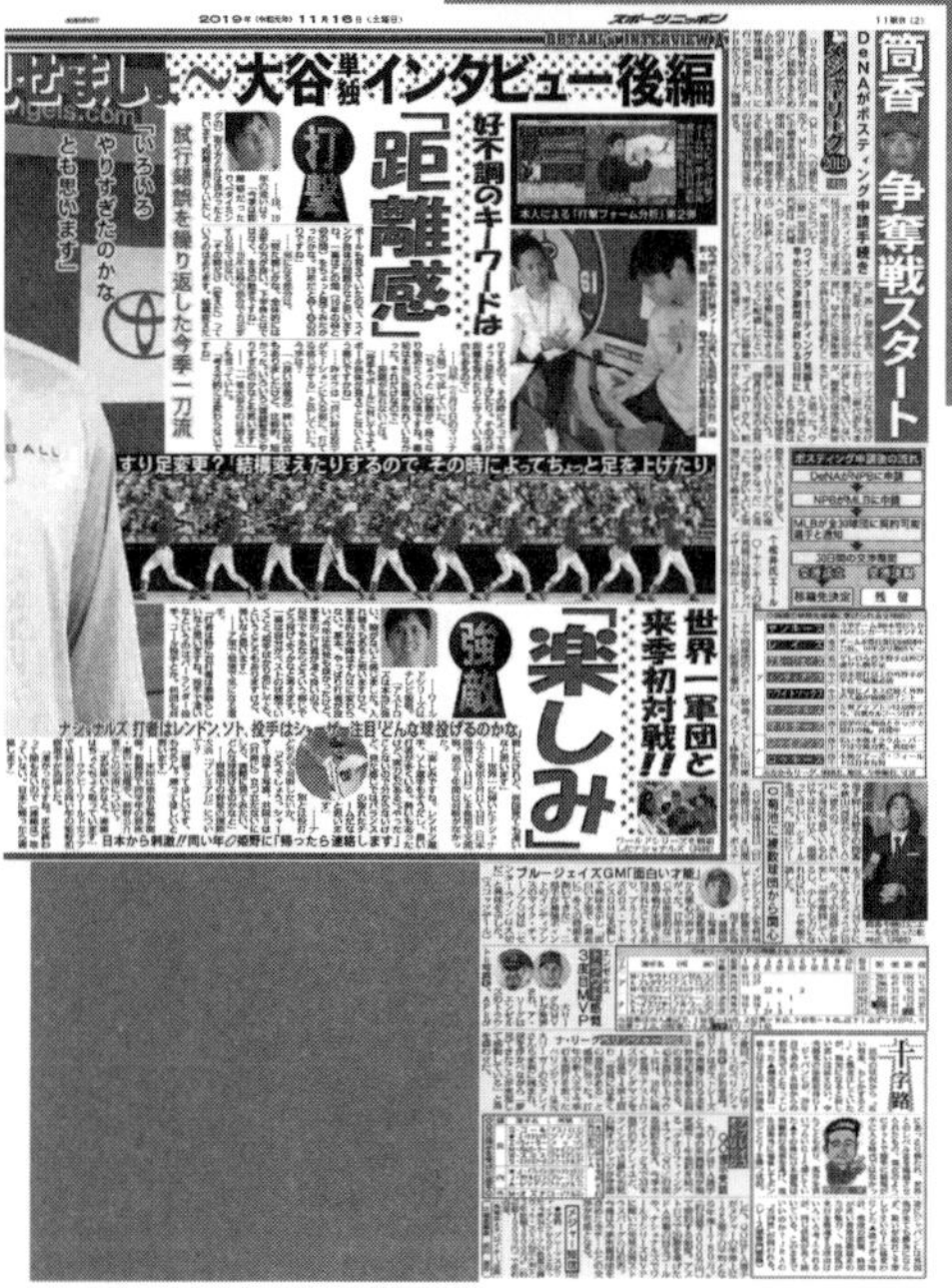
大谷単独インタビュー後編

好不調のキーワードは「距離感」

試行錯誤を繰り返した今季二刀流

「いろいろやりすぎたのかなとも思います」

すり足変更?「結構変えたりするので、その時によってちょっと足を上げたり」

世界一軍団と来季初対戦!!「楽しみ」

DeNAがポスティング申請手続き

筒香 争奪戦スタート

2019.11.16付スポーツニッポン

――日本時代と変化球の握りを変えた?

「変わった部分もあります。試合によって変える時もある。決まっていないので、曲がればOKという考えです。その時によって、こっちのほうが良いなという時がある。スプリットもこういう(縫い目に沿った)握りもあれば、こっち(逆の縫い目)で握る時もある。縫い目に掛けないこともあります。キャッチボールで投げて、こっちのほうが今日はいいなとかですね」

打撃フォームは2018年と2019年を連続写真で比較。「今季は距離感だったり、(タイミングの)取り方とかは良かったと思います。距離は測れていたし、ボールも見えていたので、スイング自体の問題かなと思いますね」と語りつつ、気になる部分について「見た感じかな。全体的には去年のほうが良い。下半身とかではなく、全体の動きですね」と渋い表情を浮かべた。

インタビューでは、大谷の「顔だらけTシャツ」について、本人に感想を聞きたいとも思っていた。9月24日の本拠地アスレチックス戦で来場者に配布されたもので、水原通訳や守護神ロブレスが着用し奇抜さが日米のファンの間で話題になった。

9月13日に左膝の手術を受けた大谷は、Tシャツ配布日の前から欠場しており、感想を聞く機会を逃していた。今回、やっとその質問をぶつけると「(デザインは)良くはないんじゃないかな。いろいろな表情のほうが良いと思います。僕が作るなら……」と照れ笑い。確かに無数にプリントされた大谷の表情は全て同じだ。それでも斬新なデザインが面白がられ、意外にも（!?）ファンから大好評だった。大谷の鋭い指摘を参考にぜひ、商品化してほしいと願ったが、残念ながら実現しなかった。

カメラマンとしては、冷や汗をかいた。1日目に東京版1面を飾った大谷のメイン写真は、右手にボール、左手にバットを持った姿をリクエストしたもの。実はプロ1年目の2013年元日付紙面と同じポーズだ。二刀流復活の来季に向け、同じポーズを依頼した。

本人は「高校日本代表の時（の写真）じゃない？」とすっかり忘れていたようだが、快諾。目力のある表情もしっかり決めてくれた。写真撮影中、予定していたインタビュー時間の終了を告げるアラームが鳴り「違反。3秒オーバータイムです」と、いたずらっぽい笑み。飾らない姿は、どれだけスターになっても変わらないのだろう。

11月22日。大谷が成田空港着の日本航空機で米ロサンゼルスから帰国した。報道陣の数は、昨年と違い私とカメラマンのスポニチの2人だけ。午後5時14分。紺色のブルゾンジャケットにスニーカー姿の大谷が到着口に姿を見せた。10人の警備員が配置されたが、突然の出来事に、居合わせた人たちから気づかれることはなかった。右肘、左膝のリハビリも順調なのか、軽い足取りで関係者出口から空港を後にした。

打撃スケールアップのための試行錯誤

12月9日。大リーグの球団幹部や代理人らが一堂に会するウインターミーティングが、サンディエゴで開幕した。私は日本国内から現地派遣中の通信員を〝後方支援〟したが、エンゼルスのジョー・マドン監督が大谷を2020年にDH解除の「リアル二刀流」で起用する構想を示し、大きな話題を集めた。「それをやらない理由はない。年に50打席は増やせる。〝か弱い女性〟のような扱いをすべきではない。厳しいことも乗り越えてきた。野球選手に戻るべきだ」と明言した。

2020年2月11日。再びアリゾナ州テンピにやってきた。アリゾナは日本からの直行便がなく、ロサンゼルスやサンフランシスコ経由が多い。この頃になると、私も聞き取れる英語の言い回し、単語が増えていた。多少分からなくても、ある程度聞かれることや伝える内容が何パターンか頭に入り、国内線の飛行機の乗り継ぎも、レンタカーの手配も幾分かスムーズになった。キャンプインを翌日に控え、取材に応じたビリー・エプラーGMは大谷の投手復帰時期について「5月中旬に照準を定めている。開幕はDHで迎える」と明言した。大谷は2018年10月に受けた右肘のトミー・ジョン手術の影響で2019年は打者に専念し、同年9月には左膝の手術も受けた。同GMは2019年末に「(開幕後)すぐに投げるか、少し遅らせるか議論中」と語っていたが、医療スタッフ、ジョー・マドン新監督らとミーティングを重ね、万全を期したリハビリスケジュールを組んだ。

翌12日には大リーグが2020年からのルール変更を発表し、投打の「二刀流選手登録」を正式に発表。前年かその年に20イニング以上を投げ、野手で20試合以上の先発出場（1試合3打席以上）が条件。2020季に限り18年の成績も適用されるため、18年に51回2／3を投げ、打者で82試合に先発出場したエンゼルス大谷は条件を満たした。また、出場選手登録は25人から26人に拡大し、9月1日以降は従来の40人までから28人に縮小。投手は8月いっぱいまで最大13人、9月1日以降は14人に限られるが、二刀流選手は制限を受けないため、これも大谷には追い風となった。

この頃、アストロズの不正サイン盗み問題が話題を集め、大谷が初めて言及した。米メディアから「アストロズのサイン盗みの噂は以前から知っていたか？」と問われ「入った時からずっと言われていた。対策というか、ブロックサインをしたりとか、そういうのをきっちりしようねとは（チーム内で）言っていた」と語った。現地テレビ局も会見の様子を生配信。大谷への関心の高さを示していた。

2月13日のバッテリー組キャンプ2日目で左膝手術後、初めてとなる屋外フリー打撃を行った。右足を上げ、左肘をより高く上げてバットを投手方向に寝かせた新打撃フォームを試し25

スイング中、柵越え5本。バックスクリーン直撃の推定飛距離135メートル弾を放つなど、メジャー3年目の進化の一端をのぞかせた。

5スイング目。すごみを増した大谷の打球はバックスクリーンを直撃した。推定飛距離135メートルの特大弾。さらに7スイング目には右中間奥の駐車場に消えた。

「体（左膝）は問題なく良かった。〝打感〟もそんなに悪くなかったし、（左膝の手術後）初めてにしては良かった」

2019年9月13日に左膝にメスを入れてから、ちょうど5カ月。大谷にとって手術後初の屋外フリー打撃となったが、そのシルエットは明らかに違った。

初日のティー打撃に続き、右足を上げる新たな打撃フォームを試した。それだけではない。左脇を開けて、肘を上げた「フライングエルボー」と呼ばれる構えも、左肘をより高く、そしてバットを投手方向に寝かせた状態からスイングするなど、試行錯誤を重ねながら振った。大谷は「練習の一環でやったりとか。実戦でやるか分からないけど、いろいろな打ち方をする中で勉強になることはたくさんある」と説明した。

2019年も数打席、右足を少し上げる打ち方を試したことがあった。これまでのノーステップ打法より反動がつく分、芯で捉えた時の破壊力は増す。さらにバットを投手方向に寝かせた状態から振ることで、よりパワーを伝えられる。正確性や振り遅れへのリスクは、2年間で多くの投手と対戦した経験が加わったことで解消できる。進化へ微細な調整を重ねる。

変化は自分を高める第一歩。そこに決断力も加わる。2020年は投手としての本格復帰が注目されるが、打撃面でもよりスケールアップした姿を見ることができそうだ。実戦の中でも、その取り組みに着目したいと感じた。

2月19日。同じア・リーグ西地区のアストロズのサイン盗み問題について、改めて自身の考えを語った。「絶対条件として、同じ条件下で癖を盗むとか、配球を読むとかは努力の成果」と前置きした上で、断じた。

「カメラを使ってしまうと、その時点で同じ状況下の試合ではない。アンフェアになってしまう。誰が考えてもその通り」

MLBの調査で、サイン盗みはアストロズが世界一となった2017年から2018年の途中まで行われていたと認定された。大谷はデータ分析が進化する現状で「お互いのチームがカメラ1個どれでも使っていいのならば、それは使いよう」としつつも、あくまでルール上で許される範囲内でと強調。「外（外部）からの情報はダメ。カメラもダメだと言われているので、それを使うのは誰が考えても良くない」と批判した。

ただ、大谷はサイン盗みすら、成長の材料とする。1年目の2018年に投手としてアストロズと2度、同じ疑惑で調査中のレッドソックスと一度、対戦して3試合で合計9回2／3を

丸太のような太さの二の腕が話題になった、ノースリーブでの取材対応（撮影：柳原直之）

投げ、防御率8・38。それでも、痛打された言い訳にするつもりはない。「実戦の中で打たれたからといって、それ（サイン盗み）を疑うことはあまりない。それを考えたら自分の成長がない。なんで打たれたのかを〝サインを盗まれたから〟で片付けたら個人的にもったいない。（電子機器を）使われていても抑えられる何かが必ずある」と語った。

この時の原稿はスポニチ東京版の終面（裏面）に掲載された。メイン写真は私が撮影したインタビューを受ける大谷のノースリーブ姿。取材スペースにカメラマンが立ち入ることができず、カメラマンを兼務していた。丸太のように太い二の腕、まるでメロンのように盛り上がった肩が露わになり、SNS上で大きな反響を集め、スポニチのポータルサイト「スポニチアネックス」のアクセス数が急増した。ユニホーム姿のグラウンドでは決して見られない貴重な写真。それでも、予想以上の反響に身が引き締まる思いだった。現地まで足を運んで取材をしている意味、意義を改めて感じた。

2月前半から中国・武漢を発端に世界中に蔓延し始めていた新型コロナウイルスの話題がこの頃、ついに野球界にも広がってきた。ジョー・マドン監督にチームとしての対策を問う声が米メディアから出始め、記者同士で「ついに監督会見で新型コロナウイルスについての質問が出てたね」などと呑気に話していたことを覚えている。この時はまだ「対岸の火事」だった。

2月22日。ホームでオープン戦の初陣となるロイヤルズ戦が組まれていたが、大雨で3月6

日に延期。球団広報によれば球団のオープン戦の試合前の中止発表は松井秀喜が所属した2010年3月7日のアスレチックス戦以来、10年ぶりの珍事だという。四季があり、気候変動が多い日本に住んでいると想像し難いが、エンゼルスの本拠地アナハイムは雨がめったに降らず、このアリゾナはそれ以上に雨が降らない。大谷はウエートルームや屋内打撃練習場などで汗を流した。

2月25日。レッズとのオープン戦で打者として実戦初出場。4番の大谷は3打席に立ち、2打数無安打1死球だった。初回、一昨年秋に手術した右肘付近に死球を受け心配されたが大事には至らず。「ちょっと反応が遅かったので（ボールとの）距離がいまいち取れてないと感じた。全然、よけられる球だった」と自身の打撃そのものを反省した。

第1、3打席は右足を上げる新打法、第2打席は昨季までのノーステップ打法で臨むなど試行錯誤。「打撃練習の打球も〝品のあるような打球〟ではない」と現状を分析し「どっちもやっていく中でいろいろ気づくこともある」と語った。試合前にはメジャー1年目の秋山翔吾（現広島）と握手を交わし談笑。「シーズン中（の対戦）を楽しみに、僕も頑張りたい」と力を込めた。

3月2日。日本ではオープン戦が無観客で開催され、プロアマ問わず各競技で延期や中止が次々と決まる中、まだメジャーは平常運転を続けていた。大谷は筋骨隆々ぶりが目立つ体づくりについて、自身の狙いを明かした。特に腕や肩周りが昨季より一回り大きく見えるが「野球

（のため）だけというわけではない。基本的にアスリートとして全方位的に動ける体がまず必要」と語った。

故障予防はもちろん、腕や肩周りのスムーズな動きの確保は織り込み済み。「トータル的に考えた時にしっかりトレーニングで獲得できる部分をしっかり獲得して、あとは技術と擦り合わせて」と狙いを説明した。現在の体重そのものは「95、96キロくらい」と、前年と同程度だという。

この日はNBAの元スター選手で地元フェニックス・サンズで活躍したチャールズ・バークレー氏が、エンゼルスのキャンプ地を訪れた。ジョー・マドン監督とは旧知の仲。二刀流の大谷には早くから注目しており、クラブハウスで対面し握手を交わしたという。ひいきチームはフィリーズだそうだが「二刀流をこのまま続けていくことができれば、野球界にとって史上最大の成果のひとつになる」と期待を込めた。

この頃、大谷は打者としてなかなか調子が上向かなかった。3月4日のマリナーズ戦では2打数無安打に終わった。ここまで5試合、12打席で10打数1安打（打率・100）、7三振となった。ジョー・マドン監督は不振について「少しタイミングがズレているだけ。まだ開幕までたっぷり時間がある。約束するよ。シーズンが始まればたくさんヒットを打つ」と一笑に付したが、状態が気にかかった。

新型コロナウイルス感染症で変わった世界

3月7日。私はメジャー1年目のレイズの筒香らを取材するため、当初の予定通りフロリダ州に飛んだ。この日、MLBは新型コロナウイルスの感染拡大防止策として、感染リスクが高い国・地域からの訪問者は入国後14日間たつまで各球団の施設への立ち入りを控えるよう要請しているとの声明を出した。

エンゼルスでは、キャンプ地で選手、スタッフにMLB主導の対策説明会が開かれた。手洗いなどが徹底され、ジョー・マドン監督は「しっかり行うよう努める」と語った。レイズでも説明会を実施。ケビン・キャッシュ監督はファンサービスについて「交流したいが、接触は制限せざるを得ない」と理解を求めた。米国で新型コロナウイルスに対する考えが変わってきたとようやく実感し始めた。

3月9日。日本のプロ野球の開幕延期が決まる中、MLBは予定通り3月26日から開幕する方針を固めた。一方、3月10日からロッカールームへの立ち入りを選手や球団職員に制限することを決めた。

3月12日。情勢が一転する。MLBは新型コロナウイルスの感染拡大を受け、3月26日に全30球団で一斉に迎える予定だったレギュラーシーズン開幕を最低2週間は延期し、米国東部時間12日午後4時以降開始のオープン戦を中止にしたと発表した。

「オープン戦は本日をもって一時中止。新型コロナウイルスの〝パンデミック（世界的流行）〟によって引き起こされた国家緊急事態のため、2020年のレギュラーシーズン開幕を最低2週間延期する」

この時、私はまだフロリダ州にいた。午前中にヤンキースの田中を取材後、午後は筒香が所属するレイズとフィリーズのオープン戦へ。試合中にスマートフォンでニュースを知ったが、記者同士で「開幕延期になったらしい」と話したが、その時点で誰もマスクはしておらず、有観客で通常通り試合は継続していた。試合後、徐々に球場の各所に「CLOSED」の張り紙が張られても、まだ実感は湧かなかった。米国駐在の他紙の日本人通信員に「飛行機に乗れなくなるかもしれないから早く帰ったほうがいいよ」と言われた。私は急いで、空路、4時間ほどかけてエンゼルスのキャンプ地アリゾナに戻った。

3月13日。MLBは新型コロナウイルスの感染拡大の影響で、アリゾナ州とフロリダ州で実施していたキャンプを中断すると発表。ファンが消えたアリゾナ、フロリダ両州のキャンプ地で、閑散とした雰囲気の中で各球団が対応に追われた。施設の立ち入りは選手ら関係者に制限され、ミーティング、施設の消毒作業などが進められた。

各球団のGMらは電話会見を行い、エンゼルスのビリー・エプラーGMも同様の形で日米メディアの取材に対応した。選手とは個々に連絡を取り、キャンプ地残留、帰宅、本拠地での調整という3つの選択肢を検討させている最中。ただ、右肘のトミー・ジョン手術から投打二刀流で復活を目指す大谷については「投手復帰に向けた投球プログラムは継続して行う。シャットダウン（中断）することはない」と明言した。チャールズ・バークレー氏の体調不良のニュースが流れ、新型コロナウイルス感染かどうかも断定できない状態だったが「握手したよね？」と、私を含め多くの記者に不安が広がった。

新型コロナウイルスの感染拡大の影響で、開幕を延期したMLBは3月15日、12日午後4時以降のオープン戦を中止にしてから初めての日曜を迎えた。抜けるような青空が広がる、絶好の野球日和だ。だが、球音は聞こえない。エンゼルスのキャンプ地「ディアブロ・スタジアム」は静寂に包まれていた。

球場は施錠され、遠めから無人のグラウンドをのぞくことができるだけ。ファンがやって来ては外観を背景に記念写真を撮っては去っていく光景が何度も続いた。

30年来のエンゼルスファンで毎年、キャンプ地を訪れるという60代のゲーリー・ルイスさんはダニーズ夫人とともに記念撮影し、物憂げな表情を浮かべていた。「昨年11月頃にオープン戦のチケットを買ったけど、お金を失って悲しいのではない。野球をはじめ、いろいろなスポーツが中断されて悲しい」。大リーグは米国でナショナルパスタイム（国民的娯楽）と呼ばれ、避寒地のアリゾナとフロリダの両キャンプ地には全米の野球ファンがこぞって訪れる。ルイスさん夫妻も自宅のあるカリフォルニア州ハンティントンビーチから車で5時間かけてやって来た。「選手たちの健康が大事。仕方がない」と話すものの、そのショックは大きい。取材後に名刺を渡そうとすると、断られ、グータッチではなく肘での「エルボータッチ」を求められた。私がアジア人だからそういう反応だったとは思わなかったが、新型コロナウイルスへの人々の急速な変化に戸惑いを隠せなかった。

球場のパート従業員への影響も大きい。顧客サービスなどを担当する女性のデビー・デービスさんは「残りの仕事がなくなり、1500ドルほどの給料を失った。生活費は週100ドル(約1万600円)だけど、今後は週50～60ドルほどで過ごさないといけないのよ」と嘆いた。この日、球場外周の花壇の整備を終え、この月はもう仕事がないという。アリゾナやフロリダの空港では洗浄作業が目につき、テンピ近郊のスーパーでも日用品を買い占める動きが広がっていた。

上司と相談の上、私の早期帰国が決まったが、感染リスクを回避するため、アリゾナからロサンゼルスへの移動は極力、飛行機を使用しないようにと指示された。アリゾナは日本への直行便がないため、移動が直行便のある都市への移動が不可欠。約7時間かけての車移動。到着すると、スーパーマーケットの食品コーナーはほぼ空っぽで、ショッピングモールも無人に近い状態。ホテルの朝食はビュッフェ形式から紙袋での配布形式に変わっていた。

3月18日。ジョー・マドン監督が電話会見を開いた。チームの本拠地アナハイムがあるカリフォルニア州は政府より一足早く非常事態宣言。マドン監督は大谷に「日本に帰ってもいい」と一時帰国を許可したことも明らかにした。球団によると、大谷は現在、キャンプ地のアリゾナに滞在しており、近日中に自宅がある南カリフォルニアに戻る予定だ。その後はアナハイムの本拠地エンゼルスタジアムで調整するとみられている。大谷が帰国するかしないかは球団から明かされなかったが、移動による感染のリスクを考慮すると、帰国せずに〝米国残留〟が賢明な判断となりそうだった。

3月19日。私は無念の帰国日を迎えた。いつも長蛇の列ができるロサンゼルス国際空港の保安検査は全く並ぶことなく通過。搭乗ゲート前の椅子に座っていると、目の前の椅子に人が座って離れる度にスプレーで除菌している空港職員がいた。まるで異世界だった。

帰国後、私は「リモートワーク」中心の生活となり、この年の2度目の出張機会は訪れなかった。日米はもちろん世界中からの出入国制限が厳しくなっていた。私は日本時間の早朝や午前中にオンライン会見に出席し、米国駐在の通信員と取材の打ち合わせを実施。その後、送られてきた原稿を編集し、社内調整するという業務に没頭した。

水原通訳は『水原一平通訳 I REPORT』2020年7月編で次のように振り返っている。

「振り返れば3月12日にキャンプが中断してから、いろいろなことがありました。まず球団からは日本に帰るか、アリゾナにとどまるか、リハビリ選手扱いで本拠地のエンゼルスタジアムに戻るかの3つ選択肢をもらいました。最初はアリゾナに残っていましたが、すぐに施設が使えなくなりました。日本に帰れば練習場所を一から探すのは大変で、米国に戻って来られない可能性もあったので、本拠地に戻りました。ただ、本拠地周辺では〝暴動〟が起こるなど治安が良いとは言えない状況だったので『危険なので家にいてほしい』と球団から指示を受けたことも2回ほどありました」

大谷公式インスタグラムを開設

先が見えない復帰への道のり。それでも大谷は順調に次のステップを踏んでいった。4月13日に約1カ月ぶりに投球練習を再開。同GMは「225～230フィート（約70メートル）の距離で遠投を行い、週2度のブルペンに入っている」と順調な調整ぶりも明かした。球団によると、同20日に35球、24日には40球を投げたという。〝ライブBP〟とは実戦形式のフリー打撃で、打撃投手として通常のマウンドから投げる。打者相手の登板はメジャー1年目の9月2日の敵地アストロズ戦以来となる。

右肘手術、左膝手術から復活を目指す大谷は医療的な必要性があるとみなされ、右肘痛の右腕グリフィン・キャニングとともに、「特例」で本拠地エンゼルスタジアムでの練習が許可されていた。本拠を置くカリフォルニア州は新型コロナウイルス感染拡大で外出禁止措置が続いており、実際にいつ登板できるかは不透明だったが、同GMは「エンゼルスのトレーナーが治療できるし、水原（一平）通訳も一緒に来る。（大谷は）そんなに強く力を入れていない。80〜85％くらいの強度で投げている」と説明した。

5月30日。大谷が実戦形式のフリー打撃「ライブBP」に登板したことを明かした。28日に開設した自身のインスタグラム（@shoheiohtani）に「Live BP from last week（先週のライブBP）」と英語で記し、27秒の投球動画を投稿。おなかの前にグラブを置き、セットポジションに入った大谷。高く上げた左足を踏み込み、思い切り右腕を振った。

「ライブBP」とは実戦形式のフリー打撃。打者に投げるのはメジャー1年目の2018年9月2日の敵地アストロズ戦以来、約1年8カ月ぶりだった。左打者のラステラは速球系2球にいずれもバットを振らなかったものの、何度もうなずく姿が球威を物語っていた。

大谷のインスタグラムの開設は意外だった。最初は少し信じられなかった。エンゼルスの広報から告知があってから、正真正銘、これは本人のアカウントだったとやっと認識できた。

初投稿は自身のメジャー初本塁打時にサイレント・トリートメントで祝福された動画を添え

て「Hope my welcome to Instagram party goes better than this（インスタグラム開設が〝これより歓迎されることを望んでいます）」と英語で粋なメッセージを送った。その2日後に「ライブBP」に登板した動画を投稿した。私を含めた日米メディアが次々に速報した。「意外だった」と記したが、コロナ禍で開幕が延期となり、ある程度、自分の時間が取れるようになったことが一番の理由だろう。これまで大谷は忙しすぎた。

大谷がSNSの更新に割く時間はこれまでなかった。割く必要性もなかったのかもしれない。ファンサービスに熱心な選手だが、基本的に目立つことは好まないからだ。ただ、当時、インスタグラムのストーリーズ機能を利用し「主に野球関連の投稿をアップしていく予定です。これから皆さんと野球を通じて繋がるのを楽しみにしています」とつづった。

もちろん、野球に全力を注いでいる。一方、ファンあってのプロ野球は海を越えても同じ。開幕が延期となり、何か思うところがあったのかもしれない。

2013～2018年までエンゼルスの地元紙オレンジ・カウンティ・レジスター紙で英語記事を執筆していた志村朋哉氏はこんなことを話していた。

「大谷選手が全米レベルでスターになるには、思ったことを積極的に発言することが大事です。野球に興味のない人は選手の人間性や生き方に興味を持ち〝応援したい〟という気持ちになるからです」

プロバスケットボールNBAのレブロン・ジェームズ（ロサンゼルス・レーカーズ）もそう、女子テニスのセリーナ・ウィリアムズもそうだ。大谷は大スターだが、前述の2選手のように競技の枠を越え、全米レベルで突き抜けた存在になるため、今後は社会に強いメッセージを発信し続けることが大事だという。

大谷が自身のSNSに求めているものとは少し違うかもしれない。ただ、将来的に大谷が自らの言葉で日本はもちろん、米国内に向けた強いメッセージを発信する日が来てもいい。大谷はそれほど影響力のある選手だと思っている。

6月23日。MLBは、7月23日か同24日に2020シーズンを開幕し、レギュラーシーズンを60試合制で実施すると発表した。新型コロナウイルスの影響で当初の3月26日から約4カ月遅れの開幕で、無観客となる。強行開催を決めたMLBに対し、選手会が安全規約などに同意した。大谷が2年ぶりに二刀流として迎えるシーズンが、ようやく幕を開ける。

エンゼルスタジアムに、甲高い打球音とともに「フンッ!!」と気合のこもった叫び声が響いた。大谷は短パン姿で帽子を後ろ向きにかぶり、右足を上げない打撃フォームで鋭い打球を飛ばした。自身のインスタグラムで「First outside BP in a while（久しぶりの屋外打撃練習）」とつづり、動画を投稿した。続いて、ストーリーズ機能に「WE'RE BACK（戻ってきたぞ）」とメッセージ。2018年10月の右肘のトミー・ジョン手術を経て、二刀流で復活を期すシーズンへ順調な調整ぶりをうかがわせた。

選手会は7月1日までにキャンプ地に集合することや、健康と安全面の規約を含む運用マニュアルに同意。ロブ・マンフレッド・コミッショナーは「2020年シーズンの開幕が迫っていることを発表でき、喜んでいる。既に選手会に60試合制のスケジュールを示し、近く素晴らしいファンに野球をお見せできることを楽しみに思う」とコメントした。例年より102試合短縮されたシーズン。ウイルス感染防止のため同地区内の対戦が中心となり、延長戦は走者二塁から始めるタイブレーク制が導入された。

7月3日。新型コロナウイルス感染拡大の影響で3月中旬に中断したキャンプを「サマーキャンプ」と題して再開した。右肘手術からの投手復帰を目指す大谷はブルペン投球を行い、打席で同僚投手の球筋も確認。無観客でポジションごとに時間と場所を区分し〝密〟を避けて練習するなど厳戒態勢でのスタートとなった。大谷は翌4日にオンライン取材に応じ、投打二刀流でのプレーについて「しっかり100%の状態で貢献したい。60試合制なので最初から最後まで全力でしっかりと飛ばしていきたい」とフル回転を誓った。

キャンプ中断以降で初めての会見。3日のキャンプ再開までに実戦形式の投球練習を週に一度行い、最多で60球ほど投げていたという。右肘に負担をかけない投球フォームのテーマは「よりシンプルにしたい」。打者では今春のキャンプでは右足を上げるフォームを試したが、昨季同様上げないとし「（60試合制で）短いですし、飛ばせるだけ飛ばして（投打）両方しっかりやりたい」と繰り返し話した。

7月7日。大谷は本拠地で行われた特別ルールの紅白戦で先発。打者10人に50球を投じ、7四球を与えた。結果は出なかったが右肘のトミー・ジョン手術前の2018年9月2日のアストロズ戦以来、674日ぶりの実戦登板が無事に終了。完全復活に向けた大きな一歩となった。登板後のオンライン会見。大谷の表情が少しだけ明るくなった。「問題なく球数を投げられたので良かった。（腕を振る）怖さは特になかった」と素直に投手復帰を喜んだ。

674日ぶり実戦登板。3回50球をメドとし、15球程度で攻守交代の特別ルールが敷かれた。初回は四球や暴投で1死一、三塁となって打ち切り。2回は2者連続四球から、ラステラに右中間適時打を打たれ終了した。3回も修正できず、先頭から3者連続四球（レンドンへの死球がボール扱い）を与え、1死も取れず降板となった。

結果だけを見れば散々な内容。だが、この日の収穫は「投げた」ことだ。「もちろん思い切り投げにいっていない。右打者中心で置きにいってしまったのが強い。術後明けの不安というより、そういう面が大きかった」と大谷。打者と10度の対戦で右打者が8度。抜け球の死球を恐れ「ブルペンとは全然違う。味方に投げる経験も（2018年のキャンプ以来）ないので、そこらへんは違いがある」と分析する。ジョー・マドン監督も「何も心配はないし、警報を鳴らすこともない」と信頼する。コロナ禍の影響で現場に行けない私はＳＮＳの映像などでチェックしながら、現地で取材する通信員と意見をすりあわせ、原稿を進めた。

復帰2試合目の登板で起きた〝異変〟

7月11日。大谷は本拠地エンゼルスタジアムで紅白戦に打者として出場。キャンプ再開後の実戦初打席で、左翼線へ二塁打を放った。7日の紅白戦登板後、腰の張りを訴えていたが、順調に回復。試合前にはブルペン投球も行った。翌12日の紅白戦に「3番・ＤＨ」で出場し、今季初本塁打。中堅方向に伸びた一発に、手術した左膝の回復を感じた。

7月19日。エンゼルスタジアムで行われた紅白戦（特別ルール）に先発。開幕前最後の実戦登板で5回相当を投げ、5安打無失点で毎回の6三振を奪った。62％までストライク率を上げ、課題の変化球でも5三振を奪うなど手応えをつかんだ。オンライン会見で見せた笑顔が全てを物語っていた。「投げるたびに良くなっている。全体的に進歩している」と納得の表情だった。

7月24日。ついに敵地オークランドで開幕戦を迎えた。「3番・ＤＨ」で出場した大谷が、まずはバットで結果を残した。初回1死一塁。フランキー・モンタスの96マイル（約154キロ）外角直球を中前に運んだ。今季初打席でマークした安打は、メジャー通算204本目。日本ハム時代の２９６安打と合わせ、日米通算５００安打とした。

開幕前には「打者としての仕上がりはまずまず良い」と話していた。その言葉通り、力強いスイングを繰り返したが、以降は快音が生まれなかった。

7月26日。敵地アスレチックス戦に先発し、１死も取れず自己ワースト5失点で今季初黒星を喫した。２０１８年10月に受けた右肘トミー・ジョン手術後、６９３日ぶりの公式戦登板。空振りを一度も奪えず、直球の最速は94・７マイル（約１５２キロ）止まりだった。「防御率∞（無限大）」の悪夢を生んだ理由はなんだったのか。

わずか30球、約18分で終了。「疲れる前に終わった」の感想は本音だろう。３安打３四球で5失点。０／３回の降板は、日米通じて自身初めてだ。打者6人に対し、空振りを一度も奪えなかった。

「腕がいまいち振り切れていなかったかなというのは、全体的にある。ゲーム勘というか、打者を抑えにいく気持ちより球を投げることに集中していた」

テークバックを小さくした新フォーム。直球の平均92・７マイル（約１４９キロ）は手術前の96・７マイル（約１５６キロ）より約7キロ遅い。スライダー、カーブも、２球しか投げられなかった宝刀スプリットも、全て手術前より4～6キロ遅かった。

また、全30球中、15球がボール球。直球は16球中、ストライクゾーンに4球しか入らなかった。これまで三塁側を踏んでいたプレートの位置を一塁側にするなど試行錯誤した。

大谷の実戦登板は紅白戦3試合のみで、対外試合はゼロ。本人は乱調に「それは言い訳にはならない」と影響を否定した。

水原通訳は登板翌日に掲載した『水原一平通訳 I REPORT』（2020年7月版）で次のように振り返っている。

「キャンプ再開が決まった6月20日ごろには、本拠地の消毒作業の影響で4日間ほどグラウンドが使えなかったので、球場外周の駐車場で一緒にキャッチボールをしたこともありました。ちょうどアルファベットのAをかたどった『BIG A』の真下辺りです。翔平が体を動かせなくて困っていたので、球団に許可を取って2、3回ほど駐車場スペースを使わせてもらいました。公園だと一般の方々に気づかれますが、駐車場は広いし、人もいないので練習にちょうどよかったです。遠投も含め70～80球ほど。投本間の距離を取って投球練習もしました。翔平はそこまで落ち込んでいる様子はなく、気持ちを切り替えています。課題をつぶすのは得意だと思うので、修正能力に期待です。トラウトやプホルスなどみんなが翔平のこと、特にピッチングの方を気に掛けています。ここまでめちゃくちゃ頑張ってきました。とにかくこのままケガせずにシーズンを無事に終えてほしいと思っています」

「BIG A」とはアルファベットのAを象った大型ビジョン付きの鉄塔で、フリーウェイ横に位置する球場外周の駐車場に立つランドマークだ。地面は全面アスファルトでお世辞にもキャッチボールに向いている場所とは言えない。駐車場は遮る障害物もないが、広大な土地ゆえにファンなどにも見つからなかったのだろう。

7月28日。大谷は本拠地マリナーズ戦に「5番・DH」で出場し、6回に今季初長打&初タイムリーとなる右中間二塁打。今季2安打目の打球速度は今季チーム最速111・9マイル（約180キロ）を計測し、フェンスを直撃した。

登場曲の変化に気がついた。大量リードの6回2死一塁。大谷が打席に向かうと、2020年のために選んだふたつの登場曲のひとつ、ルーペ・フィアスコ&ガイ・セバスチャンのヒット曲『Battle Scars（戦いの傷痕）』がエンゼルスタジアムに響き渡った。「戦いの傷痕が消えていくようには見えない」というようなサビのフレーズが、大谷自身を表しているようだった。

大谷が1、3、5打席目用に選んだ曲は人気ラッパーの2Pacの名曲『To live and die in LA（ロサンゼルスで生き抜くこと）』だった。コロナ禍で60試合制となった特別なシーズンの本拠地開幕戦。居を構え3年目を迎える地元で〝無観客でもファンとともに戦う〟というメッセージなのかもしれないと感じた。

翌29日。本拠地マリナーズ戦に今季初めて「4番・DH」で出場し、4回に昨年9月11日のインディアンス戦以来、322日ぶりとなる今季初アーチ。試合には敗れたが、地面からの高さわずか1・21フィート（約36・8センチ）の変化球をゴルフスイングのようにすくい上げる技ありの「ショット」を披露した。

コロナ禍による3月12日のキャンプ中断後。大谷がアリゾナからエンゼルスタジアム近郊の自宅に戻ると、公私ともにサポートを受ける水原通訳の分も含め、岩手県に住む母・加代子さんからマスク、除菌シート、首掛けタイプの「ウイルスブロッカー」など大量の感染対策グッズ、さらに食料品やお菓子も届いていた。各家庭の買いだめで地元スーパーなども品薄の状態が続き、未知のウイルスに対しての情報や知識も少なかった時期。水原通訳も「すごく助かりました」と感謝していた。少しでも野球に集中できるように――。そんな母の思いに感謝の気持ちを届ける今季1号でもあった。

8月2日。大谷は本拠地アストロズ戦に先発し、1回2／3を投げて無安打2失点、5四球で降板。右腕に違和感を訴えてMRI（磁気共鳴画像装置）検査を受けた。右肘のトミー・ジョン手術から復帰後2度目の登板。映像で見た私は4つの異変を感じていた。

不安が的中した。試合後、エンゼルスの球団広報が「降板後、右腕に違和感を訴え、MRI検査を受けた。もう球場にはいない」と発表した。

8球で3者凡退に仕留めた初回から一転、2回は42球も費やし、2者連続で押し出し四球を出して降板。1死も取れず5失点の前回に続き、2度目の登板も早期降板となった。検査結果の公表は3日（日本時間4日）以降の予定。ただ、試合中の異変は随所に見えた。

①急激な球速ダウン

2回無死一、二塁。ジョシュ・レディックへの6球目に最速97マイル（約156キロ）を計測した一方で、降板直前のジョージ・スプリンガーに投じた直球3球全てが89マイル（約143キロ）台に急落した。トミー・ジョン手術を受ける前の最後のマウンドとなった2018年9月2日のアストロズ戦でも起こった現象だ。当時は最速99・3マイル（約160キロ）から同じ89マイル台に。今回はレディックに97マイルを投じた直後、右肘を触るしぐさもあった。

②右腕に上着をかけて待機

気温30度。抜けるような青空が広がる真夏のデーゲームで、初回の攻撃中に大谷は右腕に上着をかけて待機した。肩や肘を冷やさない狙いがあり、メジャーではよくある光景だが、大谷はあまりしない。異変の予兆にも映った。

③声を上げての投球

2回2死満塁。ダスティン・ガルノーの2球目にスプリットを投げると同時に「アアッ！」と大きな声を出した。ここから降板までの10球全てで大谷は声を上げた。痛みを我慢しながら歯を食いしばるあまり、思わず声が出た可能性がある。

④5秒間の沈黙

降板後、ベンチに座った大谷は身をかがめ、険しい表情のまま下を向いた。約5秒間。コーチに肩を叩かれても、反応できなかった。ドジャースのカーショーら数多くのスーパースターを取材し、現在は大谷番を務めるロサンゼルス・タイムズ紙のディラン・ヘルナンデス記者は「大谷はメンタルがすごい。すごく自分の能力に自信がある」と分析する。だが、降板後の表情には、これまでにないメンタルの揺らぎが垣間見えた。約1年10カ月にも及ぶリハビリ生活を乗り越えて復帰した右腕の、数々の異変だった。

ビリー・エプラーGMの解任で迎えた二刀流の転機

8月3日。エンゼルスは大谷が右肘付近の屈筋回内筋痛と診断されたと発表した。投球再開まで4～6週間を要する見込み。シーズン中の投手復帰が厳しくなった。2日の登板後に右腕のMRI（磁気共鳴画像装置）検査を受けた大谷に待っていたのは非情な診断だった。投球再開まで4～6週間。残り約8週間しかない今季中の投手復帰は絶望的となった。

異常が見つかった屈筋回内筋は前腕内側の筋肉群。2018年6月に損傷が見つかり、同年10月に再建手術を受けた右肘の内側側副じん帯を保護している。球団によると、症状は3段階のうち最も弱い「グレード1」か中程度の「グレード2」の診断。じん帯損傷よりは軽傷で、ケアすれば癖にはなりにくいという。

8月5日。大谷は敵地マリナーズ戦前に「右肘付近の屈筋回内筋痛」を発症後初めて取材に応じた。二刀流を継続するか否かの質問に、視線をそらさず言った。

「可能性があればやりたい。それも含めてエンゼルスに獲ってもらった。まずは投げられるようにもう1回、頑張りたい」

右肘のトミー・ジョン手術を受け、7月26日に1年10カ月ぶりに投手復帰。だが、2試合目で故障という現実に直面し「最初から痛みがゼロの状態で100%投げられるとは思っていなかった。投げた感じも、そこまでよくはなかった」と冷静に振り返った。

描いていた復帰シナリオは、コロナ禍でマイナーリーグが中止となり変更を余儀なくされた。「もちろん不安はありました。本来ならマイナーで5、6回投げて、どうなのかなという段階。当初はそのような予定だった」。調整方法は困難を極め、対外試合は公式戦でぶっつけ本番。右肘に関しては「リハビリの段階で、まだ完全に終了したという感じではない」と明かした。

二刀流継続への条件は当然、投手としての完全復活で「来年の頭からしっかり投げられるようにやりたい」。シーズン残り48試合は打者に専念することに「まだシーズンは終わっていない。打撃はあるので、そこで頑張りたい」と誓いを立てた。

8月6日。敵地マリナーズ戦の2回先頭の第1打席に先制の左越え3号ソロを放った。「右肘付近の屈筋回内筋痛」で投手としての今季登板が消滅して以来、初打席の最初のスイングで豪快アーチ。日本選手通算599本目で、同歴代単独5位となる通算43号は、窮地での精神的な強さを証明した。

「運良く捉えることができました。壁を越えてくれて良かったです」

球団を通したコメントは短かった。だが、逆境で見せた強さは強烈だった。5日の取材対応で継続へ意欲を口にした二刀流。「投」の太刀を来季まで封印する代わりに、「打」の太刀は威力を増した。右肘の故障が判明した不安の声を、バットで一刀両断した。

振り返ればトミー・ジョン手術の勧告を受けた2018年9月5日の敵地レンジャーズ戦で2本塁打。再び右肘を痛めた逆境で、改めてメンタルの強さを見せた。今季から指揮を執るジョー・マドン監督は「今までで最高の、最も力のこもったスイングだった。今、彼は（大爆発の）寸前にいる」と絶賛した。

8月23日。敵地アスレチックス戦で22打席ぶりの安打となる5号3ランを放つなど2安打3打点。前日から右足を上げる打ち方「レッグキック」を試したが、右足を上げない「トータップ」に戻した打席で快音を響かせた。日米自己ワーストの21打席連続無安打と苦しんだが、試行錯誤を重ねて不振脱却を目指していた。

捉えたはずの球を仕留めきれない。大谷は結果が出ない日々を振り返り、不振の原因を「（ボールとの）距離感とタイミングがズレていた」と明かした。

「ズレ」をなくすために右足の使い方を模索し、自ら「レッグキック」「トータップ」と表現した。レッグキックは足を上げることで春季キャンプで取り組み、コーチ陣の助言を受けて前日も試していた。トータップは従来のノーステップ気味の打ち方。この日は1打席目の初球だけトータップ、2球目からレッグキックにした。空振り三振で連続打席無安打は自己ワーストの21に伸びたが、2打席目に結果を出した。

「強振したつもりはなかったけど、しっかりと距離は出ていた。次以降につながる打席だった」。7回にも右前打を放った。

レッグキックとトータップ。今後も臨機応変に臨むという。一方に偏ると「感覚に慣れてきてしまう」と感じており「常に新鮮な状態でいけるようにしたい。両方やりながら、良い位置を保ちながらやれれば」と語った。

打てない間には、ジョー・マドン監督から直接指導を受けることもあった。「打ちたい気持ちが先行していた。打たないと申し訳ない。そういう気持ちは1、2年目よりも強い」。メジャー移籍後、最も険しい壁を乗り越えた。

9月19日。本拠地レンジャーズ戦に「6番・DH」で7試合ぶりにスタメン出場し、2回の第1打席でいきなり6号ソロを放った。不振で出場機会がなかった期間に取り組んだのは打席での「構え」の修正。よりシンプルなフォームが奏功し、5回には中前打を放つなど復調を印象づけた。

試合前の時点で打率・189。故障以外では最長の7試合ぶりのスタメン出場だった。二刀流とはいえ、打者に専念している状況。悔しくないわけがない。大谷が打席での「景色」を変え、結果につなげた。

「一番は構え。構えている時の全体の見え方。一番、最初（始動）なので、そこに一番取り組みました」

0―3の2回2死。右腕ランス・リンの外角高め95マイル（約153キロ）直球を引っ張ったライナー性の当たりは打球速度109マイル（約175キロ）、同飛距離385フィート（約117メートル）を記録し、右翼フェンス上部の本塁打境界線（イエローライン）を越えた。「1打席目に結果が出るか出ないのでは全然違うと思うので、そういう意味でも良かった」。8月23日以来、自己ワーストから2番目のブランクとなる62打席ぶりの一発だった。

欠場中は「普段と同じ練習の中で良い感覚かどうか分かる」とあえて練習内容は変えなかった。ティー打撃やマシン打撃に取り組む中で構えをよりシンプルなものに変更。「意識はしていない」と語るが、以前のようにバットを揺らしてタイミングを取らず、トップの位置を固定した。背筋も伸び、スイング軌道も理想のインサイドアウトで安定。本来の強い打球を取り戻した。

オンライン会見の最後に大谷の笑顔がはじけた。球団広報が「もう1人」と紹介すると救援右腕のノエ・ラミレスが乱入。「2本打って気分がいいだろう？　今晩〝Warzone〟のグループに参加しないか？」と勧誘した。

『Call of Duty: Warzone』は世界的な人気を誇る対戦型オンラインゲーム。大谷が「NO！」と拒否するとラミレスも「なんでだよ、今夜だよ！」と食い下がる。最後は大谷が「MANANA!（マニャーナ＝また明日）」と流ちょうなスペイン語で締め、笑いを誘った。

コロナ禍の2020年は全てオンライン会見のため、米国外からも大谷の生の声を聞ける一方、クラブハウス内で取材はできず、グラウンド外の姿を見ることができない。3年目の2020年も同僚から愛されている様子が分かり、報道陣も自然と和んだ。

9月27日。今季最終戦は敵地ドジャース戦。試合終了からわずか4分後にビリー・エプラーGMの解任がエンゼルスから発表された。米メディアによれば2020年夏に契約を延長。来季が契約最終年だったが一転、チームの不振の責任を取る形となった。

2年ぶりの二刀流復帰を目指した大谷の2020年は投手で0勝、打者では打率・190、7本塁打、24打点。実はこのシーズンを通じて、様々な疑問点があった。

①ぶっつけ本番

開幕直前の7月23日。エプラーGMはオンライン会見で「翔平は5月からシミュレーテッド・ゲームでフレッチャーやラステラにたくさん投げた。より長い助走期間を取れている」と明かした。直球は96マイル（約156キロ）を数回計測している、とも。だが、その後の紅白戦3試合の結果は打者47人に16四死球と荒れた。

初登板後には背中の張りを訴え、紅白戦の打者出場を見送った。それでも、エプラーGMは「登板ごとに、投げたいところへ投げられるようになった」と自信を崩さず。徐々に調子は上向いたものの、打者と真剣勝負ができる段階まで仕上がったとは言い難かった。

本拠地近郊のロングビーチで、自軍のマイナー選手相手に調整登板させる選択肢もあった中で、チームは大谷の「ぶっつけ本番」を選択。その結末として2試合で1回2／3しか投げられず、「右肘付近の屈筋回内筋痛」を発症して今季中の投手復帰が消滅した。

②食い違う説明

その後、球団はコロナ禍でリハビリが難しかったことを理由に挙げるようになる。ジョー・マドン監督も、故障発覚後の8月上旬に「二刀流を続けるかどうかを決める前に、ノーマルな状態で（春季キャンプから）準備をすればどうかをもう一度見てみないと」と、調整が十分ではなかったことを暗に認めた。

③進まないリハビリ

2021年に向けて心配な点はほかにもあった。大谷の右肘痛は全治4～6週間と発表されたが、2カ月近く経過した今も投球プログラムを再開していない。当初、ミッキー・キャロウェー投手コーチは9月中旬頃から投球再開のプランを披露していたが、数日前には「その情報はまだない。専門チームが、それについては考えている」と前言を撤回するような説明。責任者不在、行き当たりばったりと言わざるを得ない。

この日の試合後、ジョー・マドン監督は「スローイングは1カ月以内に始めると思う」と見通しを示した上で「球団は大谷の体の調子や彼がどう感じているかを、もっと知らなければいけない」と訴えた。2017年オフ、二刀流の起用プランを示して大谷を獲得したビリー・エプラーGMがチームを去った今、誰がかじ取りをするのか。渡米4年目の2021年を前に、二刀流は大きな転機を迎えようとしていた。

単独インタビューで二刀流の将来に踏み込む

11月初旬。メジャー3年目のシーズンを終えた大谷が、オンライン取材で本紙の単独インタビューに応じた。スポニチ東京本社の会議室でYouTubeチャンネル『スポニチチャンネル』の収録も同時に行った。私にとって通算8度目の単独インタビューだったが、オンラインは初めて。果たして盛り上がるのか不安を抱えていたが、二刀流に対するこだわりと覚悟を赤裸々に話す姿が印象的だった。

指定のインタビュー開始時間を前にパソコンの前で待っていると、水原通訳の愛犬の姿が映った。「ここは大谷君の家?」と聞くと「この犬の家です」。思わず笑ってしまった。「うふふ、じゃないですよ」と大谷に大笑いされてしまったが、リラックスした表情だった。

——2年ぶりに二刀流復帰を目指した今季は右肘付近を痛めて2試合の登板のみ。打者は打率・190など苦しんだ。自己評価は。

「〝打ち心地通り〟の数字かなという印象ですね。打席の中で心地良さはそんなになかったので」

——2019年のシーズン後に受けた左膝手術の影響はあったか。

「膝に違和感はほぼなかったです。もちろん最初から万全でというか、痛みがゼロでやれるというわけではなかった。その過程の練習で〝軸足の残りづらさ〟とか、若干クセになっているというのは感じていました。そこは修正の余地があると思いながら、シーズン中はやっていたけど、なかなか戻しきれなかったという感じです」

——ダルビッシュは34歳(当時)で全盛期を迎えている。肉体、技術的ピークに対する考え方は変わったか?

「肉体的なピークもあるでしょうし、技術的にもフィジカルとかみ合っていく時期は必ずあると思う。そこに向けて頑張ろうというのは、全く思っていない。毎年ピークだと思って頑張るし、今年がベストの年だと思ってやるからこそ、ピークに達した時により良くなるんじゃないかなと」

ここで画面がフリーズ。オンラインならではのハプニング。「聞こえています?」と大谷。「ちょいちょいフリーズするんです」と答えると「こっちは、聞こえていますよ全部。そっちの問題です。ハハハ」。笑われているうちに、通信は正常に戻った。

——その考え方を含めて二刀流は何歳までやりたいと?

「うーん……。いけるところまでやりたいなと、もちろん思っています。例えばもう一回ケガをして、年齢的なものを考えて打つ方に専念したほうが選手としてもチームとしてもいいのかな、と思う時期が来るのかもしれない。最後まで健康にどちらもやって、ただ単に実力がなくて引退するっていう時がくるのかもしれない」

——将来的に一方に絞る可能性がある。

「可能性のある話として考えはしていますけど、必ずこうあるべきだというのは特には考えていないです。一年一年が勝負の年だと思って、ダメだったらダメだったで来年につなげるのか、もう無理だと思ったら引退するのか。それくらい出し切る気持ちで毎年やることがまずは大事

2020年11月12日　スポーツニッポン

大谷「質素」自炊生活

結婚は「26歳は全然子供だなって」

最近の自信作は炊き込みご飯？素入れて「押すだけなので」

高校時代に人生設計も「(予定は)あったらいいですけどね」

記者いじりも「柳原さんに心配されなくても大丈夫なんで」

WS制覇のドジャースに刺激　同世代活躍に「うちにもいる」　大谷の負けん気の強さ感じた

エ軍GM候補5人に

柳原記者が迫った等身大26歳　野球もプライベートも　スポニチ

単独インタビュー

本音の大谷

「一年一年　勝負の年。いけるところまでやりたい」けど

二刀流　結婚　鬼滅

「打つ方に専念した方がいいのかな、と思う時期が来るかも」

海の向こうで“全集中”愛読

苦しんだ今季「打ち心地通り」

スポーツニッポン　2020年11月12日(木)

2020.11 .12付スポーツニッポン

だと思っています」

――二刀流継続は肉体的な部分とチームの需要が大事。

「どちらもですね。バッティングに限界が見えて、ピッチャーの可能性がもっともっと広いと思うのであれば、ピッチャーだけをやるということもあるかもしれない。誰も先が見えているわけではないので」

日本ハム担当時代から大谷を見続けてここまで7年。二刀流の将来にここまで踏み込んだ答えが返ってきたことはなかった。「例えばもう一回ケガをして」は、逆に〝もうケガはできない〟という強い覚悟と責任感。若手でもベテランでもない26歳になった、成長のひとつだと感じた。野球以外の質問では、恒例の結婚観について「柳原さんに心配されなくても大丈夫なんで。遊んでばっかりいないで。ちゃんと僕の耳にも届いていますからね」とカウンターパンチを食らう始末だった。

最後にオンラインインタビューで難しいのが「絵作り」。いわゆる紙面のメイン写真だ。インタビュー中の画面のスクリーンショットでは工夫が足りないと考え「ボールを持ってこうやって（ポーズを決めて）くれますか？」とお願いすると、大谷は「（ボールは）ないです。（ここは）家なんで僕」と拒否。だが、直後に「あー！」と何やら叫びながら立ちあがって画面の外に消え、数秒後にはボールを持って戻ってきて、しっかりポーズも決めてくれた。

野球に全てをそそぐストイックな男として知られるが、普段は少しシャイでユーモアあふれる今時の26歳（当時）。記者をいじって「ツンデレ」な態度を取るのも大谷らしさであり、野球ファン以外にもファンを増やしている要因のひとつなのではないだろうか。

大谷の肉声を聞くのは9月27日のレギュラーシーズン最終戦以来だった。大谷はインタビュー開始前から「なんでいつも代表（インタビュー）なんですか？」「（画面と筆者の顔が）近い、近い！」と大笑いしながらソファに座った。この柔らかい表情はオフならではだろう。「なんでって、そりゃ担当なので……」といきなりたじろいでしまったが、いつものことといえばいつものことだった。

大谷は筆者に限らず担当記者をよくいじる。本人に直接尋ねたことはないが、よく人を見ているのだろう。いわゆる「大谷担当」のメディアは今も昔も大谷より全員年上。「この人はいじっていいかどうか」。そこまで深く考えているか定かではないが、直感的に、それはいきなりやってくるのだ。

コロナ禍で無観客開催の２０２０年は当然、メディアの取材規制も厳しくなった。感染拡大が激しくなり、キャンプ取材中だった私も途中帰国を余儀なくされた。その後の取材は全てオンラインになった。クラブハウスの雰囲気などを直に感じられないもどかしさはあったが、シーズン中に私が最後の質問を任された時に大谷は「ちゃんと締められるんですか？」と爆笑。

画面越しでも「記者いじり」は健在だった。

2021-2022

第5章

二刀流覚醒、初のMVP

キャンプ、オープン戦は投打に好調

2021年。この時のオフは一貫して、大谷が取得した年俸調停権が話題を集めた。1年目は規定によりメジャー最低年俸の54万5000ドルで、2、3年目は微増。3年目を終えて調停権を手にした。

米球界で特徴的な年俸調停のシステムは1973年のオフに導入された。メジャーでの出場登録が原則3年以上、6年未満の選手に与えられる権利で、1、2年目は球団が決めた通りの年俸になるため、大谷にとって交渉で増額するチャンスだった。

1月15日。年俸調停の権利を保有する選手と所属球団が希望額を提出する期限を迎え、エンゼルスは大谷とこの年の契約で合意しなかったと発表した。大谷側の希望額は年俸330万ドルで、球団は250万ドルを提示。日本選手で初めて2月に予定される調停委員会による公聴会に委ねる可能性が高まった。

2月8日。事態は急転した。大谷と2年総額850万ドルで契約合意したと発表した。年俸は今季が300万ドル、来季が550万ドル。19日に予定されていた年俸調停を回避し、なぜこの契約に至ったか。

2月上旬。新任のペリー・ミナシアンGMは2月19日の公聴会突入を明言していた。ところが「話し合いは1年契約に関しては行き詰まったが、複数年契約については話が進んだ」と同GM。契約の大前提が変わった。複数年契約を提案した大谷の代理人、ネズ・バレロ氏は「公聴会はネガティブな空気。少し心配だった。不必要なことで避けたかった」と説明した。

調停では双方いずれかの希望額を選択する。公聴会では球団が主張を通すため、選手の人格否定とも取れる主張もしばしば行われる。二刀流の是非論が巻き起こる可能性もあった。

結局、調停回避では珍しい複数年で合意。2年間大谷は成績に左右されず昇給が約束され、当面プレーに集中できる環境が整った。2月17日のキャンプイン直後に公聴会で時間を取られずに済んだことも大きい。

FA前年の2022年までの2年契約。一般的にFA前年は将来を見据えて長期契約を結ぶか、無償放出を避けるためにトレード候補となるケースが多い。3年以上の契約は、大谷側にとっては安売りになる。エ軍も二刀流での故障リスクを抱える。リスクと将来性の妥協点。同GMが「2年契約は大いに納得がいく」と話した落としどころだった。

2月17日。バッテリー組キャンプ初日を迎え、二刀流でのメジャー4年目のスタートを切った。コロナ禍の影響で、私はまだ米国出張ができないでいた。現地に通信員を派遣しているものの、取材はオンラインのみの状態が続いていた。悶々とした日々を送っていたが、その時できることに集中していた。

当時は球団の厚意により、コロナ禍の影響で現地に取材に行けないメディア向けに、球団撮影の練習映像や写真が毎日、送られてきていた。私も映像を日本からチェック。その映像や写真などによれば、大谷はひと回り大きくなった下半身で、キャッチボールや投内連係、40球程度の打撃練習など精力的に体を動かした。

黒を基調にウェブ（網部分）が赤い2021年仕様のグラブを使用し、右肘にはサポーターのようなものを装着。キャッチボールでは40メートル近くまで距離を延ばし、最後は投本間の距離で力強く投げ込んだ。感染予防策として、練習は複数グループに分散。屋外の仮設テント内で食事をするなど例年とは勝手が違うが、二刀流完全復活へ順調に滑り出した。

取材対応は翌18日。キャンプ初ブルペンで27球を投げ込んだ。メジャー4年目の変化は何か。目を見張るのはひと回り大きくなった下半身だ。2020年同時期の体重は96キロ。現在は「102キロくらい」と6キロ増に成功した。2018年の右肘手術だけでなく、2019年9月に左膝を手術。過去2年のオフは筋力強化に十分な時間を割けず「体重の維持が難しかった」と言う。膝の不安が消えジャンプ系、スプリント系の練習に取り組んだ。「しっかり下半身（の強化）はできた」。充実したトレーニングが体つきに如実に表れた。

さらに、食事面も見直した。「炎症が起きやすいもの、起きにくいもの。同じ栄養素を取るにしても自分に合っているものを取ったほうがいい」。シーズン中も体重の増減は繰り返すが「昨年は極端に（数値が）低かった。体重的には元に戻った感覚。２０１８、19年くらいに戻っている」。下半身の充実が躍動感あるフォームを生み、より体重が乗った直球は、球速以上の威力があった。

この日、打撃練習は行わなかったが「重心が前に流れると良くないことが多い。より意識してしっかりと軸足（左足）を使えたら」と「打」でも新フォームに着手。「今は（軸足を）より使えている感覚も戻っている。あとは実戦の中でどういうふうに見えるか」。打者としての下半身の充実の手応えは「二刀流」の投球フォームにも連動する。

2月24日。今キャンプで初めて実戦形式で打者に投げる「ライブＢＰ」に登板した。打者延べ４人に20球を投げ、力を入れたという最後の一球は97マイル（約１５６キロ）を計測。この時期としては異例の球速で、投球フォームの特徴である左足の「キックバック」も復活していた。27日にはキャンプ２度目の「ライブＢＰ」に登板し、最速１００マイル（約１６１キロ）を叩き出した。

3月1日。ホワイトソックスとのオープン戦に「2番・ＤＨ」で実戦初出場し、3打数2安打、2得点と好発進した。１８６４人の観衆の前で躍動した。「楽しかったですね、やっぱり。（無観客開催だった）昨年の公式戦よりも公式戦ぽいというか」。２０２０年の有観客開催はナ・リーグ優勝決定シリーズとワールドシリーズのみで、大谷にとってファンの前での試合は、昨年3月10日のマリナーズとのオープン戦以来356日ぶり。自然と気持ちは高まった。「野球やっているなという感じがする。打てる、打てないにかかわらず楽しかった。ファウルボールひとつとっても盛り上がった」。オンライン取材の画面上でも少年のように目を輝かせたのが見て取れた。

「オープン戦が始まり打席で確認することは?」という問いには「一番はやっぱり見え方。第二に、スイングした時にどういう反応で打てているか。最初はそのふたつ」と言い切った。2019年の元日付で掲載した本紙のインタビューでも、「構え」の重要性を強調していたことを思い出した。

3月3日のレンジャーズとのオープン戦。5回無死二塁。メジャー自己最長の飛距離468フィート(約143メートル)の2ランを放った。オープン戦でのアーチは米移籍後初めて。高めの速球。見逃せばボール球だったかもしれない。若手右腕クラウスの8球目を捉えた大飛球は中堅420フィート(約128メートル)、高さ32フィート(約9・8メートル)のバックスクリーンを軽々と越えていった。

「(右翼から左翼方向に)風もあったので、飛距離がどうのこうのは分からない」と謙遜したが、手応えは十分だった。「ある程度、良い角度で上がっているということは良い軌道で捉えているということ」。打球速度107マイル(約172キロ)で、飛距離は468フィート(約1

43メートル）。1年目の18年4月6日アスレチックス戦で記録した過去最長449フィート（約137メートル）を大きく上回るアーチだった。アリゾナ特有の乾燥した気候は打球が飛びやすいとされるが、それでも驚きの飛距離。この年に導入された低反発球の影響も全く感じさせなかった。「スイングも良かったし、見送っている感じも、見え方も良かった。もっともっと良くなると思う」。大谷の言葉には確信がこもっていた。

3月5日。アスレチックスとのオープン戦で実戦初登板し、投手でも仕上がりの早さが目立った。41球、1回2／3を投げて3安打1失点、5つのアウトは全て三振で奪った。球場の計測システム「トラックマン」で最速100マイル（約161キロ）を記録。

投手にとって全ての軸は直球だ。大谷は「最初（の実戦登板）だったので、比較的軽くいこうかと思った。特にカウント球は」としたが、直球は常時96マイル（約154キロ）以上を計測。ほぼベストメンバーのアスレチックス打線を圧倒した。

連日のオープン戦活躍で紙面も異例の大拡大

大きな節目を迎えた3月11日。大谷が球団を通じて心境を語った。

「東日本大震災から10年。月日とともに薄れていくことも多い中で〝忘れてはいけないこと〟

〝忘れられないこと〟も多いかと思います。自分自身できることは微力ではあると思いますが、少しでも被災地の力になれるようにまだまだ頑張っていきたいと思っています」

震災当時、花巻東の1年生だった大谷は同校グラウンドでの練習中に被災した。水沢市（現奥州市）にある実家や学校は内陸にあるため津波の被害こそ免れたが、学校は強い地震のため校舎の一部が損傷。沿岸出身の部員6人が津波で実家を失い、女房役の佐々木隆貴さんら身内を亡くした者もいた。野球を続けるのも困難な状況で仲間とともに戦い抜いた3年間だった。

大谷が語った「忘れてはいけないこと」「忘れられないこと」とは何か。大谷に次ぐ2番手投手だった小原大樹さんは「忘れてはいけないのは、今の日常を過ごせることがいかにありがたいか。忘れられないのは、被災地のために甲子園で勇気付けるんだという使命感でプレーしたことかもしれない」と話した。当時、大谷は二刀流で全国区になりつつあった。

震災後の夏の甲子園では初戦で敗れたが、2年生エースとして最速150キロを計測。打っても左翼フェンス直撃の2点適時打でプロのスカウトを驚かせたが、印象的だったのは「被災地のためにも勝ち上がりたかった」と号泣した姿だった。

大谷はこれまで復興について多くを語ろうとしなかった。前回大谷が語ったのは2017年3月11日。当時、日本ハムの大谷はイースタン春季教育リーグの楽天戦（鎌ケ谷）で初回に中前適時打を放つと、3回には右中間に2ランを放った。東日本大震災からちょうど6年を迎えた日だった。試合後、大谷は「6年がたちましたし、個人としても、もう一回頑張っていきたい」と新たな決意を口にした。

震災当時、大谷は岩手・花巻東で1年生だった。当事者でありながら、言葉数は多くなかった。その理由について、栗山監督は胸中を代弁したことがあった。

「あいつは震災でチームメートが苦しんだのを見ている。気軽には話せない。あいつが語らないのは分かる」

エンゼルス移籍後、大谷は震災関連のコメントは出していない。取材のタイミングが合わなかったこともあるが、関係者伝いで「(野球と) こじつけてほしくない」と聞いたこともあった。自分のプレーで災害に苦しむ人々に元気を与えたい。そんな言葉を簡単に口に出すことはできないのだ。

ただ、これまでスポーツが復興を目指す被災地の希望になった例はいくつもあった。阪神・淡路大震災後のオリックス優勝、東日本大震災後の女子サッカー日本代表のワールドカップ優勝、楽天優勝など、どれも人々に勇気や希望を与えた。勝利を目指してがむしゃらにプレーする選手の姿に人々は感動し、それが、未来への活力となった。

MLBの大物代理人のスコット・ボラス氏も5月5日のニューヨーク・タイムズ紙で真珠湾攻撃や米中枢同時テロ後にメジャーが果たした心理的な役割に触れ「野球は何度もわが国を立

ち直らせてきた」と主張した。一方で、大谷のように〝それ〟と自身のプレーは別だと考える選手もいる。全身全霊でプレーし、それが結果として人々に夢や希望を与えられればいい。決してきれいごとだけでは済まされない葛藤がそこにはあった。

3月15日。大谷はレッズとのオープン戦に「2番・DH」で出場し、初回、3回にともに逆方向となる左翼席に2打席連続弾。マイケル・ロレンゼン（フィリーズからFA※2024年2月20日時点）との「二刀流対決」に圧勝した。

翌日のスポニチ東京版は2、3面の2枚展開が決定。オープン戦では異例中の異例の措置だった。私はアリゾナにこそいないが、2018年にメジャー初の「左翼弾&2打席連発」を同時達成した試合を現地で取材した記者として、3面に分析及び解説原稿を執筆。打撃フォームが理想型に近いことと、2004年にヤンキースの松井秀喜が記録した日本選手最多の31本塁打超えを予想した。以下当時の原稿を引用する。

逆方向となる左翼席への2発。1本目は本人いわく「払うような感じ」で打ったが、圧巻は2本目だ。アッパースイングのようにかち上げ、左中間最深部の芝生席上段まで運んだ。投手寄りのミートポイントで逆方向に「流した」のではなく手元まで引きつけ、まるで「引っ張った」ような強烈な打球。これまで比較的少ない弾道だ。

メジャー1年目の2018年8月3日のインディアンス戦。初の左翼弾を含む1試合2本塁打を初めて記録した試合を記者席から見た。持ち味の逆方向への強い打球が減っていたことに「させてくれなかったというなかなかできなかった」という表現のほうが正しい。150キロが当たり前の中でなかなかできなかった」と苦悩を語っていた姿を鮮明に覚えている。当時は球場施設内ケージでのマシン打撃で、カーブを想定して打ち込んでいた。剛速球に惑わされることなく緩い球を打つことで、体の内側からバットを出してボールを強く押し込むことを体に染みこませていた。2本目は、まさにそのカーブを捉えたものだった。

印象的だったのはオンライン会見で米メディアから「逆方向を意識しているか？」と問われた際に語った「そんなことはない。自然に向こうに上がっている感じ」という言葉だ。少年時代、花巻東、そして日本ハム時代にも重点的に取り組んでいた逆方向への打撃。現在も「調子のバロメーター」と表現する打撃が、理想の形に近づいていることを物語る。2019年10月に手術した左膝が完治したことや、軸足により重心を置く新たな打撃フォームも好調の要因だろう。

日本選手の最多本塁打は2004年に松井秀喜が記録した31本。松井は典型的なプルヒッターだったが大谷は広角に打てる。得意の中堅方向や左翼ポール際に加え、左中間にも強い打球を継続して飛ばすことができれば、記録更新の可能性は十分だ。

3月21日。パドレス戦とのオープン戦では、漫画みたいな二刀流がメジャーでも実現した。大谷が「1番・投手」として出場し、米4年目で初めて投打同時にプレーした。試合開始5分前に投球練習を終え、先攻の1番打者で初回の打席へ。2018年サイ・ヤング賞の左腕スネルの2球目を中前に運んだ。

「(打撃で活躍すれば)自分の役割をやったという自信もある。よりアグレッシブにマウンドでも攻められる」。9試合連続安打で打率・636と自らを乗せ、マウンドでは3回1死一、二塁。若き主砲フェルナンド・タティスに対し、2ストライクからの3球目に「アァ!」と雄たけびを上げた直球はメジャー自己最速を更新する101・9マイル(約164キロ)を計測した。

日本ハム時代の2016年に記録した自己最速165キロにあと1キロと迫る球は、バックネットへのファウルになった。「ボールゾーンのつり球になればもっと良い結果になった」と悔しがったが、最後は再びスプリットで三飛。オフに史上最長の14年、総額では史上3位の3億4000万ドルで契約を延長した次代のスーパースターを力でねじ伏せた。翌日のスポニチ東京版は2打席連発時の2枚展開を超える、3枚展開。レギュラーシーズン開幕を前に、スポニチ東京本社編集局の盛り上がりは最高潮に達していた。

「2番・投手」メジャーで初のリアル二刀流

4月1日。レギュラーシーズン開幕当日朝の1面で、投打二刀流の完全復活を目指す2021年に向け、バットやグラブを改良したことなどメジャー4年目のこだわりについて報じた。

2020年までと比較し、特筆すべき変化は「バーチ材の新バット」の使用を開始したことだった。これまでは主にアオダモ材のバットを使用していたが「はじき返すイメージに変えたい」とバーチ材のバットに変更。近年、米国で徐々に使用者が増えている新素材だ。アオダモ材はしなりが大きく、より長くボールを押し込むことができるが、バーチ材は非常に硬く反発力があるメープル材の打感に近い上に、しなりも兼ね備える。メジャー特有の強い速球を「はじく」感覚を高めつつも、打球をバットに乗せる感覚を残した格好だ。

長さは33・5インチ（約85センチ）、重さは905グラム前後で大きく変わらないが、バット全体の形状を芯部分からロゴマーク付近まで太くした。芯の範囲を広くするイメージで「より正確に（バットコントロール）できる形状にシフトしている。（打球の）飛びは満足している」という。

2021年の大谷はオープン戦で過去最高の活躍を見せた。投げては渡米後最速で、自己最速にあと1キロと迫る101・9マイル（約164キロ）を計測し、打っては打率・548、

2013
2014
2015
2016
2017
2018
2019
2020
2021
2022
2023
2024

5本塁打。好調の要因は、手術歴のある右肘や左膝が完治したことだけでなく、改良を加えた新バットなど様々な要因が入り込んでいる印象を受けた。

4月1日。本拠地で迎えた開幕・ホワイトソックス戦。大谷は打席時の登場曲を一新した。人気アニメ『呪術廻戦』のエンディング曲『LOST IN PARADISE feat. AKLO』。主人公の虎杖悠仁《いたどりゆうじ》は50メートル走3秒、砲丸投げ30メートルという異次元の身体能力を誇り「1000年に1人の逸材」とされる。二刀流が「漫画のよう」と形容される大谷も、2020年は一塁到達速度が平均4・04秒で両リーグ3位。その快足で開幕戦連敗の呪縛から解き放った。

〜I won't give up the fight in my life（人生で戦うことを諦めない）

登場曲の歌詞は二刀流への思いと重なる。夜のとばりが下りたエンゼルスタジアムで、大谷が輝きを放った。翌2日には同戦に「2番・DH」で出場し、大量ビハインドの9回に今季初安打となる1号2ランを右中間席に運んだ。

4月4日。伝説がスタートした。大谷は本拠地ホワイトソックス戦に「2番・投手」で先発し、メジャー4年目で初めて公式戦で投打同時出場した。打者では初回に先制の2号ソロを放ち、投手では100マイル（約161キロ）を連発。4回2/3を2安打3失点（自責1）で無念の降板となったが、1〜7番で先発した投手が本塁打を放つのは1933年のベーブ・ルース以来88年ぶりの偉業だった。

「打席は全部ほぼ完璧な内容。(投手としては)いい球は行っていたと思うけど、5回はもう少し。ひとつ公式戦でこういう形でできたのはよかった」。5回2死で降板。3年ぶりの勝利投手は次回にお預けとなったが、最後まで球速は衰えず、100マイル以上を計9球記録した。投打とも確かな手応えが残った。

大谷の二刀流が新たな段階に入った。数々の奇策を繰り出すことで知られる知将ジョー・マドン監督の「制限から解放されて自由にプレーし、自分がやりたかったことをしている」という言葉が、それを物語る。

打者として開幕から3戦連続スタメン出場した直後の「リアル二刀流」は予定通り。キャンプ中から話し合いを重ね、出場可否については大谷の意向が尊重される形になった。選手にとって欠場する決断を自ら下すのは困難だが、大谷は「それはしなければいけない。自分の体調も相手カードも含めて、考える必要はある」と納得。登板前日と翌日は休養に充て、そのほかは打者で出場する過去のルーティンをベースにしつつ、出場機会増加のバリエーションを探る。

日本ハム時代の2017年9月上旬。大谷は栗山監督に本拠地の監督室に呼ばれ「投げる日を自分で決めていい」と伝えられている。当時、栗山監督は「向こうでは自分で決めなくてはいけない局面が出てくるかもしれない。ひとつでも多く引き出しをつくってあげたかった」と話した。

日本最終登板の同年10月4日のオリックス戦では「4番・投手」で出場し、投げて2安打10奪三振完封、打って1安打を記録。当時の経験があるから、マドン監督との話し合いもスムーズに進んだ。

大谷の米移籍前、栗山監督は「米国が二刀流の幅を広げてくれるよ」と熱く語った。日本ではなかった「2番・投手」もそのひとつ。3番トラウト、4番レンドンの前に据えることで、大谷との勝負を避けられない状況をつくった。栗山監督が生んだ野球界の夢は海を越え、進化を遂げた。

大谷に唯一「人間らしさ」を感じたのは、「久しぶりの公式戦登板で緊張感は?」と報道陣に問われた時だ。「もちろん緊張した。打席よりマウンドのほうが緊張するものだと思うので、それは今日改めて感じた」。打者では「緊張しない」と何度も言ってきたが、やはり勝敗に大きくかかわる投手の重圧は別物。2018年秋のトミー・ジョン手術から復帰した20年は結果を残せず、勝負の2021年。大谷にとってそれほど大事なマウンドだった。

のちに水原通訳はこの日について「試合前のジョー・マドン監督の『予言』には驚きました」と語った。「スタメンが発表され、僕が『翔平は日本で1番打者で先頭打者で初球本塁打を打って、8回投げ切って勝ったことがある』と監督に伝えると、『またやるんじゃないか』と言っていました。本当にそうなって、びっくりしました」と続けた。

4月19日の本拠地レンジャーズ戦は感慨深いものとなった。米1年目のレンジャーズの有原航平が5回2／3を2安打無失点、今季最多の6奪三振と好投し、自身2連勝をマーク。日本ハムで同僚だった大谷は2打数無安打に封じられた。

大谷はバットを放り投げ、本塁打を確信していた。4回に有原から放った大飛球。最後に失速し「(本塁打だと) 思いましたね。(風で) 戻されたというのが率直な感想。当たり的には今季の中でも良い」と悔しがった。

一方で、初回の一ゴロ併殺に続いて鋭い当たりを飛ばしたことには「振る球はしっかり振っていけた。結果以上に内容はすごく良かった」と納得している様子だ。試合前にはブルペンに向かう有原と談笑し「試合前だからといって変にピリつくことはない」。打席に入れば、先輩との真剣勝負を純粋に楽しんだ。

有原と大谷の仲の良さは日本ハム時代から有名。2歳年上の有原が、なぜか大谷からいじられる。「いつか有原が怒るんじゃないか」と心配する同僚もいたが、いつも2人の笑い声が響いていた。

2016年のアリゾナ春季キャンプ。大谷ら投手数人が「ARIHARA KINGDOM」と書かれたTシャツを着て有原を驚かせた。多方面で抜きんでており「～キング」と呼ばれることが多かったためだという。同年夏には有原が降板後、自身の投球に腹を立て、ベンチ裏の壁を蹴り上げて穴を開けてしまったことが記事になると、後日、大谷は「読みましたよ」と笑み。自らの記事に関心が薄い大谷だけに印象深かった。

体勢を崩しながら初のグリーンモンスター越え弾

4月24日。敵地アストロズ戦で驚きの起用が生まれた。「2番・DH」で出場し、3回に3試合ぶりでア・リーグ2位タイとなる6号ソロを放った。2―16の大敗で4連敗を喫した中、8回にはメジャー4年目にして初めて野手として左翼の守備に就いた。

2―13の8回無死二塁。敗色濃厚の中、4番手投手の球数が52球となり、これ以上の投手起用は避けたかった。

DHで出場し、ベンチで戦況を見守っていた大谷が志願した。左翼に回っていた捕手ベンブームが投手に。大谷は外野手ジャスティン・アップトンの黒いグラブを借りて、さっそうと左翼の守備に就いた。

「あれは緊急事態だった。いろいろな起用法を考えていたが、彼のおかげで野手の登板がやりやすくなった」と指揮官。野手を使い果たし、2日前に左肘に受けた死球の影響で出場できないトラウトしか残っていない。チーム事情を悟った二刀流に迷いはなかった。守備に就くのは日本ハム時代の2014年7月13日のソフトバンク戦以来、2477日ぶりだった。

4月26日の敵地レンジャーズ戦では「2番・投手」で出場し、5回4失点9奪三振で2018年5月20日以来1072日ぶりの白星を手にした。5月11日。大谷がアストロズ戦に「2番・投手」で出場し、7回4安打1失点、3年ぶりの10奪三振と快投。7回には右前打も放つと、8回からは右翼を守って「三刀流」を演じた。

一方、大谷への依存の高まりを心配する声が上がり始めた。日本ハム時代に外野経験があるとはいえ、エンゼルスでは打撃練習の時に外野で球拾いをする程度。外野手の送球は投球とは体の使い方も違い、故障のリスクもある。守備機会は右前打を処理しただけだったが、マドン監督は「際どいプレーなら彼は投げていただろう」と話した。常に全力プレーが大谷のプレースタイルでもある。

結果的に救援陣が4点を勝ち越され、大谷は9回は見逃し三振に倒れた。ただ、マドン監督が「結果以外は全てうまくいった」と手応えを得たように、今季は起用の幅がどんどん広がっている。リアル二刀流、登板前後の野手出場、そして投手から外野に回る「三刀流」。さらに、この日は初めて中5日で先発した。この時、借金3で地区最下位に沈むチームにとって、大谷は希望の光だった。

5月14日。敵地フェンウェイ・パークで行われたレッドソックス戦に「2番・DH」で出場し、6回に11号ソロを放った。リーグ最多タイとなる7試合ぶりの一発。二刀流の元祖ベーブ・ルースがプレーしたメジャー最古の球場での初アーチとなり、逆方向の左翼にある名物の巨大フェンス「グリーンモンスター」を越えるパワーを見せつけた。

メジャー最古のフェンウェイ・パーク。大谷はメジャーを志してから、憧れ続けた球場で初めてアーチを描き、「ずっと見ていた球場で打つことができたのでうれしい」と野球少年のように目を輝かせた。

左翼にそびえ立つ約11・3メートルの「グリーンモンスター」。巨大フェンスを越えるためには飛距離と角度がいる。初回はフェンス直撃の二塁打を放ち、迎えた6回だ。ピベッタのナックルカーブは外角低めいっぱい。体勢を崩しても球の中心から下を叩き、振り上げて強烈なスピンをかけた。最後は右手一本だったが、左中間へ33度の角度で370フィート（約113メートル）も飛ばした。グリーンモンスターを越えた日本人は井口資仁、岩村明憲に続く3人目。メジャー全体の左打者でも今季3人目のレア弾に「有名なところに打てたのはすごい良かった」と喜んだ。

チームでここまで唯一全37試合に出場し、直近数試合は打撃で結果が出なかった。それでも前日は2週間ぶりに試合がなく「ずっと（宿舎で）寝てたので、寝だめできた」と振り返り、心配される疲労にも「予想の範囲内」と涼しい顔だ。眠りは百薬の長。二刀流が初のグリーン

ホームランを確信

モンスター越えで打棒復活を示した。

5月16日。敵地フェンウェイ・パークでのレッドソックス戦。コロナ禍の影響で私はまだ米国出張ができないでいた。現地はデーゲームで日本時間で深夜2時過ぎの試合開始。いつもならMLB.TVの中継映像で観戦するが、翌日も社内勤務日だったため、この日は現地で取材する通信員に「大谷が本塁打を打ったり、オンライン会見をするようだったら教えてください」とだけ伝えて、寝床についていた。こういう時は〝何か〟が起こるものだ。

午前4時過ぎ。スマートフォンの電話がけたたましく鳴った。「大谷、打ちましたよ。9回に決勝弾です。オンライン会見に出てくると思います」。やはり打った。急いでパソコンの電源を立ち上げ、会見の案内メールを待った。

1点を追う9回2死一塁。大谷が守護神マット・バーンズの97マイル（約156キロ）直球を思い切り振り抜いた。9回以降の決勝本塁打はメジャー4年目で自身初。大谷の劇的なアーチでチームは連敗を4で止め、最下位を脱出した。

「（ファウルに）切れないでほしいな、残ってほしいなと思って見ていた」。本塁から92メートルの位置にある名物の右翼ポール「ペスキー・ポール」を巻いてスタンドイン。ヤンキースの主砲ジャッジらに並び、メジャートップとなる起死回生の12号逆転2ランだ。

「真芯のスピンの利いたような打球ではなかった。ちょっとタイミング早めに、（バットの）

返しが早かったので、フック気味の打球かなと思う」

２０１９年9月に手術した左膝の状態が良好で、下半身で粘ってフェアゾーンに飛ばすことができる。メジャー4年間のアーチで最も遅い打球速度96・6マイル（約１５５キロ）で、ポールを巻く軌道を描いた。日本時間17日は父・徹さん59歳の誕生日。大谷は日本ハム時代の２０１６年にも本塁打を放った。少年時代に監督、コーチとして野球を教えてもらった徹さんに感謝を届ける一発にもなった。

6月18日。ＭＬＢとエンゼルスは大谷が7月13日のオールスター戦前日恒例の本塁打競争に出場すると発表した。日本選手では初。直後の本拠地タイガース戦では20、21号と２０１９年以来の1試合2発で、リーグトップに1本差に迫った。ファン投票でもア・リーグＤＨ部門でトップを走る二刀流は「単純に日本人が出ているところを見てみたかった。野球選手として、そういう気持ちのほうが強かったので出ようと。高校の時は投手で（メジャーに）いくと思っていたので予想外かな。スタントン選手（ヤンキース）は見ていた。すごかった」と語った。

制限撤廃のボールパークは大谷フィーバー

6月29日。敵地ヤンキース戦では今季3度目の3試合連発となる27、28号本塁打を放った。

両リーグ本塁打単独トップに立つとともに、6月13本目のアーチで2007年7月にヤ軍の松井秀喜がマークした日本選手の月間最多記録に並んだ。翌30日の同戦は「1番・投手」で出場し、ヤンキースタジアム初先発は2/3回を2安打5四死球7失点で今季最短の降板と、ほろ苦い結果となった。

7日1日。MLBはオールスター戦（13日、コロラド州デンバー）の先発出場野手を決めるファン投票の最終結果を発表し、大谷がア・リーグのDH部門断トツの得票率63%でメジャー4年目にして初選出。後日、選手間投票による先発投手での球宴選出も決まった。

7月2日。ついにこの時がやって来た。新型コロナウイルス感染拡大後、初めてとなる米国出張が実現した。テレビ中継で見て分かっていたつもりだったが、目の前の光景には面食らってしまった。6月17日から主催試合での観客制限を撤廃し、2年ぶりの通常開催でにぎわいを取り戻しているエンゼルスタジアムでのオリオールズ戦。米国のボールパークに戻りつつある日常の光景で、アナハイムは大谷フィーバーに沸いていた。

スタンドではワクチン接種を終えたファンの大半がマスクを着用せず、大声で騒いで声援を送っていた。9日ぶりのホームゲーム。6試合の東海岸遠征で5本塁打を放った背番号17のヒーローに、熱狂しっ放しだった。

7回表終了時に流れる「私を野球場に連れてって」では大合唱。同点の9回、大谷の5打席目にはファン総立ちの「ＭＶＰ」コールが湧き起こった。

　私にとって1年3カ月ぶりの渡米。大谷を取り巻く周囲の環境は大きく変わった。試合前後に行われる両チームの監督、選手のオンライン会見では、今や敵も味方も大谷の質問が出ないケースがない。通常、米メディア、日本メディアの順で会見は進むが、米メディアが先に大谷に関する質問をほとんどしてしまうほどだ。肝心の大谷本人の会見も希望者が多い「挙手制」とあり、質問の機会を得るだけでも一苦労。私は「ミュート（無音）解除」の機能がうまく使えず、一度、質問を飛ばされるヘマをした。ただ、大谷が懸命に笑いをこらえ、口元を緩めていた。

　一方、メディアにはまだ厳しい制限が敷かれていた。球場入場時には米国到着後のＰＣＲ検査での陰性証明が必要で、その後も3枚の誓約書へのサインが毎回必要。ワクチン接種から2週間以上が経過した報道陣は、グラウンド取材が許可されるようになったが、それ以外は4階の記者席までの動線がひとつだけ。場内でのファンなどへの取材も、もちろん許可されていなかった。

　試合は大谷が29、30号本塁打を放ち、両リーグ最速で30号に到達。２００4年31本塁打の松井秀喜以来、日本選手2人目の大台到達となった。前日の球宴ファン投票初選出に続き、この日は6月の月間ＭＶＰにも初選出された。

　クライマックスは有名なあのシーンだ。同点の9回、1死から四球で出塁。シーズン自己最多に並ぶ今季12盗塁目の二盗に成功し、前進していた右翼手正面への安打で二塁から一気にサヨナラの生還。長い右足が伸びた。勝利を確信した大谷は捕手に吹き飛ばされ、ヘルメットが脱げながら、大の字にグラウンドに倒れて会心の笑みで両腕を天へ突き上げた。

試合後にファンから「直撃」された。サヨナラ勝ちに大興奮のファンが「MVP！ MVP！」と叫びながら記者席の前までやってきて、「大谷がMVPだ。投票権を持っているだろ？ 今すぐ大谷と書くんだ！」とまくし立てられた。私は投票権を持っていないのだが……。とっさに愛想笑いしかできず、気の利いたアメリカンジョークで返せなかったことを後悔した。

7月9日。敵地マリナーズ戦は忘れられない一戦となった。大谷の33号が着弾したのは、Tモバイル・パークの右翼にある「アッパーデッキ」。1999年の開場以来、史上6人目の到達者となった。

右翼のアッパーデッキはこの試合は一般販売されておらず、大谷の本塁打が飛び込んだ時にいた観客はわずか2人。母親と観戦していた当時15歳のレジー・ペウカ君は「こんなところまで飛んでくると思わなかったよ」と驚き、警備員のジョン・ヒルさんも「2016年からここで働いているが、ここまで打球が飛んだのはあまり見たことがない」と証言した。エリオット湾を望める同球場は、アッパーデッキからの景色が美しいことでも有名だ。

大谷はこの年、レッドソックスの本拠地フェンウェイ・パークで高さ11・3メートルの「グリーンモンスター」を越える一発を放ったほか、本塁から92メートルの位置にある名物の右翼ポール「ペスキー・ポール」を巻いた一発も放った。そのほかにレイズのトロピカーナ・フィールドでは右翼看板上部にある「キャットウオーク」と呼ばれる作業通路に運ぶ特大アーチも放った。特徴あるメジャーの球場を次々に攻略している大谷の飛距離。次なる「レア弾」はどの球場で生まれるのだろうか。

また、試合中はTモバイル・パークの記者席で恐縮する出来事があった。ロサンゼルス・タイムズ紙の著名コラムニスト、ディラン・ヘルナンデス記者が試合中に「長年、大谷番を務める〝スポニチのヤナギ〟が最近、米国に来た。彼の取材開始から大谷は7戦5発だ」とツイートした。実はディラン記者も日本ハム時代の2017年から大谷を追いかけてきた1人。父がエルサルバドル、母が新潟出身で英語、日本語、スペイン語の3カ国語を操る「最強記者」だ。フォロワー数も当時の私の約3700に対し、ディラン記者は同約4万人と桁違いの影響力を誇る。無論、大谷は6月に月間自己最多13本を記録したように、私との関連性はゼロだ。

7月11日。前半戦最終戦の本拠地ブルージェイズ戦。大躍進の前半戦を、今季25度目のマルチ安打で締めた。前半戦は、日本選手新で両リーグトップの33本塁打。投手では、右肘手術からの復活どころか、周囲の想像を超える活躍だった。登板前後を休養に充てる「二刀流ルーティン」を撤廃し、投打同時出場も10度を数える。降板後に外野守備に就く「三刀流」も披露。

投手でも4勝を挙げた。

オールスター戦は大谷のための2日間

7月11日。真夏の祭典の舞台、コロラド州のデンバーにやって来た。空港に到着するやいなや、地元ロッキーズのチームカラーの紫色を基調としたオールスター戦の看板やポスターがずらりと並び、デンバー全体で一大イベントを盛り上げる熱気が伝わってきた。

翌12日は本塁打競争本番。その前の昼間に球場外で先発投手の会見や、ア、ナ両リーグの選手たちの会見が一堂に行われた。読み上げられたラインアップは「1番・投手兼DH 大谷」。DHで出場し、先発投手も務める。特別ルールを設けるMLBの柔軟な発想と迅速な対応に驚き、何よりこの特別ルールは「交代する時はどうなるのか?」など日本語で説明されても理解するのにかなり時間を要した。

頭が混乱状態でスタートした球宴の先発投手会見。これまでずっとオンライン会見だったため、生身の大谷を見たのはコロナ禍直前の昨年3月以来、約1年4カ月ぶりだった。質問は挙手制。私は中盤からずっと手を挙げ続け、ようやくマイクを渡され、いざ質問しようと思ったところで、司会役のテレビリポーターに質問が打ち切られた。

「日本ハム時代から憧れを口にしていたマックス・シャーザー（当時ナショナルズ、現レンジャーズ）との対戦に向けての意気込み」や、シャーザー自身に「大谷との対戦でどんな配球で勝負したいか？」と聞くつもりだった私は、思わず両手を上げて「ＷＨＹ？」のポーズ。大谷と水原通訳がニヤニヤ笑っていたように見えたのは気のせいではないだろう……。

本塁打競争は超満員のスタンドから大歓声が飛び、通路はファンでごった返した。もちろん大半のファンがマスクなどしていなかった。選手が紹介される度に火柱が上がった。大谷は初戦でナショナルズのソトと対戦。２度の延長戦の末に敗退したが、５００フィート（約１５２メートル）超え６本は１回戦の８人で最多だった。スポニチは私と現地通信員２人の３人体制で取材。私はバックネット裏で全体を俯瞰。通信員２人を右翼席に配置して、本塁打球をキャッチしたファンを取材。粘り強い取材が実り、数球しか紛れ込んでいなかった直筆サイン入りボールをキャッチしたファンを発見し、取材することにも成功した。

スタンドで通信員が奮闘する中、私は本塁打競争直後の大谷の囲み取材に参加するため、グラウンドレベルの球場通路に直行。お世辞にも換気状態が良いとは言えない通路にテレビ、ペン合わせて１００人以上のメディアが集結。取材は混乱を避けるため、いつも通り米メディアの次に日本メディアという順番。私はいつも通り一番前に位置取り、大谷と対峙した。

大谷は肩で息をしていた。瞳孔は開き、頬や額にはびっしょりと汗がにじんでいた。ただ、随所に見せる笑顔や上ずった声が、疲労感以上に大舞台での高揚感を感じさせた。オンライン会見とは違う息遣いや表情の変化が読み取れた。報道陣が多い大谷の取材現場は質問の機会を得るだけでも一苦労だが、勢いで「おかわり質問」にも成功。私も自然と気持ちが高ぶった。

7月13日。本塁打競争の翌日の球宴本番は昼間のレッドカーペットショー（実際は地元ロッキーズのチームカラーのパープルカーペットを使用）を経て、「リアル二刀流」の先発投手として登場した。試合開始直前のセレモニー。選手がグラウンドに飛び出し、大型ビジョンでド派手な選手紹介が進む中、中堅後方で黙々と「壁当て」を続ける大谷の姿が印象的だった。

特別ルールの採用により「1番・DH」で先発投手として出場することが可能になり、球宴史上初の投打同時出場。ブレずにルーティンをこなしつつ、心は燃えたぎっていた。「普段はそんなに初回から三振ばかり狙うことはないけど、今日は全部取りにいった」。こんな闘志むき出しのコメントも初めて聞いた。

投手ではこの日の全投手で最速の100・1マイル（約161キロ）を計測し、フェルナンド・タティス（パドレス）、マックス・マンシー（ドジャース）、ノーラン・アレナド（カージナルス）を打ち取り1回無失点。打席では、シャーザーの前に二ゴロ。降板後の3回はブルワーズの右腕コービン・バーンズの初球を打って一ゴロに倒れお役御免となった。

「ルール自体を変えてもらって2打席立たせてもらった。感謝している。また何回でも（出場）

できるように頑張りたい」とすがすがしい表情で話した。「（米での球宴は）初めての経験なのでまた来られるように。そう思わせてくれるような素晴らしい経験でした。すごくいい雰囲気だった」と実感を込めた。

本塁打競争で捕手役を務めた水原通訳は『水原一平通訳 I REPORT』（2021年7月版）の中で以下のように記した。

「本塁打競争で翔平はタイムアウトを取った時点でかなり息が上がっていたので、空気が薄い標高1600メートルの高地が影響したのかなと感じました。僕は捕手として空振りした時や見逃した時に落とさないように集中していました。敗れた後は、みんな翌日の先発のことを心配してくれていました。ロッカーが近かったアスレチックスのオルソン選手、ヤンキースのジャッジ選手……。『明日もあるので休んでくれ』という言葉が、ほとんどでしたね」

「本塁打競争、オールスター戦では、クラブハウスで常にずっとサインか写真を撮っていました。ほぼ選手全員から写真&サイン攻め。ナ・リーグの選手もクラブハウスのスタッフを通じて、ボールやユニホームとか、めちゃくちゃ持ってきていましたね。100、200は余裕で書いています。

ボールがメインで、あとはユニホーム、バット。『バットを欲しい』というリクエストも。（本塁打競争で対戦した）ソトは「自分の名前入りのサインボールをひとつ欲しい」と頼んできて、本当に喜んでくれました。ＭＶＰを獲得したゲレロとも交流が生まれて、翔平が試合後に『おめでとう』と伝えると、ゲレロから『お互い頑張ろうね』のような言葉が返ってきました」

移動は「初めて」だったというオールスター出場選手ならではのチャーター便。本塁打競争、「１番ＤＨ兼先発投手」として球宴史上初の投打同時出場など、まさに大谷のために用意されたような、２日間の夢舞台だった。

７月28日。後半戦開幕の本拠地ロッキーズ戦の４回に両リーグトップを独走する２試合連発の37号３ランを放った。この一発で打点王争いでもリーグ２位に浮上。今回の米国出張の最終日で見ることができた37号。試合後は日本メディアの代表取材を任された。

最近、気になっていた打撃フォームについて「構えの手の位置が以前より高くなったように見えますが、意識してますか？」と質問した。大谷の返事は「特にないですね」。質問が〝空振り〟に終わったと思ったが、コメントには続きがあった。

「継続して良い構えができていれば良い動きにつながる。あとはタイミングと距離感。逐一、映像を見ながら、どういう距離感で打席に入っているかというのが大事」

これまでは質問に淡々と答える印象だったが、今季は自分なりの考えも付け足す。プレーと同様に取材対応も進化を続けていた。

９月３日。本拠地レンジャーズ戦。メジャー自己最多の１１７球を投げて７回７安打２失点、

8奪三振で9勝目を挙げた。100マイル(約161キロ)超えを連発する力投で、メジャー自己最長を更新する8連勝。1918年のベーブ・ルース以来103年ぶりとなる「2桁本塁打&2桁勝利」へ、あと1勝に迫った。

この時、私は渡米前日で羽田空港に新型コロナウイルスのPCR検査に来ていた。検査の合間にMLB.TVの中継映像で大谷の登板を確認。すると、3回の打席から4回の投球にかけて、大谷の右腰前のベルトが一回りねじれていたことに気付いた。イニング間にベンチでユニホームの裾を入れ直した時だろう。同点の4回、100マイル超えを連発した時も、だ。

過去にも走塁用手袋をしまう右ポケットの裏地が出たままプレーする姿を何度か目撃したことがある。8月28日の試合では右手首付近を負傷したが「押したら痛いけど普通にしている分には何もない」という。この日も投手強襲の当たりを右手と右肩に受けながら7回を投げた。共通するのは「鈍感力」。硬いマウンド、滑りやすいボールをはじめ、慣れない環境に順応できるのも納得がいく。かつて「自分自身、繊細なタイプではない」と笑っていたのを思い出した。

近くて遠い本塁打王と10勝目

9月6日。この年、2度目の米国出張初日となった本拠地レンジャーズ戦では、珍しい光景を目にした。試合前に大谷が有原とキャッチボールを行った。敵軍の選手と行うのは異例だが、2015〜17年に日本ハムの同僚で当時からキャッチボールを行うなど公私で親しく、2歳上の有原によれば「友達みたいな感じ」だという。水原通訳に促される形で実現し、有原は「懐かしいな、変わっていないなという思いだった。体は大きくなっているし、やっぱり相変わらずきれいな良い球だった」と笑顔だった。私も同じ期間、日本ハム担当の記者として2人の雄姿を見てきただけに感慨深い思いだった。

9月10日。大谷は敵地アストロズ戦に「2番・投手」で先発し、4回途中9安打6失点で今季2敗目（9勝）を喫した。自身の連勝は8で止まり、DHを解除した「リアル二刀流」出場で日本ハム時代から続いていた連勝も16で止まった。打席では初回、リーグ2位に2本差をつける44号ソロを放ったが、103年ぶりの「2桁勝利&2桁本塁打」到達は次戦以降に持ち越された。

大谷は冷静に受け止めていた。4―3の4回1死二、三塁。ホセ・アルテューベにスライダーを捉えられ、同点の左前適時打とされると、交代を告げにマウンドに訪れるジョー・マドン監督の姿が見えた。「内容自体もそんなに良くはなかった。打ち取っているような打球でも（内野手の間を）抜けたり、ちょっとついていないないなと思った。あそこらへんが〝代え時〟なのかなと個人的にも思う」。直球は最速98・7マイル（約159キロ）をマークしたが、スライダーを狙われた。

チームはプレーオフ進出が絶望的。来季を見据えた起用法や戦い方も余儀なくされる中で、大谷は「個人的には目の前の1勝も、もちろん大事」と力を込めた。あと1勝に迫る歴史的な偉業に加え、本塁打王争いも自身のモチベーション。サルバドール・ペレス（ロイヤルズ）、ウラジーミル・ゲレロ（ブルージェイズ）の本塁打数は日々チェックしており、「もちろん（本塁打王を）獲りたい。個人的には意識しながらやりたいなと思っている。その中で1打席1打席、冷静に打てれば、必ずいい結果が残る」と言った。この重圧も疲労も、大谷にしか分かり得ない孤独な戦いだ。個人タイトルを「獲りたい」と語ったことはこれまで聞いたことがなかった。初めて経験するタイトル争いを自らの成長の糧にしたいのだと感じた。

9月13日。ついに本塁打両リーグトップから陥落した。ブルージェイズのゲレロがレイズ戦で45号ソロを放ち、試合のなかった大谷を抜いた。大谷が本塁打数で2位に後退したのは6月27日以来78日ぶりだった。

9月17日。エンゼルスが19日の本拠地アスレチックス戦に大谷が先発登板すると発表した。

右腕痛のため17日の同戦登板を回避したが、ブルペンで32球を投げ、自らゴーサインを出した。現在9勝、44本塁打。あと1勝に迫る1918年のベーブ・ルース（レッドソックス）以来の2桁勝利&2桁本塁打達成へ「断固たる決意」で挑む。

「（本人が）日曜日（19日）に投げられることを示したので日程を調整した。彼はadamant（断固とした態度）だった」

自身の慈善団体「Respect90」の活動の一貫でカブス監督時代からTシャツ作製を始めたマドン監督。この日は、大谷の投球練習前に行われた記者会見に「下手くその上級者への道のりは　己が下手さを知りて一歩目」と日本語で書かれたオリジナルTシャツを着て登場した。人気漫画『スラムダンク』でバスケットボール部監督の安西光義先生が猛練習に励む主人公・桜木花道に贈った言葉だ。複数のTシャツから、漫画の愛読者でもある大谷と水原通訳がチョイスした。

マドン監督は、この言葉について「私にとっては失敗を恐れず、自由に堂々とゲームを楽しむという意味」と語った。作品自体は知らないというものの、報道陣から白髪、メガネ、名将という安西先生との共通項を指摘され、画像を確認すると「これは私ですね。素晴らしい」と喜んだ。

私は米国出張にあたり、お菓子好きの大谷にささやかな手土産を持参し、球団関係者を通じて渡した。東京ばな奈とカルビーがコラボした進化系ポテトチップス「じゃがボルダ」（カツオと昆布のうまみだし味）。和風のパッケージにひかれた。

9月18日の本拠地アスレチックス戦の試合前。水原通訳が私を見つけ、大谷からの伝言を届けてくれた。「人生で食べたポテトチップスで一番おいしかったらしいです。〝柳原さんが今までで一番いい仕事をした〟って言っていましたよ」。コロナ禍の今季は球宴以外オンライン取材で、面と向かって話す機会はない。日本ハム時代から担当8年目にして手土産が「一番いい仕事」とは複雑だが、本塁打王争いが佳境を迎えても変わらない「記者いじり」に少しだけ安心した。

9月19日。流れはなかなか変わらなかった。本拠地アスレチックス戦に「2番・投手」で投打同時出場。8回5安打2失点、10奪三振も実らず9勝（2敗）のままで、「2桁勝利&2桁本塁打」は持ち越し。打者では本塁打王を争う状況で勝利を目指しセーフティーバントを試みるなど孤軍奮闘も、投球時の援護点は0だった。

9月21日の本拠地アストロズ戦で10試合、46打席ぶりのアーチとなる45号ソロを放った。本塁打王争いは46本でリーグトップのゲレロ、ペレスに1本差に迫った。逆転キングへ。残り11試合となった。

三度目の正直も実らなかった。大谷が26日の本拠地マリナーズ戦に「2番・投手」で出場して7回を5安打1失点10奪三振と好投。しかし勝敗は付かず「2桁勝利&2桁本塁打」到達はならなかった。

追いつかれた自分への怒り、挽回する打席が回ってこないもどかしさ。二刀流の大谷にしか分からない感情が爆発した。同点ソロを浴びた直後の7回の攻撃。2死一塁で9番・フレッチャーが一邪飛に倒れると、ベンチ前の大谷は珍しくバットをバット入れに叩きつけて悔しがった。

「7回をゼロで抑えたかった。全体的に考えたら8回無失点で乗り切る内容。もっともっと、いい内容で終われるところだった」

7回1失点。前回は8回2失点で、自身初の2試合連続10奪三振だった。降板後の8回に救援陣が一挙4失点し、今季のエンゼルスの低迷を象徴する敗戦。大谷は「勝てなかったのもそうだし、ゲームとして最後に追いつかれるのも自分の責任」と自らを責めた。

ただ、メジャー4年目も終盤を迎え、ふがいないチーム状況にも言及。「このままでは勝てないんじゃないかな」と7年連続でプレーオフを逃している現状の打破を求めた。自らが選んだ球団への愛着を口にする一方で「それ以上に勝ちたい気持ちが強い。プレーヤーとしてはそれのほうが正しい」とも述べた。

大谷はこの年2月に総額850万ドルで2年契約を結んだ。エンゼルスが保有権を持つのは

2023年シーズンまで。それまでに勝てるチームになれるのか。地元紙ロサンゼルス・タイムズは「エ軍が大谷に警告された」との見出しで記事を掲載し、大谷の発言に込められた思いを推し量った。

本来、大谷が闘志をたぎらせるのは、本塁打王やMVPなどのタイトル争いよりも、チームが勝つための戦い。「もっともっとヒリヒリする9月を過ごしたい。クラブハウスの中もそういう会話であふれるように。来年以降、そうなるように願っている」。2021年シーズンは残り6試合。悔しさを懸命にこらえ、遠征先のテキサスに向かった。近年、大リーグではサイ・ヤング賞の選考をはじめ投手の評価に勝利数を重視しない傾向にある。実際、9勝と10勝に大きな違いはないだろう。健康のままオフシーズンを迎えることが何より大事。多数の米メディアが論じるように理屈では10勝にこだわる必要はないかもしれないが、何より大谷自身がこだわっているように見えた。

この日の大谷の「勝ちたい気持ちが強い」「ヒリヒリする9月を過ごしたい」という発言は大きな波紋を呼び、米メディアを中心にエンゼルスの強化策への議論が活発化。大谷がFAとなる翌2023年オフの去就の話題が一気に広がった。

10月3日。今季最終戦の敵地マリナーズ戦に「1番・DH」で出場。初回に46号先頭打者アーチを放った。大谷らしい豪快な右越えへの弾丸ライナーだった。前半戦で両リーグトップの

33本塁打を放ったが、後半戦は13本と失速。最終盤はプレーオフを争うチームの四球攻めもあり、数字を伸ばせず。ペレスとゲレロに2本差の46本で日本選手初の本塁打王には届かなかったが、さすがの一発だった。

大谷の2021年の欠場はわずか4試合。投打で158試合に出場した。なぜ、ここまでフル稼働できたか。「今年は特に大きい離脱をしないようにリカバリーのほうをメインにシーズンを通してやってきた」と大谷。

2020年までとの一番の違いは「ケアのタイミング」。これまでは主に登板翌日と前日をケアに充てていたが、21年は常時出場したためまとまった時間が取れなくなっていた。本拠地開催のデーゲームの試合前や試合後がメイン。もしくは、代打待機するDH制ではないナ・リーグ主催の試合日に時間を設ける工夫を凝らした。ケアを担当する寺田トレーナー兼マッサージセラピストは「みんなより早く来るか、みんなが帰ってからみっちりやる。爪先から頭のてっぺんまで」と証言。全身マッサージやストレッチにかける時間は2時間ほどで、3時間かかったこともあった。さらに電気や超音波による治療は別の時間を設けた。

本塁打競争出場やオールスター戦での投打同時出場が疲れにつながったと指摘する声もあるが、寺田氏は「その（球宴）前後はみんなが一番疲れるタイミング。そこに関連づけると楽」と言い訳にしない。「疲れ（の定義）ってすごく難しい。やっている人間が1人しかいないので判断基準が分からない」とも言った。大谷と寺田氏の2021年。二刀流でのシーズン完走の裏側には試行錯誤の二人三脚があった。

打者として639打席に立ち打率・257、46本、100打点、26盗塁。投手として2027球を投げ9勝2敗、防御率3・18、156奪三振。その一挙手一投足でメジャーを席巻し、全世界の野球ファンを魅了した大谷の2021年シーズンが終わった。

コミッショナー特別表彰とア・リーグMVP受賞

10月26日。大谷は大リーグでは7年ぶりとなるコミッショナー特別表彰を受けた。投打の二刀流による歴史的活躍を評価された。ヒューストンでワールドシリーズを取材中の通信員から「大谷とコミッショナーが球場に来ています」と電話で着信が来て、何事かと驚いた。取材現場も青天のへきれきだったという。大谷はワールドシリーズ開幕第1戦開始の約1時間前、スーツ姿でミニッツメイド・パークの記者会見場に登場。ロブ・マンフレッド・コミッショナーからティファニー社製のトロフィーを贈られた。

「毎年ある賞でもないし、光栄なこと。自分でいいのかなという思いもあるけれど、本当にうれしく思っている」

2013
2014
2015
2016
2017
2018
2019
2020
2021
2022
2023
2024

この表彰の正式名称は「Commissioner's Historic Achievement Award」。歴史的な偉業を達成した選手やチームが対象で、バド・セリグ前コミッショナーが1998年に制定した。日本選手では2004年に262安打で年間最多安打記録を樹立したイチロー以来2人目（表彰は2005年）。全体では2014年のデレク・ジーター以来7年ぶりで、投手で9勝、打者で46本塁打の活躍が評価された。

1シーズンの活躍のみによる選出者も希少。就任7年目で初の同賞授与となったマンフレッド・コミッショナーは「あまりにも特別だった。この1年を称えないのは間違い」と理由を説明した。コロナ禍で野球の国際化戦略が停滞。「翔平のような国際的スターの出現は我々にとって完璧なタイミングだった」と称賛した。

10月30日。日本航空機で米ロサンゼルスから帰国。コロナ禍の影響で閑散とした羽田空港国際線到着口に、大谷が姿を見せた。午後8時。黒のTシャツに紺のブルゾン、黒いパンツに白のスニーカーというカジュアルないでたちだった。メジャーを席巻した二刀流の帰国だが、偶然居合わせた一般客らも騒ぐことはなく、エンゼルスの球団マークが付いたスーツケースを押し航空会社職員3人に付き添われ、記者のねぎらいの言葉に「おつかれしたっ」と返すと、水原通訳とともに「専用ゲート」から帰路に就いた。

11月15日。東京都内の日本記者クラブで記者会見に臨み、歴史的な活躍を見せた今季を振り返るとともに、2023年に開催予定の第5回WBCへの思いを口にした。2009年の第2回大会以来の世界一が期待される中で、日の丸を背負う上での強い責任感を示した。

二刀流で歴史的な活躍を見せた27歳の一挙手一投足に注目が注がれた濃密な1時間。計59個の質疑応答で、大谷がひときわ強い責任感を口にしたのが、2023年のWBC出場への意欲に関する質問だった。

「それは招集されてから。まだ先の話ではあるので」と前置きした上で「コンディションも含めて自分がそういう立場にいなければいけない」と力強く語った。

コロナ禍のため報道陣は抽選で人数制限された中、記者90人、カメラマン24人、テレビカメラ10台が集結。さらに、リモートでは海外からも含めて195人が参加。59個の質問中、私の質問はふたつだった。ひとつは現時点の練習状況、ふたつ目はMVPの発表（日本時間19日午前8時35分に発表）はどこで待つかという内容だった。

当時、帰国後は2週間の自宅隔離が必要だったため、自宅でトレーニングを再開し、14日から屋外での練習をスタートさせたことを明かし「スローイングはちょうどこの後から投げます」と笑った。ふたつ目の質問は「どこなんでしょうね。分からないです（笑）」と、はぐらかされた。

11月18日。大谷が2001年マリナーズのイチロー以来、日本選手では20年ぶり2人目となるア・リーグMVPに、満票で輝いた。オンラインでのプレゼンターはMVP2度の往年の名選手フランク・トーマス氏だった。名前を呼ばれた大谷は「unanimous vote（満場一致だった）」と告げられると、少し驚いたように目を見開き、2度、画面に会釈した。

2度目のナ・リーグMVPに輝いたブライス・ハーパー（当時ワシントン・ナショナルズ、現フィラデルフィア・フィリーズ）が泣いて歓喜したのとは対照的だった。大谷は「泣くというよりは、すごくうれしかった。満票だったので、びっくりというか、良かった」と素直に受け止めた。二刀流での歴史的な活躍が評価されての満票選出は15年のハーパー以来、6年ぶり19人目の快挙だった。

MVP受賞発表後に行われた恒例の電話会見。全て英語で案内されるため、私は不安でしかなかった。案内役の女性に名前と所属を聞かれ「Naoyuki Yanagihara, Sports Nippon Newspapers」と伝えると、「質問がある時は1と4を押してください」と言われたように聞こえた。日本語が話せる米メディアの記者にすぐにショートメールで確認し、ひと安心。会見が始まると、「1」と「4」を押して、電話越しで大谷の声をメモし続けた。

かつて2019年元日掲載のインタビューで大谷は英会話について「無線（オンライン）だと本当に言葉自体を探さないと分からない」と話していたが、私も身振り手振りが見えない非対面の英会話が苦手だった。

3、4人ほど質問が飛んだところでついに私の名前が呼ばれた。ドギマギしながら、質問は決めていた。日本記者クラブでの会見で質問し損ねて、後悔していた内容だ。

イチロー氏が2021年終了後に「無理はできる間にしかできない。2021年シーズンを機に無理をしながら翔平にしか描けない時代を築いていってほしい」とエールを送ったことについて、大谷はその「無理」をどう解釈しているかを聞いた。

大谷はもちろんその言葉を報道を通じて知っていた。「無理は〝ケガをする間際まで〟という意味ではないと思う。選手として良いパフォーマンスを保てる時期は長くはない。タイムリミットは毎年、毎年近づいている。自分の能力を伸ばせる時間は多くはないので、時間を大事にしながらやりたい」と決意を新たにした。

電話会見とはいえ、こうした大人数が参加する会見に臨む際、あらかじめ質問や記事の見出しを考えてその質問をすることも重要だが、会見で出た話題を深掘りして、膨らませることも欠かせない要素だろう。この時、私が選んだ質問は前者。実は11月15日の日本記者クラブでの記者会見時に質問しようと思ったが、会見の流れや雰囲気を読んで「現状の練習内容」と「MVP発表をどこで待つ予定か」というふたつの質問に変え、特に後者は大谷選手の口ぶりが重く、強く後悔していた。原稿内容も質問内容も100%の正解はないが、イチロー氏からのエールを大谷選手がどう受け止めているか。少しでも読者に伝われば、と願った。

ＭＶＰは全米野球記者協会（ＢＢＷＡＡ）所属の記者30人の投票で決まる。ア・リーグ各球団の担当記者から２人ずつが選ばれ、１～10位まで投票。スポニチの私を含め大リーグ取材班は全投票者30人にその理由を聞いた（１人無回答）。30人30通りの選考基準。視点や分析法、抱いた思いはそれぞれだったが、答えは「ＯＨＴＡＮＩ」で揺るがなかったことだけは共通していた。投票したある記者「打者だけならゲレロに入れていたが、総合力で大きな差があったと思う」と投票理由を語った。

私自身、ＢＢＷＡＡのロサンゼルス―アナハイム支部に所属し４年目。もしＭＶＰの投票権を持っていれば、迷わず大谷に１位票を投じ、２位はゲレロ、３位はペレスの順だった。この年は日本ハム時代から大谷担当８年目。これほど心が奪われるシーズンはなかった。

メジャーで初めて投打同時出場した４月４日のホワイトソックス戦を皮切りに前半戦は本塁打を量産。午前中は大谷の本塁打を見て、オンライン会見に出てから出勤という日々は、驚きとともに、自然と活力をもらった。

９勝＆46本塁打などすさまじい記録はもちろん、投打二刀流にもかかわらず、欠場がわずか４試合だったことは筆舌に尽くしがたい価値があった。

３日後の11月23日付スポニチ東京版１面で報じた『水原一平通訳 Ｉ REPORT』特別版の内容は実に興味深かった。疑問が次々と解消された。

ひとつ目は、受賞発表時に聞こえた「ヒュー!」というような甲高い音。声のようにも聞こえたが、音声のバグにも聞こえなくはなかった。水原通訳による答え合わせはこうだ。

「実はプレゼンターを務めたフランク・トーマスさんが『unanimous vote(満場一致)』と発表した際に『おお!』となって、思わず口笛を吹いてしまいました。当日のニュース番組を見ていると映像にその音声が入っていて『やべえ』と、初めて気づいて恥ずかしかったです。翔平はたぶん知らないと思います」

ふたつ目は受賞発表時にオンラインで登場した大谷の真っ白な背景、紺色のジャケットと白いTシャツというシンプルな服装の理由だ。

「翔平は1時間後の電話会見までの時間を使ってウエートトレーニングをしていました。『上半身の日』だったのでベンチ(プレス)系のメニューをこなしていました。時間がもったいないと思ったようです。中継で紺色のジャケットとTシャツのシンプルな服装だったのも、パッと着替えて動けるようにということだと思います。だから、電話会見ではトレーニングウエア姿でした。その後は夕方5時からまた違う場所で技術系の練習をして、全て終わったのが午後9時。起きたのが午前6時台だったので長い1日でしたね。翔平が会見で言っていた通り、翌日も朝から練習だったので、練習後にお祝いで集まることもなく、夜更かしもしていないと思います」

誰にも見られることはないため、電話会見はトレーニングウエア姿で行われていたのだ。MVP受賞の感傷に浸ることなく、常に練習を最優先に考える大谷らしいエピソードだった。

大谷はこの後、政府から打診された国民栄誉賞、そして出身地である岩手県の県民栄誉賞を辞退。現状に満足せず、さらなる高みを目指したいという覚悟を感じた。

11月29日。今季最も活躍したDHに贈られる「エドガー・マルティネス賞」を初受賞した。1973年から始まった表彰で日本選手は初選出。MLBの表彰は同賞で一区切りとなり、大谷はア・リーグMVP、シルバースラッガー賞、選手間投票の年間最優秀選手などを含めこのオフ11冠で締めくくった。

歴史を変えた第2の「大谷ルール」

2022年3月14日。MLBと選手会の労使交渉締結が遅れ、例年より約1カ月遅れでキャンプ初日を迎えた。大谷は屋外フリー打撃で推定飛距離140メートルの特大弾を含む8本の柵越え。試合以外で大谷の打撃を見るのは昨夏の球宴前日に行われた本塁打競争以来。昨季開幕戦の4月1日を最後に、肉体的負担を減らすなどの理由で、屋外フリー打撃を封印していたためだ。久々の機会を楽しみに43スイングを凝視。打球の鋭さが増した印象を受けると同時に、フォームに昨季との違いを感じた。

構えてからテークバックを取る際、これまでよりもバットの先端を投手方向に向け、そこから一気に振り抜いていた。ボールに当たるまでのバットの軌道が長くなる分、速球に差し込まれやすいリスクはある。その一方、「ひねり」と「ため」の動作が生まれることで、より強いスイングにつながる。速球に振り遅れないようにヘッドを捕手方向に寝かせて打つアプローチもあるが、その真逆だ。

さらに、メジャー歴代最多の762本塁打を誇るバリー・ボンズ（元ジャイアンツ）ら大リーガーに多い、左脇を空けて肘を高く上げる「フライングエルボー」と呼ばれる構えは、前年よりもトップの位置がやや高くなった。これまで以上にテークバックを大きく使え、最後に左手でバットを強く押し込むことが可能となる。

ジョー・マドン監督らも見守る中、大谷は最初の14スイングは全て中堅から左方向に流し打った。アリゾナの雲ひとつない青空と強い日差しが重なったようで「めっちゃ（球が）見にくい、やばい。何でみんな見えてんの？　全然、見えない」と苦笑い。しかし、打球は徐々に鋭さを増した。圧巻は4セット目の最終スイング。本塁から422フィート（約129メートル）の距離にあるバックスクリーン右横をライナー性の弾道で通過した。推定飛距離140メートルの特大弾。その後もバックスクリーン直撃弾など、力強い打球を飛ばし続けた。

かねて重視するのは「構え」や「見え方」。今回も、その中でのマイナーチェンジの一環とみる。前年は引っ張りの打球が目立った大谷だが、練習で逆方向から打ち始めるスタイルは不変。最終6セット目は全て右方向に引っ張った。

46本塁打を放った2021年は、わずか2本差でキングの座を逃し「もっともっと高くいけると思っている」と振り返った。さらなる進化に向け、明確なテーマが見えた初日だった。

3月15日。キャンプ2日目。会見に登場した大谷は自信と手応えに満ちあふれた表情だった。メジャー自身初の開幕投手へ、意欲を問われた大谷は「やってみたいなというのはもちろんある」と言った。

キャンプ2日目で初のブルペン入り。24球を投じた。抑え気味の強度で最速90マイル（約145キロ）。受けたマイナー捕手が昨季まで持ち球ではなかったツーシームを投げたと明かすなど、進化の一端も見えた。

「技術的なところもフィジカル（身体的な部分）も、既に昨季より良い状態で、ここまできている」。昨春は3月21日のパドレスとのオープン戦でメジャー自己最速101・9マイル（約164キロ）を計測。体重は102キロで2021年と変わらないが、状態は過去最高と呼ぶにふさわしかった。

キャンプインが約1カ月遅れた状況で、なぜ大谷がここまで「良い状態」に仕上げることができたか。理由のひとつが、キャンプ前に通ったトレーニング施設「ドライブライン・ベースボール」だ。シアトルが発祥だが、アリゾナにも拠点を構えている。ロックアウトにより球団施設が使えない中、ここで着々と準備を進めた。

最新機器による動作解析を駆使したトレーニングに定評があり、エンゼルスの同僚やマリナーズの選手らも集結。ライブBPにも励んだ。大谷は投手として一度登板し、打者としては「4、5回は入った」ことを明かした。

3月22日。大谷にとって大きなニュースが飛び込んできた。MLBと選手会が、打順に入った先発投手が降板後もDHで出場を続けられる新ルールに合意したと米メディアが報じた。ジョー・マドン監督は「素晴らしいニュース。歴史を変えることになる」と興奮気味に話した。ロイヤルズとのオープン戦後の記者会見は、その話題一色だった。

この新ルール導入は、二刀流選手を大リーグ全体で増やそうという狙いがある。2021年に二刀流で9勝&46本塁打をマークしてア・リーグMVPに輝いた大谷の活躍が呼び水となった。選手会とMLBは合意済みで、各球団の承認を経て正式に決定する。承認されれば今季から実施される。2020年に従来の投手、捕手などに加えて「Two-Way Player（二刀流選手）」の登録が新設されたのに続く「大谷ルール」だった。

先発投手&1番DHで開幕

3月26日。ホワイトソックスとのオープン戦に「1番・DH」で出場し、初回表に初球をいきなり1号ソロ。打者でも順調な調整ぶりをアピールした。日本ハム時代の2016年7月3日ソフトバンク戦で記録して以来2度目、メジャーでは初のプレーボール弾。開幕までの調整を考慮し、登板を回避して臨んだ一戦で、ド派手な「2022年初アーチ」となった。

プレーボール9秒後だ。右腕の初球、低めに鋭く曲がり落ちるカーブ。大谷は巧みにすくい上げた。右中間席に突き刺すと、敵地の観客席から自然と「MVP」コールが湧き起こった。ジョー・マドン監督には「初球のカーブを本塁打なんて、ほとんど見ない」と驚きとともに称えた。

記者席では一悶着あった。大谷の本塁打後に球団広報が大谷の会見は行わないとメディアに一方的に通達。「公式戦ではなく、オープン戦だから」という理由は到底納得できるものではなかった。大谷が談話を拒否しているとは思えない。ただ、球団広報も何か言えない理由があるようだった。私は左翼席まで走り、大谷の本塁打球をキャッチしたファンの声を拾った。

大谷の「2022年1号ボール」を捕球したのは、サンディエゴで中学生の野球チームのコーチを務めるマイク・マースデンさん（当時48）。「うれしい。子供たちとシェアするよ」と声を弾ませた。友人のマイク・バニスターさん（当時48）と、互いの息子との4人で観戦。全員ドジャースファンながら大の大谷好きでもあり、休暇を利用して訪れた。

米国では野球の競技人口の減少や人気低下が課題。ロックアウト長期化の影響でさらなる野球離れも懸念される。しかし、バニスターさんが「我々の周りではとても人気がある。大谷がとても貢献している」と言い、マースデンさんも大谷を引き合いに「野球は国際的なスポーツ」と話すのを聞き、少し安心した。2022年以上の活躍で、不安を一掃してくれることを願った。

ちなみにオープン戦第2号を放った3月29日のロッキーズ戦後も会見は行われなかった。このように、活躍した試合後に大谷が会見を行わないことについてはことあるごとに様々な議論が交わされてきた。球団広報がはっきりと理由を説明せず、クラブハウスでの振る舞いを見ていても大谷自身は拒否をしていないように見えることも一因だった。二刀流で多忙を極めていることはメディアの1人として理解しているつもりだが、明確な理由が分からない。メジャー1年目の2018年から取材機会が徐々に減り始めていた。

このキャンプでは取材方法を再考する時期にきているのかもしれないと感じた出来事もあった。2022年のメディアにとっての朗報はコロナ禍以前のように、クラブハウスでの取材が解禁になったことだ。ある日の全体練習前のクラブハウス。このオフ、大谷とともに「ドライブライン・ベースボール」で自主トレを行った外野手のジョー・アデルに個別インタビューをしていた。すると、度々、アデルの口から出てくる「ショウヘイ」の声に近くにいた大谷が「あぁ？」と睨みを利かせてきた。

冗談か本気か……。水原通訳が笑ってこちらを見ていたので少し安心したが、冷や汗が出た。繰り返しになるが、大谷は投打二刀流で多忙を極めるため、1年目からクラブハウスでの取材を受けない方針を取っている。だが、大谷が自分の話題を他の選手やコーチに聞かれ過ぎている現状を快く思っていない。私も深く反省した。

ただ、我々メディアは大谷が話さない場合は、他の選手やコーチ、関係者に取材をして、報道しなければならない。だからこそ、大谷自身が話す頻度を増やすべきだと思ったが、「メディアに話したくない選手を無理に話させないほうがいい」と話す別の日本メディアもいた。大谷のコンディションが最優先であることは疑いようがない。その中で大谷、球団広報、メディアが一体となってより良い形を探らなければならない。正解は依然として見つかっていない。

選手、コーチら大谷以外の関係者の話を聞いていると、大谷がチームの中でどういう立ち位置にいるかが、より見えてくることがある。外野手ブランドン・マーシュ（現フィリーズ）が「彼はグレートリーダー。彼が話している時は絶対に耳を傾けて聞いてほしい」と語れば、外野手アデルも「彼ほど練習する選手は見たことがない。良いお手本」と目を輝かせていた。

この年のキャンプ施設のロッカーで大谷の隣に座っていた同い年の内野手フレッチャーは「翔平は英語力がすごく上達し、僕の話す言葉をほぼ理解している」と証言した。当時、チーム内ではバスケットボール男子の全米大学選手権の優勝予想が行われ、大谷はフレッチャーと組んでＵＣＬＡ（カリフォルニア大ロサンゼルス校）とカンザス大を選択。この時はカンザス大が4強入りし、盛り上がっていた。フレッチャーは「一平（水原通訳）とも仲が良いよ。うそつきだけど」とイタズラ顔を浮かべたように、普段からの仲の良さが垣間見えた。

3月31日。ＭＬＢと選手会は打順に入った先発投手が降板後もＤＨで出場を続けられる新ルール（通称・大谷翔平ルール）を今季から導入すると正式に発表した。大谷は早速、ブルワーズとのオープン戦で２０２１年の球宴以来となる先発投手と「1番・ＤＨ」で出場。「（開幕前）最後の登板をしっかり予定通りこなせたのが一番良かった。スムーズにシーズンに入れる」と納得の表情だった。

4回に味方の失策と２四球が絡み1死満塁で降板したが、65球の球数は予定通り。今春最速タイの最速99マイル（約１５９キロ）を4球計測した。打者では4回に右前打を放つなど3打数1安打1打点。５回の打席で代打と交代し、打者での継続出場は実現しなかった。

メジャー5年目で初の開幕投手。「アグレッシブに攻められる。思い切って最初から飛ばしていけたら。ゼロを何個並べられるかが一番大事」と力強く語った。

4月7日。大谷は本拠地アストロズ戦に開幕史上初の「1番・投手」で出場して降板後はDHとしてプレーした。投げては4回2／3を4安打1失点で9三振を奪い、打者では4打数無安打だった。今季からの通称「大谷ルール」の適用第1号となり、メジャー5年目で初の開幕投手は結果こそ敗戦投手となったが、また新たに歴史的な足跡を残した。

心に決めていた。メジャー5年目で初の開幕投手の初回、その初球。大谷が先頭打者のアルテューベに思い切り直球を投げ込んだ。外角へのワンバウンドのボールとなったが、99・8マイル（約161キロ）を計測した。

「初球は恐らく振ってくるという話をしていた。変化球を投げるつもりはなかった。（周囲から）初めから100マイル（約161キロ）を投げろと言われていた。そのつもりで投げた」

エンゼルスタジアムは気温34度で高温注意勧告が出る中、4万4723人の地鳴りのような大歓声が鳴り響いた。「振ってくるなら1球で終わる可能性もある。その選択のほうが確率が高いなと思っていった」。最後はスプリットで見逃し三振。気迫で圧倒した。

アルテューベには3回は97マイル（約156キロ）直球で空振り三振。5回はスライダーで再び空振り三振を奪ったところで降板となった。昨季6打数4安打の打率・667とやられた宿敵を完膚なきまでに封じた。2017年MVPで首位打者3度の強打者から1試合3三振を奪った投手は、サイ・ヤング賞3度のシャーザーら、ほかに3人しかいない。スプリットの制球に苦しんだが「良くないからこそ、投げるカウントでは投げるという選択肢もある」。余力を残し、的を絞らせなかった。

自らの判断でオープン戦登板を2度に減らした結果、球数は80球に制限されたが、4回2／3を4安打1失点で、アウト14個中、9個を三振で奪った。援護に恵まれず黒星こそ付いたが、昨季はあと1勝届かなかった、1918年のベーブ・ルース以来となる「2桁勝利&2桁本塁打」へ向けて進化した姿を証明した。ジョー・マドン監督は「直球の制球が良くなっている。それが（昨季と）大きな違い」と称賛した。

球場では試合前から何度も「MVP」コールが鳴り響き、人気は絶大だった。「うれしかった。ありがたいし、できれば勝って帰るのが一番良かった。そうならなかったので、また来てくれた時に、勝って帰ってこられるようにしたい」と笑顔で誓った。結果以上に強いインパクトを中身で示し、すごみを増したショータイムが開演した。

曲がり幅50センチ超のスライダーが決め球に

4月11日の本拠地マーリンズ戦。試合中にベンチでおどけてバットに心臓マッサージを施すようなジェスチャーを見せ、相棒の「蘇生」を願うような場面が話題になった。開幕から一向に本塁打が出なかったからだ。水原通訳によれば、この日の試合前に室内ケージで打っていた時にやり始めたところ、外野手のマーシュ、打撃コーチ、打撃投手の方々に大ウケだったことから、試合でも続けたという。

水原通訳は「室内ケージでの打撃練習中にしっくりこなくて『もうダメだー！』と言いながら、自虐的な感じでやっていました。みんな爆笑でしたよ。試合中のテレビ中継で抜かれたり、写真に撮られていたみたいで、本人もびっくりしていました。撮られていると思ってなかったみたいで……（笑）」と証言。繰り返しになるが、大谷は「人に興味がない」。自身が周囲からどう見られているかに興味がないため、どれだけ注目されているか、周囲と自身の認識のズレが大きい。いかに自己評価が低いかが分かるエピソードだ。

4月18日。敵地アストロズ戦に敗れた試合後。大谷がクラブハウスで今季初めて〝記者いじり〟を発動した。通路沿いに立っていた私に近寄り「邪魔っすよ〜」。その後遠くから「何ぼーっと突っ立ってんすか」とツッコまれた。今季はメディアが多く、自ら絡むことが少なかったのに、なぜだろうか。大谷は活躍しても不機嫌な時があり、チームの勝敗が関係するかと思えば、そうでもない。ただ、アストロズのダスティ・ベーカー監督は「リラックスしている時の大谷が最も危険な投手」と語ったことが気になっていた。

4月20日。そのベーカー監督の発言が現実となる。敵地アストロズ戦で6回1安打無失点、

ベンチでバットを“蘇生”させようとするパフォーマンスを

自身最長の6者連続を含むメジャー自己最多タイの12奪三振で2023年初勝利を挙げた。曲がり幅50・8センチの横滑りする新魔球スライダーを駆使し、6回1死まで完全投球を展開。打者では2安打2打点し、通算7試合目でアストロズ戦初白星を挙げた。

宝刀スプリットではなく、スライダーがこの日の武器で大谷は「試合前のプランもあるし、試合をやっていく中で打者の反応を見ながら。相手が何が一番打てないかを考えて投げた」。時には左打者の外角ボールゾーンからストライクになるバックドアでカウントを稼ぎ、右打者にはバットが届かないほど曲がる決め球になった。

データサイト「ベースボール・サバント」によると、スライダーの最大曲がり幅はホームベースの横幅17インチ（約43・2センチ）を上回る20インチ（50・8センチ）。魔球を軸にメジャー自己最多タイの12三振を奪った。過去2試合で約29％の球種はこの日、81球中35球で最多の43％。ともに19球の直球、スプリットを上回り、空振り率も驚異の73％（15スイングで空振り11）だった。

前回登板ではスプリット&満塁でのメジャー初被弾など、4回途中6失点で2敗目。「修正は毎週する。特に負けた試合は随所に何が悪かったかが出る」とフォームを微調整した。始動時に胸の位置だったグラブを下げ、腹の前に。右腕をやや〝横振り〟にした効果で、スライダーが滑るような軌道になった。

登板前に2打席立ち、泥だらけのユニホームで初回のマウンドに上がって躍動。米メディアから「メジャーに来てからベストな投球か？」と問われた大谷は「かもしれない。人生一ではない」と笑った。少なくとも私が取材した大谷の試合では、ベストパフォーマンスのひとつに入る試合だった。

翌21日朝。ロサンゼルスに戻るため、ヒューストンのジョージ・ブッシュ・インターコンチネンタル空港に到着し、売店で地元紙ヒューストン・クロニクルを手に取った。大谷が掲載されていないか確認するためだ。大谷の写真を確認し、すぐに購入した。大谷はスポーツ欄のトップ記事で大々的に報じられていた。敵地では異例の扱いだ。「One-man Sho（ワンマンショー）」の見出しで、大きく伝えた。

4月26日の本拠地ガーディアンズ戦。「2番・DH」で出場し4打数1安打1得点も、41打席ノーアーチとなった。試合前にはレギュラーシーズンでは２０２１年開幕戦以来となる屋外フリー打撃を解禁。33スイングで柵越え15本を放った。

観客を迎える前の打撃練習で、叫び声が響いた。ケージ裏で見守った２０１９年打点王のアンソニー・レンドンが「オー、ノー!!」。大谷の最後の33スイング目は、中堅にある球場名物の岩山「ロックパイル」右横の芝生エリア最上段に着弾した。推定飛距離１４０メートルの超特大弾だった。

翌日の先発登板もあり、この日は休養の可能性もあった。だが、ジョー・マドン監督と話し合い、18試合連続出場を決断。投球練習も行った上で、レギュラーシーズンでは約1年ぶりの屋外フリー打撃を実施した。試合前まで打率・211、3本塁打、9打点。本来の打撃が影を潜める中で選択した変化に、復調への兆しがあった。

最終スイングだけでなく、31スイング目も「ロックパイル」上部への推定140メートル弾とコンスタントに特大弾を飛ばした。これまで屋内調整の理由を「外で打つともっと飛ばしたいとなり、余分な動きが出てくる」としていた大谷。今回は力感のないスイングでも鋭い打球を飛ばすことや、スイングと打球のズレの修正などを再確認したようだ。

打球を上げようと腕に力が入るとラインドライブがかかり、逆に打球が上がらない。この日は高々と舞い上がる打球が多かった。24〜26スイング目は中堅から右方向に3連発。屋外で打つことで、打球角度の確認も行った。

試合では5回に鋭い打球で2試合ぶりとなる中前打。9試合本塁打なしだが、指揮官も「彼は今年も打つ。予言するよ」と改めて強調した。

プロ10年目にして日米通じ初の満塁本塁打

4月27日。本拠地ガーディアンズ戦で先発登板し、5回5安打2失点で今季2勝目。初回に2失点したが、直球を軸に尻上がりに調子を上げ、修正能力の高さを発揮した。打者では今季初&先発登板日ではメジャー初の1試合3安打を放った。

キャンプ初日から始まった2022年最初の米国出張は、翌28日が最終日。会見後に大谷にあいさつすると「やっとだ、やっとだ」と下を向きながら連呼。何かと思えば「やっとこれで調子が上がりますよ。ハッハー」と笑い飛ばされた。ちなみに、前年7月に渡米した際には月間MVPを受賞しているので、どちらかというと縁起は悪くないはずだが……。そんなことはお構いなしに、水原通訳も「絶対、そうですよ。次はいつ来るんですか？　もう来なくていいです」とニヤリ。ジョー・マドン監督には「また夏に戻ってきます」と伝えると「また会おう！」と肩を抱かれた。

5月9日。本拠地レイズ戦に「3番・DH」で出場し、7回にプロ10年目で日米通じて初となる満塁本塁打を放った。今季の本拠地初本塁打となった6回の5号ソロに続く今季初の2打席連発など、自身最多タイの1試合5打点をマーク。日本選手では3人目となる通算100号にも王手をかけた。

プロ10年目で初めての満塁弾に、大谷は言った。「自分の中ではもう打っているものだと思っていたぐらいですし……。知らなかった（笑）」。日米通算２９０６打席、１４７本塁打目の「1号」は、本人にとっても意外な事実だった。

7回無死満塁。11―3の圧勝の総仕上げは、左翼ブルペンに飛び込む満塁弾。フルスイングしたバットを下ろしながら、すぐには走り出さず「確信歩き」の完璧な一発だった。直前の6回は、今季本拠地1号となる10試合ぶりの5号ソロ。トラウトの2ランに続く今季初の2者連続弾は、今季左打者に対し無安打の左腕ビークスの初球カットボールを、左中間へ運んだ。

好調の理由を自己分析。「一番は構えなので。構えがしっかりした方向で力が伝わっていないといい軌道に入っていかない。〝8割5分くらい構えで決まっている〟ぐらいの感じではいる」。前年同様、この年も試合前、試合中にベンチで両手を顔の前に添えて構えの姿勢をとり、イメージトレを繰り返す。「ピッチングもそうだけど、どういうイメージで打席に立っているかが一番、大事」の信念。満塁弾の後、バランスを崩さず打球を見送った姿勢も、いい構えがあってこそだった。

さかのぼること17年前、２００５年5月22日。小学5年生だった大谷はリトルリーグの全国大会につながる岩手県予選で公式戦初本塁打を放った。それも満塁アーチだった。日本国内で社内勤務をしていた私は、その少年時代の満塁本塁打を題材にした「フリートーク」の掲載を

レイズ戦では自身初となる満塁弾を放った

デスクに提案した。日本ハム時代の2016年の「優勝原稿」取材時に大谷の父・徹さんに見せてもらった「野球ノート」の内容を覚えていたからだ。

当時、監督を務めていた父・徹さんと「野球ノート」を共有していた。父は「初ホームラン（満塁）グランドスラム」と書き込み、大谷は「ホームランをライナーでうてるように、練習したいです」（原文まま）と記した。飽くなき向上心は少年時代から変わらないものだった。

この日、大谷は日米通じてプロ10年目で初めて放った満塁アーチについて「自分の中ではもう打っているものだと思っていた」と照れ笑いを浮かべた。プロでの記憶はあいまいだったが、少年時代にグランドスラムを放ったことは、記憶の中に深く刻まれていた。

5月14日。敵地アスレチックスとのダブルヘッダー第2試合では5回に左中間へ7号2ラン。メジャー5年目にして通算100本塁打に到達した。打者出場444試合での大台は、松井秀喜（ヤンキース）の636試合を大幅に更新する日本選手最速での達成となった。

エンゼルスでは今季本塁打を放った選手にかぶせる「カウボーイハット」が恒例だ。この日、メジャー通算100号を放った大谷がベンチ前で、ジャンプして自らハットをかぶりにいった行為が日米ファンの間で「可愛い」と話題になった。その様子をカメラマン席から見ていた地元中継局バリースポーツ・ウエストの新リポーター、エリカ・ウエストンさんは「ジャンプした時にハットが落ち、前が見えなくなっていて面白かった」と笑った。さらに「翔平はステップしたり、表情もおちゃめ。ハットをかぶった時の彼の笑顔は最高よ」と続けた。

5月19日。遠征先からアナハイムに戻ってきたオフは、マーシュ、サンドバルと焼き肉に出かけた。水原通訳は「翔平は焼き肉が大好きなんですが、このオフに日本でも行けていなかったので、外食含めかなり久々でした。2人は初の『ジャパニーズバーベキュー』だったらしく『めちゃくちゃおいしい』と喜んでいましたね。『箸の使い方』などの話題で盛り上がりました」と明かした。別の報道などで大谷は外食に出かけるのは珍しいというイメージが強いが、然るべきタイミングで然るべきメンバーと英気を養った。

ところが、5月中盤からエンゼルスに悪夢が襲った。投打の歯車がかみ合わず6月6日に同一シーズンの球団ワースト記録に並ぶ12連敗。翌7日、球団はジョー・マドン監督の解任を発表した。大谷は試合前に取材に応じ、2020年から指揮し、二刀流を後押ししてくれたマドン監督の解任について「全てが監督のせいというわけではもちろんない。むしろ自分自身も調子が上がらない。申し訳なさというのはもちろんある」と責任の一端を口にした。

私はこの時は国内勤務中だったため、日本の朝にそのニュースを知りショックを受けた。一度目の出張の最終日に再会を誓ったことを思い出し、まさかあれが最後の会話になると思わなかった。大谷にとって2018年入団から5シーズンで監督交代は早くも3度目となった。

水原通訳は『水原一平通訳 I REPORT』(2022年6月版)で、ジョー・マドン監督が解任された日について「球場に到着した際にはもう姿はなく、お会いすることはできませんでしたが、翔平と僕宛てにショートメールが届きました」と回顧した。

「今までありがとう。間に入ってくれて、いろいろとスムーズにコミュニケーションを取ることができました。友人だと思っています。いつかまた翔平と仕事ができたらいいですね。2人と2人の家族の末永い幸せが続くように願っています」（ジョー・マドン監督）

心温まるメッセージに水原通訳は「2020年シーズンからお世話になった監督です。本当にありがたいですよね」と感謝した。

7月12日からこの年2度目の米国出張がスタート。翌13日の本拠地アストロズ戦に「1番・投手兼DH」で出場し、6回4安打1失点で昨季の自己最多に並ぶ9勝目を挙げた。前半戦最後の登板で、大谷は「強みかな」と自負する三振を量産し、毎回の12奪三振。4試合連続2桁奪三振は日本勢では野茂英雄氏が1995年のデビュー年に記録して以来、2人目。球団でも77年のノーラン・ライアン以来、45年ぶり2人目で「すごく光栄なこと。もっともっと続けられるように頑張りたい」と表情を緩ませた。

野球少年も大エースも二刀流大谷の虜

当時の注目は本塁打競争に大谷が出場するのか否か。7月14日にオールスター戦の前日恒例の本塁打競争に出場する8選手が発表され、2021年に出場した大谷翔平投手の不参加が決まった。

私は試合前にエンゼルスタジアムのメディア用食堂に設置されたテレビで大谷が本塁打競争に出場しないことを知り、胸をなで下ろした。複数の米メディアによれば、大谷は大リーグ機構から本塁打競争に招待されていたという。

私は不参加の決断を支持した。最大の理由は肉体的負担だ。13日に「なかなかハードだった」と語った昨年は初戦敗退ながら2度の延長戦を繰り広げ、計71回のフルスイング。舞台が標高1600メートルのクアーズ・フィールドだったこともあるが、「インターバル走みたい。ずっと振り続けているので。息が上がる感じ」と汗だくで振り返った。前半戦33本塁打から、後半戦は13本塁打と減少。ここでの疲労が原因で打撃フォームを崩したと指摘されることも多かった。

さらに、2022年から両リーグDH制と、先発投手が降板後もDHで出場を続けられる「大谷ルール」が導入された。球宴まで残り2試合のこの時点と2021年の前半戦と比べても打席数は31、投球回は20も増加。昨季前半戦は投手専念が3試合あったが、2022年のこの時点まで登板15試合は全て投打同時出場。来年オフにFAを控え、後半戦のパフォーマンスは重要。ネズ・バレロ代理人も気が気ではないはずで、シーズンをケガなく完走するためにも不参加は妥当な判断だった。

7月13日に大谷は日米の報道陣から本塁打競争に関する質問を計3つ受けたが、出場可否に言及せず「光栄なことなので、頑張りたいなという気持ちはもちろんありますけど」と語った。ギリギリまで悩んだ末、万全の状態で後半戦に臨むことを優先したのではないだろうか。

7月18日。ドジャースタジアムで開催されるオールスター戦前日。両リーグの先発メンバーが発表され、大谷はア・リーグの「1番・DH」で出場することが決まった。オールスター戦前日会見は先発投手と監督による会見のほかに、ア、ナ両リーグの全選手の会見が一斉に行われる。普段、取材制限のある大谷もこの日ばかりは照り付ける太陽の下で笑顔が弾けた。

会見冒頭で私が「ア・リーグの1番打者としての意気込みを」とコメントを求めると、「僕、1番なんですか？　今、知りました」と笑っていたが、どうやら本当にこの瞬間に1番起用を知ったようだった。「打者として出るので、本塁打を狙ってしっかりスイングしたい」と堂々と球宴初アーチを宣言した。

ナ・リーグ先発は地元ドジャースの左腕クレイトン・カーショー。サイ・ヤング賞3度の最強左腕は、大谷にとって「学生時代から見てきた」憧れの存在だ。オールスター戦直前の7月15日の対戦で3打数無安打2三振に封じられたばかりで、通算8打数無安打。「タイミング（をずらす技術）とコマンド力（制球）が一番。1球1球の再現性が高く、投手として完成度は断トツ」と難敵と認める。

ア・リーグを指揮するアストロズのベーカー監督は、当初は大谷を先発マウンドに上げる構想だったという。だが、後半戦開幕となる7月22日のブレーブス戦に先発すると聞き、中2日となる間隔を考慮。「大谷サイドから情報を集めた結果、シェーン・マクラナハン（レイズ）を先発に選ぶことになった」と明かした。大谷はいずれも2年連続となる本塁打競争、先発登板を回避して、打者一本に専念する。

「ドジャースタジアムで、オールスター戦で（カーショーと）対戦することはなかなかない。思い切ってスイングしたい」。球宴初本塁打を狙うフルスイングを宣言した。

話題は翌年3月に開催されるWBCにも及んだ。ロサンゼルス・タイムズのディラン・ヘルナンデス記者が切り込むと「出たい気持ちはもちろんある」と語った。日本ハム時代の2017年は直前に右足首痛の影響で出場を断念。当時私も大谷の悔しい表情を目の前で見てきた。

同僚でMVP3度の主砲トラウトが、WBCで連覇を狙う米国代表の主将を務めることも発表された。エンゼルスとは既に代表に選出された場合に備え「雑談程度に」話し合っていることを明かし「プラスの意見はもらっている。そう（選出に）なったら快く引き受けてくれるんじゃないか」と話した。

この機会を逃してはならない。私は大谷にとって日本ハム時代の恩師である侍ジャパンの栗山監督の下で再びプレーできることについて、改めて思いを聞いた。すると、「自分を理解してくれる方。選んでもらえるのならば光栄。一緒に頑張りたい」と素直な思いを語った。

この頃から、大谷の去就の話題が本格化してきた。２０２３年オフにＦＡ。8月2日のトレード期限が迫り、周囲の関心は日々高まっていた。今後の移籍の可能性について具体的な言及は避け「僕はノータッチ。完全に代理人に任せている。シーズンはシーズンで集中したい」。エ軍残留への思いを問われると「僕の気持ちというよりは、球団がどうするか」。その後も移籍に関する質問が続いたが「ペリー（ミナシアンＧＭ）がどう考えているかも分からない。チームが勝つことに集中したい」と続けた。

会見時間は約30分間。50人以上が集まった会見で大谷はどんな質問にも誠実に、全て答えた。私も細かい事実確認を合わせても8～10個ほど質問。質問し過ぎたのではないかと反省したほどだった。

7月19日。オールスター戦本番。５万２５１８人の観衆の視線を一身に浴びたプレーボール直前。１番打者の大谷は現地インタビュアーに「今夜、最も楽しみにすることは？」と問われ、堂々と英語で答えた。

「First pitch. Full swing. That's it!!（初球をフルスイング。それだけ‼）」

第1球。左腕カーショーの外角90・9マイル（約146キロ）直球を宣言通り強振した。「いい当たりか、空振りかどちらかがいいかなと思っていた。一番、中途半端な打球だった」。バットを折られながら中前へ。一塁塁上では、しびれた左手を振って照れた。

オールスター戦での初回表の初球安打は史上3人目。ただ、しっかりオチもつけた。2番ジャッジの3球目の直後、一塁けん制球でアウト。「機会があれば走りたいなと思っていた」と振り返った。球宴でのけん制死は2008年以来、14年ぶりの珍記録で「良くも悪くも名前が出てくれればいい」と、いたずらっぽく笑った。

公式戦では通算8打数無安打と抑えられていたカーショーから初安打。「学生時代から見てきた投手。リスペクトしてますと、自分なりの表現です」と打席前に帽子を取った。あふれる笑顔も、こんな所作も、球宴の舞台ならでは。3回の第2打席はパドレスの右腕ジョー・マスグローブから四球を選び、5回に代打を送られ役目を終えた。

「去年よりリラックスして楽しめた」という2年連続2度目の球宴。クラブハウスでは他球団の選手と同じテーブルで食事をして交流を深め、練習中はシーズン中のライバルたちのケージ内での打撃などを間近で見つめる場面もあった。「投げるか投げないかで疲労度が変わる」。昨季と違って二刀流出場しない代わりに、少なからず収穫もあった。

「この先、何回も選ばれたいですし、何回もこういう場所でプレーしたい。より頑張りたいなと、後半戦も思わせてくれる」

前半戦は9勝&19本塁打。「ミッドサマー・クラシック（真夏の祭典）」で日米の野球ファンを笑顔にした。映画の都ハリウッドのほど近く、ロサンゼルスのドジャースタジアムを舞台にした「SHO TIME」は格別だった。

水原通訳は『水原一平通訳 I REPORT』（2022年7月版）でこの時の球宴について「英語でのやり取りは、開始1時間前に急にリクエストされたものでした。翔平から『何て言えばいいかな？　初球、全力でマン振りしてくるわ！』と相談され、この言葉に決まりました。『ここは英語で言ったほうがインパクトがあるんじゃないか』と2人で決めました」と舞台裏を明かした。

さらに、アストロズのエース右腕ジャスティン・バーランダーが試合前に「一言だけ伝えたい」と、わざわざ大谷のロッカーまで来たと説明。「翔平のことは見ていて楽しい。開幕戦でリアル二刀流を初めて目の前で見て、物すごかった。これからも本当に頑張ってくれ。僕は君の大ファンだ」。大谷は「いやいや、そんなことないですよ」と謙遜しつつ、感激していたという。

大谷は米国の子供たちにとっても憧れの存在であることを改めて感じた1日だった。3回2死。メイソン・マクタフ君（当時10）とタイラー・センテロ君（同10）はネクストバッターズサークルに立っていた大谷に勇気を出して声を掛けた。すると、大谷は笑顔で快くサインに応じた。

メイソン君が「打席の直前にわざわざサインしに来てくれるなんて」と驚けば、タイラー君も「すごく背が高かった。優しい」と大興奮。特にメイソン君は遊撃手と投手を兼ねる野球少年で将来の夢は「僕は翔平のような二刀流選手になりたい。翔平Ｊｒだ」と言う。二刀流は今や子供たちにとって現実的な夢。２人の目はまぶしいくらい輝いて見えた。

104年ぶり2人目の「2桁勝利&2桁本塁打」

8月2日。トレード期限を迎え、大谷はいつも通り笑顔で選手を見送った。フィリーズへの移籍が決まった弟分の外野手マーシュの肩を叩き、握手。しばらく話し込むと、最後は2人で大きな笑い声を上げた。

ＰＯ進出が絶望的となり、動向が注目されていた大谷に動きはなく、今季の残留が決まった。ペリー・ミナシアンＧＭは「We Love Shohei（われわれは翔平を愛している）。彼もここにいることを楽しんでいると思う」と笑顔。米メディアの報道によれば、ヤンキース、メッツ、ドジャース、パドレス、ホワイトソックスなどが交渉に動いていたが、アート・モレノ・オーナーが難色を示したという。

チームはトレード期間最終日にマーシュのほか、先発右腕ノア・シンダーガードを同じフィリーズ、守護神ライセル・イグレシアスをブレーブスに放出し、売り手に回った。ミナシアンGMは「これが理想の方向だと思った」と説明。大谷の交渉過程には言及しない方針を貫いたが「翔平はわれわれにとって非常に価値のある存在。彼の存在に感謝している」と強調した。大谷とともに再建への道を目指すことを選んだ。

エンゼルスを離れた3選手は、いずれも大谷と縁が深かった。マーシュは同じ左打者の大谷から打撃の助言をもらい、オフには焼き肉店に出かけるなど公私ともに親密。イグレシアスは「TEAM JAPAN」Tシャツを自ら作製してナインに配るほどの日本好きで、大谷とはNPBの話題で盛り上がった。シンダーガードは寡黙《かもく》だが大谷とウマが合い、前日は球場近郊の街ニューポートビーチでオフをともに過ごした。

マーシュは「翔平は超プロフェッショナル。学んだことを生かしたい」と話し、最後に「アリガトウ」と日本メディアにあいさつ。イグレシアスは「彼の活躍をテレビで見ることを楽しみにしている」と語った。

大谷は試合がなかったトレード期限前日の1日に先発右腕ロレンゼン、シンダーガードとアナハイム近郊のニューポートビーチで過ごしていた。ランチを楽しみ、巨大な波で有名なサーフスポット「ウェッジ」を案内した地元出身のロレンゼンは、Tシャツ姿で記念写真に納まった大谷について「翔平にふたつのことをお願いしているんだ。もっと日焼けをして、髪は切らない方がいいって」と笑顔で注文した。

おそらく大谷はサーファーにはならないが、ロレンゼンは確信していた。「10勝&10本塁打も凄いが、翔平なら20勝&20本塁打もできるよ」。大谷にとって10勝は壁ではないと仲間は信じているようだった。

8月9日。時空を超えて、伝説となっていた偉業が現代によみがえった。大谷は敵地アスレチックス戦に「2番・投手兼DH」で出場し、6回4安打無失点で自己最多10勝目をマーク。1918年のベーブ・ルース以来、104年ぶり2人目の「2桁勝利&2桁本塁打」を達成した。2021年も含めて通算7度目の挑戦で、重たい時代の扉をこじ開けた。打者では25号ソロを放ちメジャー通算118号本塁打とし、日本選手ではイチローを抜き単独2位となった。

いつも通りの大谷だった。オークランド・コロシアムの、薄暗いビジタークラブハウス前の通路で行われた「囲み取材」。赤いアンダーシャツ姿のままで、素足にサンダル。野球の神様ベーブ・ルースが13勝&11本塁打した1918年以来、104年ぶりの快挙にも表情を変えることなく、淡々と言葉を紡いだ。

「光栄だと思うけど、シーズン中に自分の今の数字がどういう印象かは分からないもの。終わった後に、こんなシーズンだったかなと振り返れればいい」

「2桁勝利&2桁本塁打」にあと1勝と迫ってから、3連敗。同じくあと1勝から3試合勝ち星を逃してシーズンを終えた昨季も含めて、「7度目の挑戦」という難産だった。「(10勝に)いくか、いかないか、印象は大きく変わる。そこが違う」。6回4安打無失点で自己最多10勝目。打者では25号ソロを放ち、二刀流の輝きが際立った。

大谷を一番近くで支える水原通訳にとっても感慨深い偉業となり、2022年8月掲載の『水原一平通訳 I REPORT』特別編で次のように記した。

「翔平がついに『2桁勝利&2桁本塁打』達成しました。ここまで翔平本人の頑張りはもちろん、チームメートの支えもかなり大きかったと思います。

思い出すのは、翔平が今季7勝目を挙げた6月29日のホワイトソックス戦後の出来事です。チームは試合後に飛行機で移動する予定でしたが、急きょパイロットの不都合が発生し、30日に移動して、夕方過ぎにヒューストンに入ることになってしまいました。

30日は試合のない休養日。本来は1日寝て過ごすことが可能でしたが、移動日となってしまうのです。それだと休んだ気がしませんよね。

すると、その状況を見かねたトラウト選手が、自身のプライベートジェットで移動することを決め、翔平を誘ってくれたのです。ありがたく乗せてもらい、30日の朝方にヒューストンに着いたのですが、登板後にそのまま移動したことで、ゆっくり休むことができました。シーズン全体を通しても、かなり大きかったと思います。翔平は『体のことを考えてくれて優しいね』と感謝していました。

翔平のほかにも、キヨシさん（スズキ）、スタッシ、テペラ、ループ、サンディ（サンドバル）など7、8人は乗っていました。飛行中は席の間の通路を使って、ゴルフのパッティング大会のようなことをして、かなり盛り上がりましたね。すごく楽しくて、みんなと絆を深めることもできたフライトでした」

私は8月16日に、レンジャーズの有原の先発登板を取材にテキサスに飛び、2022年2度目の出張を終えた。

9月27日。私にとってこの年、最後の出張がスタートした。大谷は本拠地アスレチックス戦の初回に今季150安打目の左中間二塁打を放ち、150投球回以上（153）、150奪三振以上（203）を含む史上初の「トリプル150」を達成した。この頃の大谷の話題は、ヤンキースの主砲ジャッジとのMVP争い、そして、史上初の投手で規定投球回（162）到達、打者で規定打席数（502）到達の「ダブル規定」達成なるか、だった。

一方、その他の打席は凡退し、62打席連続ノーアーチは自己ワーストから2番目のブランクとなった。安打は出るが、本塁打は出ない。2019年のように左膝の状態が悪いわけでもない。クラブハウスでの様子や記者席からグラウンドで見ていても変化は見つけられず、取材に奔走した。

9月29日。投手では圧巻だった。本拠地アスレチックス戦に「3番・投手兼DH」で先発。8回2死まで無安打投球を展開した。快挙は逃したが、8回2安打無失点で日本ハム時代の15年と並ぶ自己最多の15勝目を挙げ、日米通算70勝に到達。162回の規定投球回数まであと1イニングとした。

あと4人だった。8回2死。遊撃手のグラブをはじく中前打で、無安打投球が途切れた。少し苦笑いした大谷は、すぐに帽子をかぶり直し、内野手と捕手スタッシに手で合図。次打者へ気持ちを切り替えた。快挙を逃した悔しさは一瞬。実に大谷らしかった。

「正直〝出来的〟にはあまり良くなかった」。直球は平均95・2マイル（約153・2キロ）で今季〝最遅〟。今季、軸とするスライダーも、普段より曲がらなかったが「コマンド（制球）的には良い日」と覚悟を決めた。「こんなにスライダーを投げたことは人生でもなかった」。全108球中、カットボールを含めスライダー系を74球（68％）と駆使した。

2日前、同僚左腕で陽気なホセ・スアレスから「テレビゲームで翔平を中継ぎで登板させ、スライダーを多投させて打たれまくった」と〝難癖〟を付けられて笑っていたが、現実では1分間あたりの回転数が昨年まで平均2300台から、今季は平均2491に上昇。より鋭くなったスライダーを軸に、今季リーグトップの10度目の2桁10三振を奪った。

8回を投げ終え、ガッツポーズは普段よりおとなしく、ベンチでは疲れ切った表情だった。「できれば9回を投げきって（歓声に）応えたかったというのが正直なところ」。それでも、ヤンキース・ジャッジとのMVP争いの中での快投に、本拠のファンは何度もMVPコールで称えた。

10月1日。午後1時。本拠地レンジャーズ戦前に大谷の契約合意が発表された。1年3000万ドル。今季の550万ドルから約5・5倍で、日本選手の歴代最高年俸だった。夏のトレード期限前に移籍報道が過熱するなど、注目されていた契約の突然の決着。球場を訪れた代理人を務めるマネジメント会社「CAA」のネズ・バレロ氏は「彼にふさわしい契約だ」と笑みを浮かべた。

球団売却に動いているエ軍にとって早期決着は理想的だった。大谷の契約問題がクリアになり、新オーナーとの交渉の懸案がひとつ解消された。また、大谷にとってもメリットが多い。2023年3月開催のWBCへ「もちろん出たい」と意欲を示しており、今オフの契約交渉や年俸調停がなくなったことで、準備や練習に集中する環境が整うことになる。この日、取材対応がなかった大谷の心中を代弁するようにフィル・ネビン監督代行は「彼にとっても、我々にとってもいいこと。オフシーズンに向けて、関係者全員が快適に過ごすことができる」と語った。

栄光を地道に支えた「大谷ライン」

10月5日。レギュラーシーズン最終戦の敵地アスレチックス戦。「3番・投手兼DH」で先発した大谷は、右手中指のマメの影響もあり5回1失点で降板し、9敗目（15勝）を喫したが、あと1イニングに迫っていた自身初の規定投球回に到達。1900年以降の近代野球では初めて、規定投球回（162）と規定打席（502）にダブル到達する快挙を成し遂げた。

前年に続く歴史的なシーズンが完結した。「2桁勝利&2桁本塁打」を始め、数々の偉業を残した大谷は「ほとんど前のことなので忘れてしまった」といたずらっぽく笑った。

自身初の規定投球回到達まであと1イニングに迫っていた。初回3者凡退で到達すると、5回1死まで完全投球を披露した。四球、初安打から先制犠飛を許した直後に、右手中指マメの悪化を訴え、5回1失点で9敗目。規定打席は8月下旬に2年連続で達しており、「ダブル規定」到達を成し遂げた。「本来はこだわりはないけど、やってみないと分からない。それが分かったのは良かった」。この年は投手で45人、打者で130人がクリアしたが、重ねて到達したのはもちろん史上初めてだ。

投手として進化した5年目だった。日本選手4人目のシーズン200奪三振（219）を達成し、奪三振率11・87はア・リーグトップ。防御率2・33はリーグ4位で、コロナ禍で短縮された20年を除けば95年野茂英雄（ドジャース）の同2・54を抜き日本選手歴代最高となった。前年中盤からカットボールを軸球に加えたが、今季は右肘を下げてスライダーを横に大きく曲げるなど、変化を恐れなかった。後半戦はツーシーム、縦のスライダーも導入し幅を広げた。徹底した食事管理や睡眠時間の確保を含め健康体の維持が、完走に導いた。登板前日の4日は自ら超音波治療器を操作して10分以上、右肘をケア。欠場は前年の4試合に続き、わずか5試合だった。

史上初のダブル規定到達は、大谷をもってしてもこれが最初で最後となる可能性すらある。終盤は規定投球回到達を優先に登板予定を立ててつかんだが、私が「投打の『ダブル規定』は来年以降のベースと捉えているか」と質問すると、「安定して出れば、どちらもいける範囲内の数字ということは認識したけど、それでも無理して狙うことではないというのが率直なところ。ペースというか、自分の体調を無理して崩していくところではないかなと思う」と語った。

それ以上に求めるのは、しびれるような「10月の野球」なのだろう。入団から5年連続でプレーオフ進出を逃し「全体的に良かったけど、今日で終わってしまうのは不本意」と素直な気持ちを吐露。「本来ならここからが本番、ぐらいの感じでいければ。それを目指して頑張る」と頂点への決意を強くした。

翌日のスポニチ東京版では、「投手・大谷」がどういう練習に取り組み、結果につなげたかを本文とは別記事として執筆した。栄光を地道に支えた「大谷ライン」と名付け、新聞の見出しにもなった。

本拠エンゼルスタジアムの左中間フェンスには、広告に挟まれた工軍の「A」のマークに向かって芝生が一直線にはげている部分がある。長さ約2・5メートル。軸足となる右足で蹴り、左足で踏み込んで投げ込む。大谷がこの2年間、ぶれずに「同じ練習」を続け、飛躍につなげた証だった。

きっかけは2020年オフ。シアトル郊外のトレーニング施設「ドライブライン・ベースボール」を訪れたことから始まる。翌2021年からキャッチボール前に「壁当て」を取り入れ、同施設考案のプライオボール（重さの違う6種類のボール）を投げ込んだ。大谷は「重さの違うボール、大きさの違うボールを投げることで、動きのセンス、うまさが出てくる」と効果を語った。壁に背中を向けて、腕をぶん回すようにして後方に投げる「リバース・スロー」など投げ方も6種類。敵地での登板だったこのアスレチックス戦でも、ブルペン入り前に入念に行

写真中央手前の白い部分が、芝生がはげるほど繰り返した反復練習でできた「大谷ライン」

った。

グラウンドキーパーはフェンス際のはげた部分を見つけては芝生の種をまき、目立たぬよう緑色のスプレーを散布する。この年の開幕時には元通りの芝生に戻ったが、シーズンが終盤を迎えると、修復が追いつかなくなった。

太陽が照りつけるアナハイムには、栄光を地道に支えた「大谷ライン」がくっきりと残っていたのだった。

10月18日。大谷は日本航空機で米国から帰国し、そのまま2022年の総括会見を開いた。白のTシャツに紺色のジャケットを羽織り、白のスニーカーで爽やかに現れた。羽田空港第3ターミナルに隣接する会見場。大谷は真っすぐに前を見つめ、翌年3月開催のWBCへ素直な気持ちを明かした。

「良い状態でまずはコンディションを整えられるかどうかが一番大事。前向きにはもちろん捉えている」

日本ハム時代の恩師でもある侍ジャパンの栗山監督が直接視察に訪れた8月12日のツインズ戦後。現地で食事に出かけ、熱いオファーに心が躍った。「監督としての意気込みや決意。〝一緒に野球がしたい〟と言ってもらえた。そこだけでもうれしい」。2017年の前回大会は直前に右足首痛の影響で出場を断念。「日の丸を背負って戦いたいという気持ちはもちろん持っていた」だけに、悔しさを忘れたことはなく、WBC初出場への思いは強い。

大谷には、すでに具体的な二刀流での参戦イメージがある。打者としての不安要素はなく、鍵は投手調整。侍ジャパンは3月9日から東京で1次ラウンド。勝ち抜けば19日（日本時間20日）からマイアミに舞台を移し、準決勝以降に臨む。

例年であれば、大会序盤はオープン戦で2イニング、球数約40球をめどに投げている時期。「先発で投げるのであれば、60、70球を投げるように仕上げないといけない」とした上で「先発で投げるのか、中継ぎで投げるのか、クローザーで投げるのか」とあらゆる可能性を想定。メジャーでは先発以外は未経験だが「短期決戦なので、先発がどうのとか、そういうところにこだわりはない」と言い切った。

「（決断が）遅れれば遅れるほどメンバー選出も遅れる。なるべく早い段階で決めたい」。コンディション面が鍵を握るためWBC出場は「まだ決断はしていない」と慎重だが、思いは早くも日の丸とともにあるようだった。

この日、私はプレーオフの取材を終え、偶然にも大谷と同じ帰国日だった。ただ、私は羽田空港着、大谷は成田空港着だったため、バスに飛び乗り、ぎりぎり会見に間に合った。翌日のスポニチ東京版1面の見出しは「大谷　侍守護神兼先発柱」。この頃から本番を想定できていた大谷の先々を読む能力は、二刀流の能力に匹敵するほど称賛に値すると思っている。

WBC2023出場を表明

10月17日。大リーグ機構は2022年の両リーグMVPを発表し、大谷は2年連続受賞を逃した。リーグ新の62本塁打を放ったヤンキースのジャッジが初選出。1位票は30人中、ジャッジの28票に対し、大谷は2票。ジャッジ優勢の予想は覆せず、130点差と大差がついた。MVP争いで大谷が得た1位票はエンゼルス担当記者による2票のみ。残り14球団の記者28人がジャッジを1位に選び、合計130点差で大敗した。とはいえその28人全員が2位票は大谷と完全な一騎打ち。全米で論争が過熱したほどだったが、何が差を分けたか。

①チームの勝利

低迷した大谷のエ軍に対し、ジャッジは名門ヤンキースを3年ぶりの地区優勝に導いた。MVPとチームの勝利は必ずしも直結しないが、投票時期はレギュラーシーズン終了直後。9月のし烈な優勝争いの中で打ちまくり、終盤戦の盛り上げという点で、ジャッジに軍配が上がった。

②本塁打

ジャッジは61年ぶりにロジャー・マリスのア・リーグ本塁打記録を更新した。ステロイド時代の記録だがシーズン最多73本のバリー・ボンズやマーク・マグワイアらが、ストライキ後の大リーグ人気を盛り上げたのは事実。本塁打には野球というスポーツにおいて唯一無二の魅力が詰まっている。大谷は40発の大台に乗せれば、印象度が違っただろう。

③二刀流への慣れ

「Don't take it for granted」（当たり前だと思わないでほしい）。ジョー・マドン前監督が二刀流について、口酸っぱく話していた言葉だ。昨季届かなかった2桁勝利&2桁本塁打をつかみ投打同時で規定達成という史上初の快挙を達成したが、前年の衝撃は超えられなかった。リアル二刀流での投打完走が、もし今季初めてだったら――。前年の満票MVPが評価のハードルを上げたのは事実だ。受賞者発表前に大谷は中継インタビューに出演し「ここに呼ばれていること自体がすごく光栄。来年以降も数多くここに来られるように頑張りたい」と語った。

この発表後。私は大谷に1位票を投じた2人のうちの1人、AP通信のグレグ・ビーチャム記者にメールで投票理由を聞くと、すぐに返事が来た。

「大谷に1位票、ジャッジに2位票を投じた。大谷は大リーグ史上最も価値のある選手だ。ベーブ・ルースが活躍した時代をさらにさかのぼったとしてもだ。2022年のジャッジも素晴らしいシーズンを過ごし、MVPに値する。だが、投票要項でMVPの定義は曖昧で、我々の判断で「価値」の定義を決めていいことになっている。純粋にオールスターレベルで投打ふたつのポジションをこなす選手は、ひとつのポジションでプレーする選手よりも、チームにとって価値がある。大谷は史上最高のシーズンのひとつを終えた。シーズンを通してふたつのポジションでエリート選手であり続けたことは、誰よりも価値があることは明らかだった」

前年をしのぐ成績の二刀流。後世まで語り継がれるMVP争いになったのは間違いない。

11月17日。大谷は翌2023年3月の第5回WBCに出場する意思をインスタグラムで明らかにした。メンバー発表前の異例の出場表明だった。午後5時25分。大谷がインスタグラムを約9カ月ぶりに更新した。米5年目を終えた感謝の言葉の後に、来春に待つ大舞台へ向けた、固い決意を示した。

「シーズン中よりお話いただいていたWBCの出場に関して、栗山監督に出場する意思がある旨を伝えさせていただきました」

日本ハム時代に選ばれた2017年の前回大会は右足首痛で出場を断念。インスタグラムには「各国の素晴らしい選手や、（2017年以来となる）日本のファンの皆さまの前で野球ができるのを楽しみにしています!!」ともつづった。

水原通訳はこの投稿について「事前に相談して、インスタグラムで日本語と英語でメッセージを発信。翔平が考えた日本語の文章を、僕が英訳し、翔平に最終的にチェックしてもらってという形をとりました。（発表日の）『11・17』は翔平の歴代背番号と同じ数字だと一部で話題になったとお聞きしましたが、そこまで狙っているかどうかは分かりません。もしかしたらそういう意味はあるかもしれないですね」と説明した。

2023

第6章

WBC優勝、
初の本塁打王、
2度目のMVP

「勝つ」「勝ちたい」「優勝だけ」

2023年1月6日。年明け早々に気合は十分過ぎるほど入っていた。3月に開催される第5回WBCに出場する侍ジャパンの栗山英樹監督が都内で会見を開き、代表選手12人を先行発表し、選出された大谷も同席した。

半袖で登壇した大谷の心は、熱く燃えていた。世界一に輝いた2006、2009年WBCで使用したデザインを基調とした紺色のユニホーム姿で力強く宣言した。

「優勝だけ目指して、勝つことだけを考えていきたい」

2022年8月、日本ハム時代の恩師でもある栗山監督と米国で面談し、出場を打診された。即答は避けたが、オフに帰国後、「自分の考えをまとめて連絡させていただいた」と電話で出場意思を伝えた。根底にある思いは、2017年の前回大会の出場を右足首痛の影響で断念した悔しさ。「前回、出られなかったし、自身としても初めてのWBC。楽しみにしながら頑張りたい」。2021年にア・リーグMVPに満票で輝くなど、米球界でも超一流の選手へと進化した後に、無念を晴らす時が来た。

シーズン開幕直前の大会でもあり、二刀流での出場はいまだ決まっていない。それでも、栗山監督の隣に座った大谷は「本人を目の前に本当に申し訳ないけど、おそらく誰が監督でも出たいなという気持ちは前向きだった。そこはおそらく変わることはなかった」と語って場内を沸かせ、「勝つことだけを考えて。それ以外は何でもいい」と言い切った。おそらく質問者は「栗山監督だから出場を決断した……」なんてコメントを期待していたと思うが、大谷は忖度なしで自身の気持ちを素直に打ち明けた。大谷は「人に興味がない」と改めて感じた。人にどう思われるか、どう思われたいかを全く気にしていない。だからこそ、強い信念で前に突き進むことができる。

背番号はエンゼルスでの「17」ではなく、2014年日米野球以来、侍ジャパンでつけている「16」を選んだ。2014年は年上の岸孝之（当時西武、現楽天）と日本ハムでの背番号「11」が重なったため。ただ、「背番号はあまり大きなこだわりはない」と話した一方で、「前回（大会に右足首痛で）出られなかったのが一番。自分にとって日本代表は16番という印象が強い」と説明した。2017年の前回大会でも背負う予定だった番号を7年越しに背負う。関係者によれば、「17」も選べた中で「16」を自ら選んだという。

2006、2009年の2連覇はテレビで見届けた。イチローが決勝打を放った2009年の韓国との決勝を思い出に挙げ「いつか自分がここでプレーできたら面白いだろうなっていうひとつの夢として持っていた」と話した時には、少年のように目を輝かせた。

大谷は「勝つ」「勝ちたい」などの言葉は会見中に計6回、「優勝だけ」は2回繰り返した。

栗山監督とともにWBCへの意気込みを語った

会見の質疑応答の時間で、私は前回大会を例に出し「この『勝ちたい』と強調したことの根底にある思い」を大谷に尋ねた。大谷は「野球を始めてから今日まで、1位以外を目指したことはない。自分の中で目標のひとつである大会で勝ちたいと思うのは自然の流れかな」ときっぱり。憧れの舞台での頂点しか見ていない。試合を除いてこれほど気合が入っている大谷を見るのは、初めてだったかもしれない。

2月12日夜。大谷を取材するため私は再びアリゾナに来ていた。日本からの直行便がなく、今回は初めてハワイ経由でアリゾナ入り。到着直後のフェニックス・スカイハーバー空港は驚くほどに閑散としていた。今季のNFLの頂点を決めるスーパーボウルが、空港から車で約20分のグレンデールで開催。空港到着はまさに試合終了直後だった。祭りの後の静けさか。いや、これはまだ見ぬ嵐の前の静けさだったのか……。

2月13日。3月のWBCに出場するバッテリー組の集合日を迎え、既にキャンプ地入りしていた大谷は屋外フリー打撃で26スイングし、柵越えは圧巻の12本を数えた。気温10度。砂漠地帯のアリゾナ特有の冷たい風が吹きすさぶ中、大谷は半袖姿で屋外フリー打撃に参加した。26スイング中、12本の柵越えの中で、進化の一端を見せたのは3セット目の最終スイングだ。左中間最深部にぐんぐん伸びた打球はフェンスを悠々越え、道路で弾み、奥の施設の駐車場まで転がった。推定飛距離130メートルの特大弾となった。

打撃フォームにマイナーチェンジを加えているように見えた。これまで対左投手には右足を開いて構えたが、この日は右投げの打撃投手に対しても、右足を開いた。さらにバットのグリップエンドとテークバックの位置を、これまでより捕手寄りにし、懐の深い構えとなった。投手寄りの足を開くオープンスタンスは、始動が遅くなるデメリットがある分、ボールとの距離感はつかみやすくなり、ミート率の向上につながる。さらに今回、テークバックを大きく使うことで、最後に左手でバットを強く押し込むことが可能になったと言えるだろう。

この日、大谷はアリゾナ州テンピのキャンプ施設に、オフに契約したニューバランスのグレーのスエット上下、同色ニット帽姿で登場した。「ジャスティン・ビーバーみたいだね」という声も飛んだ。昨年まで球場入りの私服は同じ配色、同じ系統を好んだが、今年は明らかに違う。15日はブランドアンバサダーの「BOSS」のベージュと黒のツートンカラーのブルゾンでクールに決め、18日はオフホワイトのブルゾンにBOSSの白いTシャツで爽やかさを前面に押し出した。

キャッチボール相手の先発左腕パトリック・サンドバルは「彼は私服に快適さを求めているのにとてもクールだ」と評価。外野手ミッキー・モニアクは「まず、間違いなくスタイルがいい」とした上で、「ニューバランスやBOSSでのコーディネートがいいね」と笑顔で語った。かつて、主砲トラウトに「翔平の私服は最悪。いつも同じ服を着てる」とからかわれたことも今は昔。大谷のファッションにも、ファンの熱い視線が注がれていた。

エンゼルスキャンプを経て侍ジャパンに合流

2月16日。大谷はキャンプイン後初めて取材に応じ、侍ジャパンの一員として臨む3月のWBCと、エンゼルスで迎える米6年目のシーズンとの「ダブル優勝」を誓った。

2023年仕様の真っ赤なエンゼルスのパーカに身を包み、大谷は視線を上げて語った。日米韓の報道陣約60人が集まり、「個人的には楽しみにしているし、優勝を目指して頑張りたい」と意気込んだWBCと、その先のシーズンに向け、手応えを深めていた。

①過去最高のフィジカル

「今のところは申し分ない。去年よりさらに良い。今までの中でも一番、今のところいい」。2019年9月の左膝手術以降、大谷が重視するスクワットやランジトレーニング（股関節や膝関節の曲げ伸ばし）を不安なく取り組めている。手術前は体重維持に苦労したが2021、2022年は体重102キロで安定。分厚い胸板、パンパンに張った太腿はさらにサイズアップした印象で、投打に躍動感が増した。

②負荷を少なくした新投球フォーム

この時、新たな投げ方に取り組んでいた。最も顕著なのは「ショートアーム」と呼ばれる、コンパクトにしたテークバックだ。大谷は「一貫して、（肩肘への）負荷を少なく、かつ効率よく投げたい」と狙いを説明。フィジカルの状態が良いからこそ、コンパクトなフォームでも球威が落ちる懸念は少ない。「毎年毎年、いろいろなことを試しながら、よりその方向（負担減と効率の良さの両立）にしっかり近づいていけるように」と続けた。

③振りやすさを追求した新バット

この春新たに使用していたバットは米国のチャンドラー社製。2022年ア・リーグ本塁打王のジャッジ（ヤンキース）、2021年ナMVPのハーパー（フィリーズ）らの長距離砲も同社製を使う。「〝打感〟は硬め。自分に振りやすいように変化させた感じ。心地よくスイングできるかが一番大事」と大谷。素材は昨季までのバーチ（カバ）材から、より硬く反発力があるメープル材に変更した。この日のフリー打撃では、最後の30スイング目で、右翼後方のマイナー施設の屋根まで届く推定飛距離130メートル弾を飛ばした。「バチッ」と響く打球音は、さらに際立っている。

米球界での過去5年、ポストシーズン進出経験がない。2023年シーズン終了後にFAとなるが「今の段階ではエンゼルスに所属していますし、このチームで優勝したいなという気持ちが一番」と、きっぱり言った。WBCとシーズンのダブル優勝へ。「キャリアハイというのは、もちろん常に（思っている）」。

このキャンプ中のクラブハウスでは、選手同士の会話でもWBCの話題が多く出ていた。大谷のキャッチボール相手で、メキシコ代表の先発左腕サンドバルは「互いの1次ラウンドの相手についてよく話し合っている。できれば（準決勝以降の）マイアミで会いたい」と国際舞台での対戦へ意欲。ベネズエラ代表の内野手レンヒーフォは「翔平とマイアミで対戦できればいいね。直球やスライダーなどいろいろな球種を投げる。何を狙えばいいか分からないよ」と既に白旗を揚げていた。大谷のフリー打撃をケージ裏で見守ることが多かったトラウトは米国代表の主将。「彼は日本代表だから少し距離を置いているよ」と冗談めかし、会見の最後に私が「投手・大谷」を攻略する秘訣を問うと「ないよ」と苦笑いしていた。

2月28日。アスレチックスとのオープン戦に先発し、2回1／3を無安打無失点と好投した。直球は最速98マイル（約158キロ）をマークし、全球種を投げた。

WBC前、投手として唯一の実戦でもあったオープン戦登板。回を追うごとに躍動感が増した。3回。「よいしょ！」と叫びながら放った剛球は、最速98マイル（約158キロ）を2度マーク。「1球ぐらい100マイル（約161キロ）が投げられればいいかなと思っていたけど、98マイルまでいったので良かった」と喜んだ。初回は7球で3者凡退。2回は四球の後にスライダーで空振り三振、スプリットで遊ゴロ併殺に仕留めた。2イニングで22球と予定より少なく、打者2人限定で続投。全球種を試し、「基本的にどの球も良かった」。降板時には敵地ながら、この日一番の歓声を浴びた。

米6年目でオープン戦初戦の無失点は初めて。WBCに備えた仕上がりの早さを感じさせた。9年ぶりに実現した藤浪との投げ合いにも、「あまり（相手投手の投球を）見ないタイプなので」と自身の投球に集中。「今日まで体調良く、しっかり（日本代表に）合流できそうなので、それがひとつまず、いいところ。ここまで順調に来ているというのが自信になる」と語った。「（WBCは）出たいなと思っていた大会。前回（2017年大会は右足首痛で）出られなかっただけに、すごく楽しみにしている」

私は大谷の取材後、藤浪の取材に向かった。そのタイミングで大谷は空港に移動。左脇腹を痛めて参加を断念したカブス・鈴木と同乗する予定だったチャーター便で日本へ向かった。

私も大谷、そして侍ジャパンを取材するため、再び日本へ。その間に大谷は羽田空港からチャーター機で名古屋入り。そのままバンテリンドームで中日との壮行試合を戦うチームに、ラーズ・ヌートバー（カージナルス）とともに合流した。

3月5日。大谷ら侍ジャパンは名古屋からチームとともに新幹線で大阪に移動。私はスポニチWBC取材班に合流した。大谷、このオフにオリックスからレッドソックスに移籍した吉田正尚ら数選手が大阪市内の室内練習場で行われたピックアップ練習に参加した。

大谷は半袖のTシャツからのぞく、鍛え上げられた腕を何度も振り下ろした。ルーティンの「壁当て」、約40メートルのキャッチボールを終え上着を脱いだ大谷。強度を上げた短い距離でツーシーム、スライダーなど変化球を試投するなど、この日は投手練習に専念した。

この日の取材対応はなかったが、大谷のWBCに懸ける思いは移動時の服装にも表れた。東京から名古屋にチャーター機で移動した3月3日に着用していた黒のスタジアムジャンパーだ。大谷と「BOSS」が共同製作した、世界に計3着しかない特注品で、自身のインスタグラムに投稿した。製作期間は約2カ月。イニシャルの「SO」や、右腕に背番号16、背中は同社ロゴと「Japan」の文字が施された。背面の首付近に入ったWBCロゴには「ご本人がつけられたようでして、WBCに対する意気込みを感じました」と同社担当者。初出場のWBCへの強い思いが込められていると感じた。

強化試合で格の違いを見せつける

3月6日。驚愕のパフォーマンスが飛び出した。阪神との強化試合に「3番・DH」で出場した大谷は3回に左膝をつきながら中堅フェンスを軽々と越える3ランを放つと、5回も中堅に2打席連続の3ランを運んだ。

こんな一発は見たことがなかった。1日に帰国し、3日からチームに合流。「時差ぼけで体調100％ではなかった」という中、衝撃の2本塁打6打点だ。まずは3回2死一、二塁。オ木浩人の外角低めのフォークに体勢が崩れ、スイング直後には左膝が地面についた。最後は右手一本で、腰の刀を抜いたようなポーズで打球を見送る。「2ストライクからだったけど、いい角度で振ることができた」。誰もが「凡退か……」と思った打球が、バックスクリーン右の2階席まで届いた。

こんなパワー、信じられなかった。2本目は5回2死一、二塁の第3打席。新人左腕・富田蓮の142キロ高め直球を2打席連続で中堅右に運び「詰まったけど力で運べた」と言った。体の近くまで引きつけて強振。バットが折れたのに、打球は軽々とフェンスを越えた。阪神投手はWBC使用球よりも飛ぶとされるNPB球を使用したが、格の違いは歴然。日本代表での一発は2016年11月12日のオランダとの強化試合以来、2、3本目。1試合2発はもちろん初だ。ヌートバーの人気パフォーマンス「ペッパーミル」も披露した。

規格外のパワーを生み出すフィジカルの状態は過去最高だ。2月のキャンプ序盤に「今までの中でも一番」と強調。エンゼルスで大谷の体のケアを担当する寺田トレーナー兼マッサージセラピストも「(右肘、左膝の) 手術明けという感覚ではない。昨年の後半から状態は良い。

強化試合でのホームラン後に見せた“ペッパーミル”

トレーニングの質と量も上がっている」と太鼓判を押す。2019年の左膝手術前は体重維持に苦労したが2021、2022年は体重102キロで安定。キャンプ中に全身マッサージやストレッチに2～3時間かけた日もあり、万全の状態で臨むことができている。

こんな大谷は見たことがなかった。試合直後のヒーローインタビュー。淡々と受け答えすることが多い二刀流が「まだまだ声援が足りないので、もっともっと大きい声援をよろしくお願いします」とファンをあおる。世界一奪還を願う3万3460人から、笑いと拍手が降り注いだ。

今大会、レギュラーシーズン中ならめったに入らない試合前フリー打撃に参加している姿を見るのも新鮮だったが、その前段階の準備にあたるティー打撃を目の前で見られたことが何より貴重な瞬間だった。NPBであればフリー打撃前にバックネット前でティー打撃を行う選手を見られるが、メジャーでは一般的ではなく、大谷のティー打撃をしっかり見られたのは日本ハム時代以来かもしれない。

この日はティーにボールを置いて打つ「置きT」で、1歩、2歩、3歩、4歩進んで右足を高く上げ振る形や、バットを寝かせた状態でスタンスも極端に狭めて右足を高く上げて振る形など、どれも初めて見た練習法。ボールを置く位置も全て高めのコースで、明らかに何か狙いがあり、コンタクト重視ではなく、全てフルスイングで行っている姿が印象的だった。

翌3月7日。オリックスとの強化試合でも大谷はまた打った。初回1死一塁。右腕・東のカーブに2度空振りしても落ち着いていた。4球目の145キロ外角直球を強振。内野手が右寄りに守る「大谷シフト」を破る痛烈な一打で好機を演出した。試合前には6日に続き投手調整としてキャッチボールを行い、ツーシームなど変化球も試投。投打二刀流出場が有力視される3月9日の初戦・中国戦に向けて入念に調整した。自身初出場となるWBC開幕を前に、日本が世界に誇る二刀流侍が準備を整えた。

東京ドームの〝大観衆〟をどよめかせた発言

3月8日。東京ドームで行われたWBC開幕前日練習。大谷は中堅フェンスに向かって、ルーティンの「壁当て」を繰り返した。その後、大好きなアニメ『SLAM DUNK』のオープニング曲『君が好きだと叫びたい』が流れる中、ベンチ裏に下がった。

「初戦なのでチームの勢いとしても、初回の入りからしっかり集中して入りたい」

小学2年だった2002年に野球を始め、2006、2009年の連覇はテレビの前で見届けた。初選出された2017年大会は右足首痛で出場を断念し、日本代表も準決勝で敗れた。「WBCは初めてなので、緊張するとは思うけど、いつも通りの自分らしいプレーをしたい」。

憧れでもあり、6年前の悔しさを晴らす舞台でもある。

強化試合2試合で4打数3安打、2本塁打、6打点と絶好調。投手としては2回1／3を無失点だった2月28日のアスレチックスとのオープン戦から万全の「中7日」で本番を迎え「フィジカルは今までで一番良い。現時点では申し分ない」と言い切った。

「ずっとお世話になった監督と、こういう舞台でできることが特別なこと。一緒に優勝できればこれ以上ない」。日本ハム時代の恩師で二刀流の生みの親でもある栗山監督と挑む初のWBC。さあ、伝説の幕が開く。

3月9日。1次ラウンドB組が東京ドームで開幕。侍ジャパンは中国を8—1で下し、白星発進した。大谷は「3番・投手兼DH」で出場。投げては4回1安打無失点、5奪三振で勝利投手、打っても左中間2点二塁打など2安打で初戦白星に貢献した。

自身初のWBC、開幕投手。マウンドに上がると静寂に包まれ、シャッター音だけが響いた。先頭打者からスライダーで空振り三振。地鳴りのような大歓声が響いた。「球数（65）は決まっていたけど、その中でなるべくゼロに抑えることを考えた」。4回1死から2番・楊普《ヨウシン》に初安打となる左前打を許したが、2022年までソフトバンクに所属した3番・真砂勇介には5球連続スライダーで空振り三振。4番・陳晨《チンシン》もスライダーで見逃し三振など、5三振は全てこのスライダーだった。49球中、スライダーは26球（53％）。昨季後半も50％前後の割合を占めるなど、得意球としてきた球種。球数制限もある中、最も打ち取る確率の高いボールを選択し、4回をわずか49球。オープン戦登板は現地時間2月28日の1試合のみだったが、直球の最速は160キロを計測し無失点で抑えた。

試合前ブルペンから大谷流だった。日本ハム在籍時の2016、2017年に投手コーチでもある吉井理人投手コーチは「ブルペンで1球もストライクが入っていなかったので、大谷らしいところを久しぶりに見た」と明かした。〝大谷らしいところ〟とは、ブルペンでストライクを投げるのではなく、変化球の曲がり幅や直球の回転など球質、リリースポイントの確認に費やしたところ。制球力に自信があるからこそ。この日の無四球がその証明だった。ストライクを投げるだけがブルペンではない。2014年の日本ハムキャンプで大谷が悪戦苦闘していたクイックモーションでの投球練習を思い出した。

日本ハム時代の恩師で二刀流の生みの親でもある栗山監督と挑む初のWBC。かつてその恩師から「投げることに関してはうまくない」と評されたこともある「投手・大谷」が大舞台で進化の〝凱旋登板〟を飾り、中6日で16日の準々決勝に向かうことになる。

ヒーローインタビューではファンと勝利を分かち合い、そしてこう言った。「これだけ夜遅くまで最後まで残っていただいて感謝してます。ただ、まだまだ（声援が）足りないんで、明日もっともっと大きい声援で、よろしくお願いします」

WBCでの大谷の取材対応は〝エンゼルス流〟が踏襲され、原則、ヒーローインタビューと登板後の会見のみ。ほかの選手はダルビッシュ有らメジャーリーガーを含めミックスゾーンでの取材が可能だったが、大谷は原則、禁止だった。9日の中国戦後はヒーローインタビューに限られ、会見は行われない〝例外〟も発生。各メディアは二刀流が時間との戦いであることを理解しつつも、どう独自色を持って報じるか悩ましかったのではないだろうか。だが、そんな心配も杞憂に終わるほど、今大会の大谷は饒舌だった。そして、その言葉は多くの人々を動かしていった。

この中国戦後のヒーローインタビューで、大谷は「今日の勢いをそのまま試合につなげたいですし、（翌10日の韓国戦の）先発ダルビッシュさんなので、なんとか援護できるように、僕自身頑張りたいなと思います」と発言し、東京ドームの大観衆をどよめかせた。まだ栗山英樹監督が予告先発を発表する前だったからだ。うっかり口を滑らせたか、狙った発言だったかは定かではないが、大谷らしからぬ言動に驚いた。

2004〜2010年、2014〜2017年に日本ハムでコンディショニング担当を務め、大谷と二人三脚で歩んできた白水直樹氏にとっても感慨深い、大谷の侍ジャパンのユニホーム姿だった。

前回2017年大会直前の1月。千葉・鎌ケ谷の2軍施設のロッカールームは緊張感に包まれていた。当時、右足首痛に苦しんでいた大谷の出場可否は決まっていなかった。球団とトレーナー陣は将来を考え、無理をすべきではないという考えで一致。大谷の本心を探るために、白水氏が〝派遣〟された。大谷と2人きり。白水氏はその時のことが忘れられないという。「トレーナーとして今、無理をするタイミングではないと思う。次の大会には出場できる。どう思う？」とチーム方針をやんわり伝えた。大谷は「それは全然、チームに任せます」。驚くほどあっさりした答えは、白水氏への信頼が厚いからこそだった。

だが、その右足首の故障で大谷が一度だけ、怒りをぶちまけたことがあった。同年シーズン中盤の福岡遠征での、栗山監督、白水氏が見守ったブルペン投球。投球時に軸足の右足を強く蹴れずに浮いてしまい、体重が前に乗らない状態が続いていた。球離れが早く最後のひと押しが出ない。白水氏が「前に入っていく動きを出そう。そのほうが前に力が伝わると思うよ」と言うと、大谷が声を荒らげた。「分かっていますよ！　だけど、できないんですよ！」。栗山監督も「あんなあいつは見たことねえな。それくらい悔しさとかあったんだろうな。でも、信頼する人にしかああいうこと言わないから」と回想する出来事だった。

当時、登板翌日でも、休日でもジムでのサポートを頼まれ「そこまで継続している選手はいなかった。完全にメジャーや、その先を見ていた。フィジカルがないと間に合わない。あの時から逆算が始まっていた」と白水氏。メジャー移籍前の２０１７年終了後に右足首を手術し、痛みは完治した。出場辞退から6年。大谷の悔しさを知る白水氏にとっても悔しさを晴らす舞台となった。

意表を突くバント、イタリアを退けアメリカへ

韓国、チェコに連勝し迎えた3月12日のオーストラリア戦。7―1で快勝し、4戦全勝でB組の1位突破を決めた。「3番・DH」で出場した大谷が初回に右中間後方の自身が広告塔を務める看板にぶち当てる飛距離140メートルの先制3ランを放つなど打線をけん引した。

初回無死一、二塁。大谷は先発左腕のカーブを捉えた。打球の着弾点は右中間後方、自らの顔が広告塔を務める「セールスフォース・ドットコム」の看板。「良い角度で上がってくれたので〝入ってくれ〟という感じで見ていた」。飛距離140メートルの先制3ラン。打球を見送る涼しい顔とは対照的に打球はえげつなかった。本人にも自覚があり「引っ張った打球があまり上がっていなかったので、久々に良い打球を打てて、良い景色だった」と自画自賛。「子供の頃からずっと夢に見ていた。本当に早く打ちたいと思っていた」と感慨を込めた。

中国戦後に声援の大きさについて「まだまだ（声援が）足りない」とお立ち台で呼びかけたが、この日は4万1664人から大歓声を浴びて「まあまあでした。ははは」とオチをつけ、

スタンドを笑いに包んだ。

3月6日の阪神との強化試合後のヒーローインタビューから始まったこのファンの歓声をあおる発言は、良い意味で大谷らしくなかった。日本ハム時代からチームメートとじゃれ合う姿やユーモアあふれる一面があることは知られていたが、エンゼルスでの活躍で今や「メジャーの顔」となり、大谷の人間性が野球ファン全体に浸透してきたと実感した一幕だった。最後に大谷は「まだまだ気合を入れて優勝を目指して頑張るので応援よろしくお願いします」と力強く宣言し、地鳴りのような大歓声を浴びた。

帰りの球場通路。1次ラウンド4連戦を終えた大谷は取材対応が予定されていなかったが、ひと言でももらえる可能性を信じて他社の記者とともに大谷を追った。報道陣の柵の向こう側でバスに向かう大谷に声を掛けると、立ち止まってふたつだけ質問に答えてくれた。2日連続で行っていた試合前フリー打撃に参加しなかった理由について私が尋ねると、「ちょっと疲れていると思ったので。いつも通りの感じで行こうかなって」と説明。2021年から始めたメジャーでのシーズン中と同じルーティンに戻し、記念すべきWBC1号を呼んだ。

大谷は今や日米の枠を超え、世界基準のスーパースターとなったと実感する出来事があった。3月11日のチェコ戦で背番号16の三塁手スモラは三塁進塁時の大谷に「僕と同じ背番号だね」と話しかけた。すると大谷から「僕のユニホームが欲しいの?」と返され、「サイン入りで欲しいです」とお願いしたという。一塁手ムジークは大谷に「サトリア投手は制球が素晴らしかった」と話しかけられ、すぐにナインに広めた。大谷が自身のインスタグラムにチェコの国旗の絵文字を添え「Respect（尊敬）」と投稿したこともナイン全員が把握している。スモラは「クールな経験。彼は本当にグッドガイであることを証明している」と感謝していた。

3月16日の準々決勝の相手がイタリアに決まった。イタリアといって日本でなじみが深いのは、エンゼルスで大谷と同僚の遊撃手デービッド・フレッチャーだ。大谷と同じ2018年にメジャーデビューし同じ1994年生まれの盟友2人がウオームアップ時に外野で行う〝じゃんけんダッシュ〟は日本ファンにもおなじみの光景だ。

愛称は「フレッチ」。口数は決して多くないが、昨年からことあるごとにWBCの話題で盛り上がっていた。今キャンプもクラブハウスのロッカーが大谷のふたつ隣で「翔平の球はイージーに打てるよ。スプリット、ツーシーム、なんでも大丈夫だ」と笑顔で〝挑発〟。混戦のA組突破に向け「一平（水原通訳）が東京でおいしい寿司店に連れて行ってくれると言っているから、次のラウンド（準々決勝）に勝ち進んで東京も行かなきゃいけないね」と話していた。

母がイタリア生まれで「イタリア語で育てられたから、今でも70％くらいは理解できる」。ダイヤモンドバックスの40人枠に入る弟の外野手ドミニクとともに、代表入りを果たした。オフには妻や弟らと、初めてイタリアを訪れたという。

どんな悪球でも打ち返す意外性と堅実な守備は侮れない。エンゼルスのキャンプ取材中に本人から「日本はイタリアより強いの？」と逆取材を受け「日本のほうが強いと思う」と答えると「それは偏見だ！」と笑っていたが、初来日でイタリアの強さを証明するチャンスが訪れた。

3月16日。負けたら終わりの準々決勝、イタリア戦前日。二刀流で臨む大谷は、素直な気持ちを言葉に乗せた。

「プレッシャーがかかると思うけど、全員でつないで、最終的に1点でも多く取っていればいい」

プロの世界では慣れない一発勝負に「3番・投手兼DH」で臨む。球数制限は1次ラウンドの65球から80球に増える。登板2日前の14日にブルペン入りし、この日は最大40メートルの距離でキャッチボール。ルーティンの「壁当て」を2度、行うなど入念に投球フォームも確認した。勝っても、負けても、日本でプレーする今大会最後の試合。「（6年ぶりの日本でのプレーは）僕自身も楽しみにしていたし、それ以上にファンの方々が楽しみにしてくれていた。勝利して（喜びを）共有したい」と力を込める。

WBCで初対戦となるイタリアにはニッキー・ロペス（当時ロイヤルズ）、ビニー・パスクアンティノ（同）らメジャーリーガー8人が揃い「かなり厳しい戦いになる」と警戒を強めていた。一方、エンゼルスの同僚で仲の良いデービッド・フレッチャーが「大谷を打てる」と発言したことについては「お互いやってみれば分かる。僕は彼の打撃を見ているし、フレッチ（フレッチャー）も後ろで僕の投球を見ている。個人的にも楽しみ」と不敵に笑った。

3月16日。負けたら終わりの準々決勝・イタリア戦に9―3で快勝し、出場チーム中唯一となる5大会連続の準決勝進出を決めた。「3番・投手兼ＤＨ」で出場の大谷は、4回2／3を2失点。どうすれば勝てるか。大谷はそれだけを必死に考えていた。

負ければ敗退の準々決勝。大一番を前に栗山監督からは「どんな形でもいいからチームを勝たせろ」と伝えられた。チームを勝たせるための二刀流。0―0の3回1死一塁。初球にセーフティーバントを試みた。

「無理に引っ張って併殺になるのが最悪なシナリオ。リスクを回避しながらハイリターンが望める選択をした」

から空きの三塁側へ転がった打球を処理した相手投手の悪送球も誘い、一、三塁にチャンス拡大。内野手が極端に右寄りに守る「大谷シフト」の裏を突いて破った。続く4番吉田の遊ゴロの間に先制点をもぎ取った。「あの場面、日本代表の勝利より優先する自分のプライドはなかった」。心は熱く、頭は冷静に。一挙4点のビッグイニングを演出した。

「投手・大谷」も気合十分だった。初回から気持ちを前面に押し出し「オリャッ！」という叫び声が何度もこだました。2回先頭のパスクアンティノにメジャー移籍後最速となる102マイル（約164・1キロ）の外角直球で空振り三振。2016年CSファイナルS、ソフトバンク戦でマークした自己最速165キロにあと0・9キロと迫る剛速球で沸かせた。5回に2死球などで2死満塁を招き、161キロの直球で詰まらせた打球が右翼手の前に落ち2失点。投手としては4回2／3を71球で4安打2失点、5三振。5回2死一、三塁と走者を残しての降板となったが、9日の開幕・中国戦に続き勝利投手に。11日のチェコ戦で三盗を試みた際に、左膝を派手にすりむき、この日は左膝にサポーターのようなものを着け出場。万全ではない中で、投打でけん引した。

「久々の短期決戦。最近ではあまり経験していなかった。独特の緊張感は自分の中で特別なものがある。あとふたつですけど、優勝を目指して頑張りたい」

シフトをあざ笑うバントも、投げる度に雄たけびを上げる姿も、エンゼルスで何度も見せてきた。日本ハム時代、バント安打は一度もなかったが、メジャー移籍後は勝つためにパーフェクト投球中の相手に不文律を破って繰り出すこともあった。「この試合、絶対に勝ちにいくんだと野球小僧になった時に、彼の素晴らしさが出てくる」と栗山監督。世界一までの残り2試合は打者に専念する見込み。投げて打って、走って、米国行きチケットをつかみ取った。

逆転サヨナラを呼ぶ二塁打、熱狂のメキシコ戦

取材とは別に私はスポニチWBC取材班のチケットの手配を担当。負ければ私だけが渡米し、残りの3人は日本に残り、キャンセル不可のチケット代は水泡に帰すリスクがあっただけに、ほっと胸をなで下ろした。

決戦の地マイアミは日本からの直行便がなく、チケットの最安値、最適ルートも購入するタイミングによって様々。準々決勝直後の深夜チャーター便で飛んだ大谷を含めた侍ジャパンのマイアミ到着取材は米国駐在の通信員がマーク。

準々決勝翌日の17日に私はアトランタ経由で、そのほかのスポニチ取材班もそれぞれのルートで目的地を目指した。日本との時差は14時間。経由を含めて約17時間の大移動は心身ともに疲れたが、取材班全員を乗せるため普段より大きめのレンタカーを借り、宿舎へと向かった。

到着翌日の3月18日。マイアミはうだるような暑さだった。同市内のフロリダ国際大の野球場で行った米本土上陸後初の全体練習。青空の下、大谷は、山本と佐々木朗希（ロッテ）が投げるブルペンを見守り「ナイスボール！」と絶叫。栗山監督との会談中には大勢（巨人）に暴投を当てられそうになり、「勉強になります！」とおどけてみせた。

メキシコとの決戦2日前。ティー打撃の前後に栗山監督と2度にわたって、計10分間の話し

合いの場を持った。相手先発はエンゼルスの同僚で仲が良い26歳左腕サンドバル。指揮官は「まあまあ、そのうちゆっくりと」と話の中身は伏せたが、近藤は「翔平にちょっと聞きました。スライダーと少しチェンジアップというところ」とサンドバル対策を授かったことを明かした。

サンドバルは2022年に自己最多の6勝、防御率2・91をマーク。150キロ台前半の直球とスライダー、チェンジアップが武器で、2022年は左打者に被本塁打ゼロ、被打率・151という左殺しだ。大谷、近藤、村上ら左打者6人が並ぶ侍ジャパン打線にとって脅威となる。ただ、大谷とサンドバルはキャンプ地で自主トレからともに行い、毎日のキャッチボール相手だった。直球、変化球ともに特徴的な球筋は頭に入っており、具体的な助言は大きな助けとなる。

その後、取材陣は二手に分かれ、私は先輩キャップとともに、決戦の舞台ローンデポ・パークに移動。米国とベネズエラとの準々決勝を取材した。驚いたのはその熱気だ。試合中、客席にいると隣の人に話しかけられても全く聞こえなかった。特にベネズエラの攻撃中は、応援団が金属製のマラカス、ベルを大音量で鳴らして大騒ぎ。終盤は「ベネズエラ」と「USA」のコール合戦となり、スタンドは異様な熱気に包まれた。

音量計測アプリ「デシベルX」で測定すると、ベネズエラが逆転した5回裏にこの日最大110・2デシベルを計測。「ヘリコプターの近く」に例えられるほどの大音量にあたり、19日の選抜甲子園アルプス席で同じアプリにて計測された最大107・2デシベルを上回った。英語と同じくらいスペイン語が飛び交うラテンの雰囲気あふれるマイアミ。きっとメキシコも大応援団がやってくる。西海岸で戦った過去のどの米国ラウンドとも違う、完全アウェーな空気が漂う予感がした。

3月19日。準決勝・メキシコ戦前日。大谷の目は本気だった。練習後の球場通路のミックスゾーン。私が大谷に「決勝で投手として1%でも投げる可能性を自分の中で残していますか？」と問いかけると、その答えは予想を上回るものだった。

「もちろん先発はないと思いますし、中継ぎでいく準備はもちろんしたいなと思っていますけど、そこは体調との相談というか。ここまで本当に球団（エンゼルス）にワガママを聞いてもらって、本当にいろいろと許容してやってもらっているところでもあるので。最後の最後ですし、あとは自分の体と相談しながら決めたいなと思っています」

強いインパクトを残したのはもちろん「中継ぎでいく準備はもちろんしたい」という言葉だ。私は驚きを隠せず、思わず「決勝という意味ですよね？」と聞き直した。

「決勝ですね。明日は中的にもきついですし。きついというか十分に投げる投手もいますし。明日は問題なく計算通りいけば間違いなく勝てる試合かなと思います」

その場にいた日本メディアはテレビ、新聞社含めて15人ほどだったが、全員が「大谷は必ず投げる」と感じていた。エンゼルスからは当初「中5日の登板」に加え「先発のみ」の制限がかかり、フィル・ネビン監督も米国での登板を否定していたが、球団を説き伏せ、世界一を決める決戦での登板への強い意志が尊重されたのだ。

世界一を目指して大谷が登板するためにも、まずはDHで出場予定の準決勝・メキシコ戦での勝利が不可欠。相手先発のサンドバルとグラウンドで再会し、「気をつけろよ。（キャンプ地の）アリゾナに行く準備はできているか」とお互いに笑顔で火花を散らした。「春先も最後にライブBPでサンディ（サンドバル）相手に（打席に）立った」と直球、スライダー、チェンジアップの球筋もインプット済み。決勝進出を導く一打のイメージはできている。

「ここから後は勝つだけ。勝つことで日本のファンの人たちは喜んでくれる」。こんなに自信たっぷりに話す大谷を見るのは初めてだった。

3月20日。侍ジャパンは準決勝でメキシコに逆転サヨナラ勝ちし、3大会ぶりとなる決勝に進出した。1点を追う9回無死一、二塁から5番の村上宗隆（ヤクルト）が中堅フェンス直撃の2点二塁打。不振の主砲が土壇場で試合をひっくり返し、2大会続けて涙をのんできた4強の壁を突破した。この9回の攻撃で口火を切ったのが大谷だった。

1点を追う9回。先頭打者で救援右腕ジョバンニ・ガエゴス（カージナルス）が投じた初球、高めチェンジアップを右中間に運び二塁打とした。「必ず塁に出るというのは自分自身では決めていた」。一塁を回る直前に「脱げそうだと思った」とヘルメットを脱ぎ捨て激走した。二塁に到達した大谷は、日本代表の三塁ベンチに向かって3度、両手を上げて大きく手招きするようなしぐさでナインを鼓舞した。「〝ここからだぞ！〟という気持ちで塁にいた」。吉田が四球で続き、村上の劇打を呼び込んだ。

悩める村上について「本人が一番苦しかったと思う」と大谷。ただ、二塁塁上から初球のファウルを見て感じるものがあった。「良い軌道で振れていた。初球からしっかりいく準備ができていた。打ってくれるんじゃないかなと思った」。試合序盤にはベンチで村上に助言。6回に左前打を放った時も、7回に四球を選んだ時も、奮起をあおるように、9回と同じしぐさで鼓舞した。その気迫が、最後の最後で、サヨナラ勝利につながった。

「こんなゲームができるというのも、人生の中でもそうあることではない。本当に楽しかった」。序盤はエンゼルスの同僚の先発左腕サンドバルに手を焼いた。初回はスライダーに見逃し三振。4回も中飛に倒れた。試合後にグラウンドで記念撮影。帰りの球場通路で再び遭遇した取材対応中のサンドバルに向けてピースサインをし、イタズラっぽい笑みを浮かべていた。

事前に入念な準備をしなければ、狙いを定めた取材もできず、良い原稿も書けない。正直に白状すると、この試合中の私は記者席で隣に座った先輩キャップと負けを想定した紙面を考えていた。勝てると思った場面が一度もないほど厳しい試合展開だった。9回のサヨナラ劇は記者席の記者のほとんどが立ち上がり、その瞬間は仕事を忘れて歓喜した。

「僕から1個だけ。憧れるのをやめましょう」

2013年のドミニカ共和国以来、史上2度目となる全勝優勝へ王手。決勝の相手は2連覇を狙う米国だ。MVP3度を誇るエ軍で同僚の主将トラウトと初めて対戦相手として、同じグラウンドに立つ。「トラウトは今の野球の中のトップにいる選手。日本人にとっても米国代表とやるということは特別なこと」と言い切った。

DHでのスタメンに加え、展開によっては抑えで登板する可能性もある。「本当に行く気でつくります。早めに点を取って良いリズムで最後のほうにいければ（登板できれば）十分に勝てるんじゃないかなと思う」。子供の頃から目指した夢舞台。なりふり構わず頂点をつかみにいくことを堂々と宣言した。

3月21日。試合後の大谷は泣いていたように見えた。優勝メダル授与のセレモニーで、不自然なほど、目の周りを何度も拭っていた。優勝会見では認めはしないと分かっていても、聞かないわけにはいかなかった。拭っていたのは、汗か、涙か——。大谷は「汗ですね」と即答し、イタズラっぽい笑みを浮かべた。

漫画を超えた結末だった。ダルビッシュからの継投で登板すると、先頭の2022年首位打者のジェフ・マクニール（メッツ）に四球を与えたが、2018年MVPのベッツを二ゴロ併殺。世界一まであと1人の2死、エンゼルスの同僚でMVP3度の現役最強打者トラウトを迎えた。

「トラウトとは最後できないかなと思ったら併殺になって、最高の形で迎えられた」。カウント2—2からボールになったが、この日最速の101・6マイル（約163・4キロ）を計測。最後は驚異の曲がり幅17インチ（約43センチ）のスライダーで空振り三振。魂の15球だった。声にならない歓喜の雄たけびを上げた大谷は両手を広げ、グラブ、帽子をグラウンドにぶん投げた。歓喜の輪にのみ込まれ、何度も跳びはね喜びを爆発させた。2009年以来、14年ぶりの頂点。2006、2009年の松坂大輔以来、日本人2人目のMVPにも輝いた。栗山監督、ダルビッシュの次に胴上げに指名され、3度、宙を舞った。

日本ハム時代の2016年CSファイナルS、ソフトバンク戦以来の救援登板。「一度、経験しているので大きかった」。5回から左翼後方のブルペンと計3往復して整えた。野手でプレーしており、ズボンを土で汚したクローザーが、世界一へのマウンドに上がり「小さい頃からずっと夢見てきた大会だし、本当にうれしい。間違いなく今までの中でベストの瞬間だと思う」と表情を緩ませた。

2013
2014
2015
2016
2017
2018
2019
2020
2021
2022
2023
2024

エンゼルスの同僚プホルスを三振に取り吠える大谷

決戦直前、ナインの目を覚ましたのも大谷の言葉だった。クラブハウスで「声出し」を初めて任された。「僕から1個だけ。憧れるのをやめましょう。ファーストにゴールドシュミットがいたり、センターを見ればマイク・トラウトがいるし、外野にムーキー・ベッツがいたり、野球をやっていたら誰しも聞いたことがあるような選手たちがいると思う。憧れてしまっては超えられないので、僕らは今日超えるために、トップになるために来たので。今日1日だけは彼らへの憧れを捨てて、勝つことだけ考えていきましょう」。米国に先制されてもはね返した日本の力強さは、大谷の言葉から生まれた。そして12日前の開幕戦、中国戦に先発として日本の1球目を投げた大谷は、この決勝では優勝を決める最後の1球も投げ込んでみせた。

チームメートに伝えたかったことは何か。「僕らは知らず知らずのうちにというか、アメリカの野球に対してかなりリスペクトというか、そういう気持ちを持っていますし、ただでさえ、素晴らしい選手、ラインアップを見るだけで気持ちが尊敬のまなざしが逆に弱気な気持ちにかわってしまうケースが多々ある中で、今日1日だけはそういう気持ちを忘れて、本当に対等な立場で必ず勝つんだという気持ちをみんなで出したいなと思っていました」。言わずもがな、言葉で引っ張るタイプではない。だからこそ、大谷の言葉には重みがあった。

「(日本ハム時代の)2016年に日本一になりましたけど、こういう形で(栗山監督と)また一緒に野球をするとは正直思っていなかったので。本当にいい経験をさせてもらいましたし、最終的に最高の形で終わることができて、自分にとっても素晴らしい経験でした。間違いなく今までの中でベストの瞬間じゃないかなと思いますし、今日勝ったからといってその目標が達成されているわけではないので、これはひとつの通過点としてこれからもっともっと頑張っていきたいですし。これからシーズンが始まるので、そこに向かって日々努力したいなと思います」

次回WBCは3年後の2026年。大谷は「出たいですね。僕自身が一定のレベルに居続けるのが条件ですし、そうなるように最善の努力をしたいと思います」と語った。この謙虚さは嫌みではない。「人に興味がない」から周囲からどう思われているかも分かっていない。大谷ほど自身の力を過小評価しているアスリートもなかなかいない。だからこそ、頑張れる。

「ユニコーン（唯一無二の伝説の生き物）」と呼ばれるほどのポテンシャルを持った男が最大限の努力を重ね、名実ともに世界一の選手になった。駆け抜けた夢の向こう側で、伝説の幕は下りた。翌22日には空路、キャンプ地のアリゾナ州テンピに飛んだ。

余談だが、2022年シーズン終了後の帰国会見翌日紙面の見出しは「世界一よろしく〝よろずの神〟大谷　侍守護神兼先発」、そして今回のWBC準決勝前日当日紙面の見出しは「決勝救援準備したい　大谷胴上げ投手」。トラウトとの対決はもちろん、メディアの報道としてもこれほど美しい結末は運命すら感じた。決勝はDHで先発予定だったため、救援登板にはD

H解除が必要。仮に大谷が中継ぎで降板した場合はオーダーに投手が入ることになり、その後の選手起用へのリスクが高かった。リードした状況で守護神として「胴上げ投手」となるのが現実的で、実際その通りになった。

大谷は花巻東3年時の人生計画表の27歳の欄に「WBC日本代表MVP」と記していた。計画表より1歳年を重ねたが、初のWBC日本代表入りだけでなく、MVPまでも達成した。「人生が夢をつくるんじゃない！　夢が人生をつくるんだ‼」「人生を野球に」「俺がやらなくて誰がやる⁉」の力強い言葉とともに書き込んだ。このオフ、大谷と連絡を取った野球部同期で当時三塁コーチャーの皆川清司さんとの会話では、WBCの話も出て「米国だけではなく、ドミニカ共和国とかほかの国もすごいメンバーだよ」と熱っぽく語っていたという。皆川さんは「何がすごいって、これ（先述した「人生計画表」）を本当にかなえたことです」と驚いていた。

WBCの勢いそのままに開幕から活躍

3月23日。大谷がキャンプに再合流した。チームは休日だったが4時間ほど滞在し、グラウンドには姿を見せず、荷物整理や体のケアなどに充てた。翌24日、特別ルールで行われたダイヤモンドバックス傘下マイナー球団との試合に登板。4回2／3を投げ1失点、8奪三振だった。熱く燃えたい。感情を爆発させた世界一の胴上げ投手となってから、わずか3日。心に残る戦いへの炎を大谷はまだ、持ち続けていた。真っ赤なエ軍のユニホームでは久々のマウンド。秋のしびれる戦いへのキーワードは「熱量」だった。

「やっぱり短期決戦の熱量は特別かなと思います。今年ワールドシリーズに出て、そこで勝ちたいなと改めて思いました」

敵地でアスレチックスと対戦する2年連続開幕投手へ、この日が最終登板。この年から導入される投球間の時間制限「ピッチクロック」対応などをテーマに掲げた。4回2/3、81球を投げ4安打1失点で8奪三振。19歳のマイナー選手に一発を浴びたが「投げるボールうんぬんよりかはピッチコム（サイン伝達用電子機器）やピッチクロックを確認したかった」と手応えを口にした。

日本からの移動、マイアミからアリゾナへの移動など過酷日程を終えた後、前日までの2日間は「寝ました。やっぱりリカバリーが一番なので」と休息に充てた。今後は26〜28日のドジャースとのオープン戦3試合にDH出場するが「今日も帰って寝ます。極力リカバリーに充てます」とコンディション面を最優先し、大役へ備える。

「みんなにおめでとうと言われてすごくうれしかった。やっぱりこのチームでも優勝したいなと。エンゼルスで今年まずワールドシリーズに出て、そこで勝ちたいなとしか思っていない」

大谷がＷＢＣでともに戦ったヌートバーに高級腕時計を贈ったことも話題を集めた。「ご飯を食べている時に〝どこのなの？〟とか欲しそうな感じだったので……（笑）。僕が着けているのを単純に（贈った）。そんなに使い込んでいなくて、比較的新しい」。３年後の次回ＷＢＣに侍ジャパンで出場しなければ没収という条件。「チームに流れをもってきてくれる姿勢は本当に素晴らしかった。またいつか一緒にできればうれしい」と話した。

３月30日。敵地アスレチックス戦で２年連続の開幕投手を務めた大谷は６回２安打無失点、10奪三振と相手打者を圧倒し、打者としても今季初安打を放った。

ハイライトは０―０の４回１死二、三塁。大谷が一気にギアを上げた。ヘスス・アギラを92・５マイル（約１４９キロ）のスプリットで、続くラモン・ロレアノをこの日最速１００・７マイル（約１６２キロ）直球で２者連続空振り三振。右拳を握り、雄たけびを上げた。「直球自体の調子は良かった」。６回を投げ、安打はこの回の２本のみ。気温11度と肌寒く「特に初回の温まるまで（投球フォーム全体の）タイミングが合わなかった」と苦心しながらも、毎回の10三振を奪う快投だった。

ＷＢＣの決勝・米国戦でトラウトを空振り三振に仕留め、世界一奪還、そしてＭＶＰに輝いてから９日。中２日での調整登板を挟んでの過密日程下での２年連続開幕投手となったが「ＷＢＣで最後にクローザーで行った時のほうが緊張していた。ああいうシチュエーションをキャンプ期間中にできたことは、僕的にはプラス」と言った。初回にサイン伝達機器「ピッチコム」が作動しないアクシデントに見舞われたが、慌てず通常のハンドサインに戻した。大舞台での経験があるからこそ冷静に投げ続けられた。

４回にはこの試合で最速となる打球速度１１１・６マイル（約１８０キロ）の右前打でチャンスメークしたが得点にはつながらなかった。「今までの中でも一番」と表現した今季のフィジカルの状態は本物だった。

４月２日。敵地アスレチックス戦に「３番・ＤＨ」で出場し、５回に今季1号となるソロを放った。大谷がエネルギー補給するシーンを多く見ることができた1日だった。全体練習前。朝食としてエネルギー源のバナナと塩を振った目玉焼きふたつを平らげながら、メッツ・千賀滉大のメジャー初登板を水原通訳とテレビ観戦。初回のピンチに「あい〜っ！」と言葉にならない叫び声を上げていた。

試合後は、チームが軽食として配布した、カリフォルニア発祥の人気ハンバーガーチェーン店「インアンドアウト・バーガー」の人気メニューのひとつ「ダブルダブル」（5・4ドル）を一気に完食。普段は食事管理を徹底するイメージが強いが水原通訳は「（ハンバーガーは）たまに食べますよ。珍しくないです」と実情を明かしてくれた。

この日はＷＢＣ決勝で初対戦したトラウトとの通算23度目のアベック弾もあった。寺田トレーナー兼マッサージセラピストは、大谷とトラウトの活躍を最も喜んでいる1人だ。WBC決勝での2人の対決には「正直、見たくなかった。どっちの結果になっても……だから」と吐露し「大会に参加したみんながケガをせず帰ってきてくれて良かった」と安堵していた。

大谷はWBC決勝翌日の3月22日にアリゾナ州テンピのキャンプ地に再合流。翌23日には約4時間、施設内にこもったが「そのうち、3時間くらいはずっと体のケアをしていました。疲れていましたね。あれだけの強度、あれだけ重圧のある場面でプレーしていましたから」と寺田氏。トラウトと大谷については「体の使い方も体質も違う。結構、両極端」とし、トラウトは体が硬い部類で「短い距離を素早く動かすことができる。力が伝えやすい」とする。大谷は柔らかい部類に入り「長く引っ張ったほど動かすパワーは増える」タイプだという。

最強コンビの肉体を誰よりも知る寺田氏。「今年こそポストシーズンに行きたいですね」と2人と同じく勝ちに飢えていた。

4月3日。敵地マリナーズ戦で2戦連発となる決勝の2号2ランを放った大谷はダイヤモンドを一周後、ベンチ前で今季新加入の外野手ブレット・フィリップスと満面の笑みを浮かべ、2種類のハンドサインを交わした。

人さし指と親指を曲げる「G」、ピースサインの「V」。フィリップスは「Good Vibes（良い雰囲気だ）」を意味すると明かし「〝あなたが活躍をしてくれたおかげで、僕たちは楽しい雰囲気に包まれている〟ということだ」と解説した。

陽気な性格で人気者のフィリップスは「僕はアメリカン・オオタニだ」と豪語する自称二刀流。レイズとオリオールズに所属した昨季は3試合に登板し、大差のついた状況で「打者・大谷」に右越え二塁打を打たれたこともある。「GVポーズ」は昨季途中まで所属したレイズ時代に自ら発案したもので「ヨシ（筒香）も含め、レイズでもみんなやってくれた。翔平にも意味は伝えている。みんなで楽しんでプレーしたいんだ」と言葉に力を込める。

前日まで大谷を含め本塁打を打った打者は、ベンチで昨季NBA覇者のウォリアーズのロゴ入り麦わら帽子で祝福されていたが、この日はエンゼルスのパッチを同ロゴの上からかぶせて〝補修〟。大谷は三塁ベースを回る手前で、左翼後方の救援陣に向かって右腕を伸ばしてあおり、「GVポーズ」後は2日連続でフィリップスに麦わら帽子をかぶせられた。

ピッチクロックや悪天候に苦しめられる

4月5日。敵地マリナーズ戦には「3番・投手兼DH」で先発し、111球を投げ6回3安打1失点で今季初白星を挙げた。6四死球と制球に苦しみ、今季から導入された投球間の時間制限「ピッチクロック」に投打両方で初めて違反した。

初回先頭から2者連続四球を与え、スアレスに先制の右前適時打を許した。1死二塁で迎えた続く4番ローリーの打席。打者が構えていない状況で投球動作を始めたとして「ピッチクロック」の初違反で、初球を投げる前に1ボールを宣告された。走者ありでは20秒以内に投げなければならない。だが、この場面では残り時間は13秒もあった。「遅い」からではなく、打者が構える前の「早すぎる」投球動作と捉えられ、ペナルティーを受けた。

打者では、6回に前を打つトラウトが四球を選ぶと、続く大谷は打席で残り8秒までに準備を整えなかったとして、1ストライクが取られた。「走者を待っていて僕が少し遅れた。自分が四球の時には、早く塁に行かないと次の打者に迷惑が掛かる」。同じ試合で投打で「ピッチクロック」に違反した初めての選手として、またも名を刻んだ。

違反後に球審と話し合い、試合後も審判室で基準を確認。「ちょっと〝グレーゾーン〟みたいな感じ。お互いにここまではセーフ、ここまではアウトというところを確認した」。今後は打者が構えてから、腹の前にグラブを置く動作を始めなければならない。

フィル・ネビン監督は「球審は早い投球間隔を正そうとしただけで、その判断は正しかった。打つ準備ができていなければ打者が危ない」とも説明した。オープン戦では打者が構えた瞬間に投げてしまう投手など、ルールの〝悪用〟が問題視されたが、今回は異なる。球審の判断による部分も大きく、指揮官によれば、大谷は「それならワインドアップで投げる」と冗談交じりに話していたという。審判団ともコミュニケーションを重ね、新たな「合格」の形を固めることも大事な作業になる。

4月9日。本拠地ブルージェイズ戦に「3番・DH」で出場し、菊池から3号2ランを放った。内角ボールゾーンのスライダーを左中間最深部に運ぶ常識外の一発。自身過去最高と位置づけるフィジカルを存分に発揮し、初めて本塁打祝福の新アイテム「兜《かぶと》」をかぶった。

試合後のクラブハウス。厳しい表情の大谷は上半身裸のままトレーナー室に向かった。延長10回2死満塁で最後の打者となり、無念の逆転負け。取材対応はなく敗戦の悔しさを内に秘めたが、衝撃の一発の記憶は色濃く残った。打たれた菊池は「本当に世界を代表するバッターですから」と完敗を認めるしかなかった。

5月17日。敵地・ボストンでのレッドソックス戦に「2番・投手兼DH」で出場。同地で開催されたボストン・マラソンの影響で、午前11時10分開始の予定が雨で56分遅延し、さらに2度の中断もあり2回無安打1失点で無念の降板となった。吉田正尚とのメジャー初対決は空振り三振、打者では2安打しチームの3連敗を止めたが、ハプニング続出の1日になった。

難コースのマラソンのようだった。球場入りから約9時間30分。フェンウェイ・パーク出発前に、山あり谷ありの長い1日を大谷はこう振り返った。

「いい経験になりました。こういう不規則なゲームを経験できたのは今後、もしかしたらあるかもしれないですし、その時の経験にはなるんじゃないかと思います」

起床は午前6時45分だった。敵地はボストン・マラソン開催日。球場周辺もコースに含まれ、野球ファンが帰る頃に混雑を避けるため試合開始が午前11時10分に早まっていた。だが気温10度の肌寒さの上に、降雨で開始が56分遅れの午後0時6分となった。

自身の中前打などで4点を先制した後の初回のマウンド。「雨がどうのこうのより、まず（試合開始が）早かった。そこが一番難しかった。まだ（体が）起きていない状態」。四球に2暴投の無死三塁から遊ゴロで失点した。メジャー初対決となった4番・吉田は、この日最速の98・4マイル（約158・3キロ）で空振り三振。「そこまでプレッシャーのかかる場面ではなかった。こっちのペースで投げられた」と言ったが、アップダウンの激しい展開だった。

初回の中前打で出塁した際は、ジャンパーを着るのにてこずり、ファスナーを壊した。2回のマウンドでは捕手のサイン伝達機器「ピッチコム」が故障。「（捕手のローガン・）オハピーのピッチコムが動いていなかった」とベンチへ大声で叫ぶ場面もあった。2回を無安打1失点も、雨での1時間25分の中断の影響で降板。6回の打席では捕手の投手返球がバットに当たり派手に驚いた。

「しょうがない。今日はなかなか天候も含めて楽しむというような状況ではなかった」と振り返ったが、チームは3連敗を止めた。試合終了は当初の開始予定時刻から5時間20分後。ボストン・マラソン男子優勝タイムの2時間5分54秒の2倍以上かかった、濃密な1日を無事完走した。

試合終了時刻の遅れは我々報道陣にも大きく影響した。囲み取材後、私を含め数人の報道陣は次なる遠征地ニューヨークに向かうため、予約していた高速鉄道アムトラックの最寄り駅までダッシュしなければならなかったからだ。

しかし、ボストンマラソンはまだ一般ランナーが走っている最中で、街なかはどこも道路が規制だらけ。大きい交差点を通る度に空港のような荷物検査をクリアしなければならなかったのは誤算だった。約30分間、スーツケースを引きずりながら走り回り、ようやく駅に到着した時はマラソンランナー同様に汗だくで、体中から湯気が出ていた。しかも、残念ながら指定席で予約していた便には間に合わず、やむなく自由席で次の便へ。アムトラックに揺られながら、ノートパソコンを開いて原稿を執筆。コンセントが付いていて、Ｗｉ－Ｆｉの電波も飛んでいるため、日本の新幹線のような内装だ。乗車時間は約4時間。夜も更けたニューヨークに到着した。

ヤンキース戦後の取材対応ではシャワー後に濡れた
髪のまま対応したことも話題になった（撮影：柳原直之）

「最高の6月」月間15本塁打で30発一番乗り

4月18日。大谷は今季初の敵地ヤンキース戦に「2番・DH」で出場し、7試合ぶりの4号決勝2ランを放った。5回には今季初盗塁の二盗を決め、ダメ押し点も演出。旧ヤンキースタジアム開場からちょうど100周年の記念日。初回無死二塁。スライダーを捉え、決勝点となる7試合ぶりの4号先制2ランを右中間に運んだ。100年前の1923年、同じ4月18日にベーブ・ルースが第1号を放った事実を知らされ「100周年とは知っていたけど、本塁打を打っていたのかは全然分からなかった」と言った。この1日にルースの投打二刀流を現代で再現した大谷がこの場に立つこと自体、奇跡的な確率だったが、現実はその上をいった。

5回には今季初盗塁の二盗を決め、5点目のホームを踏んだ。ルースがヤンキース移籍後の活躍で観客を呼び、資金をもたらして建設されたことから「ルースが建てた家」と呼ばれた旧球場。元祖二刀流の「野球の神様」と同様にニューヨークの大観衆を魅了し「球場もきれいでファンの人も熱狂的。楽しんでプレーできた」と喜んだ。

前日は午前開始のレッドソックス戦に備え同6時45分に起床したが一転、午後7時開始のナイター。17連戦の5試合目とタフな日程だが「一番は睡眠。いつ寝るかの準備を数日前からしっかり計画的にやる必要はある」という。この日は珍しく屋外フリー打撃を行い、20スイングで柵越え12本。最後は4連発で締め「〝飛ばす感覚〟は中（室内）ではできない。今後もちょこちょこ入れたい」。疲労をためないように屋外フリー打撃は原則、2021年から行っていないが、変化は恐れない。

ベンチで兜をかぶるのは今季2度目。「目の前の1打席1打席を大事にしながら、多くかぶれるように頑張りたい」。ヤンキースタジアムでの本塁打は、試合が多い同地区の球場以外では最多となる4本目。ニューヨークの空に描いた放物線に、誰もが運命的なものを思わずにはいられなかった。

このカードでは、両者の写真がプリントされた「大谷VSジャッジ」Tシャツが、昨年に続いてヤンキースタジアムで販売された。胸元に「ホームラン・バトル、イン・ザ・ブロンクス」と書かれた。また、大谷のレプリカユニホームや、背番号17と漢字で「大谷　翔平」とプリントされたシャツなど、敵地では異例ともいえる商品が多く並び、注目度の高さを改めて感じた。

翌4月19日。敵地ヤンキース戦に「2番・DH」で出場し、初回に中堅に本塁打性の大飛球を放ったが、過去2年はMVPを争った中堅手アーロン・ジャッジにフェンス際で好捕された。ライバルは直後の攻撃で左中間に一発をマーク。2人の打球データはほぼ同じだった。いつの時代も、スーパースターには必ず好敵手がいる。大谷にとっては、ジャッジだと確信した。明暗が分かれたが、前年に続き2023年も両雄による異次元のMVP争いが予想された。

4月27日の本拠地アスレチックス戦。「3番・投手兼DH」で先発。6回3安打5失点で開幕から無傷の4勝目を挙げた。打っては今季初の3安打で本塁打が出れば自身2度目のサイクル安打だった8回、中堅フェンスまで7フィート（約2・13メートル）の特大の中飛。惜しくも偉業を逃したが、二刀流ならではのパフォーマンスだった。歴史的偉業を惜しくも逃したが、試合後のクラブハウスではいつもの大谷だった。ホセ・キハダ、カルロス・エステベス、ホセ・スアレスらラテン系の選手とスペイン語を交え、スマートフォンを見せ合っては爆笑。スアレスが「ヤメテクダサイ！」と大谷から教わったとみられる日本語を叫び、周囲は再び笑いに包まれた。

囲み取材後、普段は話しかけることもない米メディアのカメラマンが「今日は僕の最終日なんだ」と突然、大谷にあいさつ。最後に日本語で「ハンパナイ！」とメッセージを伝え、大谷の笑いを誘っていた。実は私もこの日が今回の米国出張最終日。大谷にあいさつすると「お疲れしたっ」と返してもらったが、何も笑いを起こせなかったことを強く後悔した。

6月22日。MLBはオールスター戦の先発野手を決めるファン投票1次結果を発表し、大谷が264万6307票で初めてア・リーグ最多得票を獲得し、DH部門で3年連続3度目の先発出場を決めた。日本選手の最多得票は2001～2003年のイチロー以来、20年ぶり2人目で、またも歴史に名を刻んだ。

大谷は「投票してくれた全てのファンに感謝したい。とても名誉なこと。これをモチベーションとして、グラウンドで全力を尽くし続けたい」と球団を通じてコメントした。

大谷のア・リーグ最多得票は初。ここまで欠場がわずか2試合で、打者で24本塁打、58打点、投手で被打率・179がいずれも両リーグトップ。昨季MVPの外野手ジャッジ（ヤンキース）を抜いて2位に浮上した遊撃手ボー・ビシェット（ブルージェイズ）に約54万票差をつけて断トツだった。

6月27日。本拠地ホワイトソックス戦からシーズン2度目の出張がスタートした。大谷は「2番・投手兼DH」で出場。初回に27号ソロ、7回に登板試合初の2本塁打となる28号ソロを放ち、投げても右手中指の爪が割れるアクシデントがありながら6回1／3を1失点、10奪三振で7勝目を挙げた。

ベンチが爆笑に包まれた。初回に2戦連発の27号を放ってダイヤモンドを一周した大谷は〝時間がない〟をアピールするように手をグルグルと回し「兜の儀式」を辞退してベンチ裏へ。ナインに促された水原通訳が兜を持ってベンチ内を横断した。最後は照れくさそうに兜をかぶって左翼後方のブルペンへ恒例の手刀ポーズ。超異例のセレブレーションとなった。

「1死だったので次の回の準備のため。（水原通訳は）ちゃんとかぶっていなかったのでノリが悪いと思った」

わずか十数秒でも準備を優先するのは二刀流選手だからこそ。「最初からちょっと割れていた」という右手中指の爪も気にしながらの投球も6回1/3を1失点と役割を果たす。そして降板直後の7回打席。外角低めの落ちる球で体勢を崩されながら左中間席へ運ぶと今度は兜をかぶってセレブレーション。インパクトの直前で左手をバットから離すことでヘッドが前に出ることなく、最後は右手一本でボールを乗せた28号。「タイミングも良く、打撃の形としても申し分ない感じ」と自画自賛した。メジャー6年目、64度目の投打同時出場で初の2発。直後に「MVP」コールも起こり「いつされても気分がいい。すごくありがたい」と笑った。

車で15分ほどの距離にあるディズニーランドと同様、ファンに夢を与え続けている大谷。1本目の27号は「OHTANI LAND」の応援ボードを持った私設応援団が陣取る右翼席中段に着弾した。同応援団の発起人であるクロード・ビロードさんは「打球が我々のほうに向かってきた。美しい瞬間だった」と感慨を込める。

実はビロードさんは2010年に松井秀喜がエンゼルスに移籍した際に同じように応援団を結成し「matsui land」のボードを持って右翼席に陣取るなど、かつては熱狂的な〝ゴジラファン〟だった。大谷は28号も放ち松井秀喜と自身に並ぶ日本選手最多の月間13本塁打。ビロードさんの目の前で〝ゴジラ超え〟に王手をかけた。

6月30日。本拠地ダイヤモンドバックス戦で大谷は「2番・DH」で出場し、2試合連発の

30号ソロを放ち、3年連続で今季メジャー一番乗りとなる30本塁打をマークした。今季メジャー最長で、自己最長も更新する打球飛距離493フィート（約150・3メートル）の特大弾。「最高の6月」を15本塁打で終え、日本選手と球団の月間最多記録をさらに更新した。

音の大きさ、響きが違う。0―5の6回無死。大谷のバットから爆発音が鳴り響いた。3万4957人の地鳴りのような大歓声に包まれた速度115・1マイル（185・2キロ）の打球は、右翼上段席の広告看板をかすめるように搬入口に消えた。

打球飛距離は自己最長493フィート（約150・3メートル）で、これまでの同470フィート（約143・3メートル）を7メートルも更新。データ解析システム「スタットキャスト」が本格導入された2015年以降、エンゼルスタジアムでの最長記録となり、今季メジャー全体で最も飛んだ一打となった。

私は大谷の自己最長弾を見届け、バックネット裏の記者席を飛び出した。急ぎ足で〝着弾地点〟に向かう途中、一塁側コンコースの警備員も「あんな本塁打は見たことがないよ」と驚いた様子。右翼席上段に到着すると、ファンもまだ興奮が冷めやらぬ様子で質問を待たずに話しかけてきた。

家族で観戦に来たマイク・リーさん（当時45）は真正面から特大弾を見届け「打球は〝angels.com〟の電子看板をかすめてスタンドには届かなかったけど、びっくりした」と大興奮。

「最低でも50号は打つだろうし、2年ぶりのMVPを確信したよ。新たな歴史を刻むだろうね」とまくしたてた。誰もホームランボールを捕球できず、試合も敗れはしたものの、観戦したファンに夢や希望を与えた大谷の一発だった。

球宴のスタンドからラブコールの大合唱

7月2日。本拠地ダイヤモンドバックス戦の8回に31号ソロを放った。86試合消化時点の31本は、2021年ア・リーグ新の62本塁打を放ったヤンキースのジャッジを上回るペースだ。

また、MLBは11日の球宴の投手と控え野手を発表。大谷はファン投票によるDHに続き、投手でも選ばれ3年連続で投打二刀流の選出となった。

豪快な本塁打をかっ飛ばす、約50分前に吉報が届いた。マリナーズの本拠地Tモバイル・パークで11日に開催される球宴。投手と控え野手が発表される中、大谷はファン投票によるア・リーグのDHに続き、投手でも選手間投票で同5位の121票を集め選出された。3年連続3度目となる投打同時選出。「光栄です。選出に恥じないように精いっぱいプレーします」と球団を通じてコメントを寄せた。

試合後、右翼席2階通用口に飛び込んだ31号を巡って、少年と球団職員が話し込んでいた。

球団職員によれば、大谷がボールの回収を希望しているのだという。

争奪戦を勝ち抜いた「大谷ファン」のブレーク・イリー君（当時13）はやや戸惑いの表情を見せていたが、少年がキャッチしたことを知った大谷が前言撤回。無事にイリー君の手元に渡った。近郊のトーランス市内の少年野球チームで中堅手、捕手、投手を兼務する〝3刀流〟は「グレート！ 部屋に飾る。翔平は75本塁打を打って、サイ・ヤング賞も獲得してほしい」と破顔一笑だった。普段〝記念球〟に関心がない大谷がなぜ回収を希望したのかは気になるが、米国の野球少年に最高の思い出を与えた一打となった。

7月4日。敵地パドレス戦。大谷が11日のオールスター戦で投手での出場と本塁打競争参加を断念する意向を明かした。3年連続で投手とDHで選出され、2年ぶりの投打同時出場と本塁打競争参加が期待されていた中での決断。4日の登板で悪化した右手中指のマメと割れた爪を理由に挙げたが、実現しなかった背景や真相が分からなかった。

囲み取材で大谷の表情に目を向けると、悔しさはあっても、迷いは見えなかった。前回登板で割れた右手中指の爪とマメができた影響で、本来の投球ではなかったパドレス戦。試合後、1週間後の11日の球宴での登板を「ちょっと無理。今日で厳しくなった」と語り、10日の本塁打競争も「今日の感じだとたぶん出られない」と続けた。

私が知る限り、本塁打競争に出場したい気持ちがないわけではなかった。二刀流で現代野球の常識を覆してきた大谷にとって、本塁打競争制覇は前例なき挑戦のひとつ。2021年の初出場時は「単純に日本人が出ているところを見てみたかった」と語り、日本選手としての初出場や初優勝に魅力を感じていた。現に6月29日にフィル・ネビン監督は「彼（大谷）は既に出場を断っていると思う」と述べたが、それから4日後の本紙取材には「まだ彼が決断を下したかは分からない」と前言を撤回。最終的な判断は大谷に託されていた。

複数の関係者を取材していく中で明らかになったのは、この日の試合前までには本塁打競争欠場を決断していたことだ。最大の理由は肉体的な負担。前回2021年は前半戦で33本塁打を放ったが、後半戦に失速し、本塁打王を逃した。本塁打競争は短時間にフルスイングを繰り返すため、打撃フォームを崩す傾向があると指摘される。大谷からも、昨夏の本塁打競争の欠場理由を「運動量的に多くなってしまう」と聞いたことがある。ましてや、この年は9年ぶりのプレーオフ進出を狙えるチーム状況。特に、トラウト、ウルシェラら野手陣が故障者続出で正念場を迎えており、後半戦に万全の状態で臨むための決断だった。

投打同時出場の可能性は最後まで残していたのだろう。ただ、後半戦開幕の14日のアストロズ戦の先発が有力で、球宴に登板すれば間隔は中2日。昨夏も同じ条件で「中2日だと厳しいかな、不安がある」と登板回避を決断しており、100％前向きな気持ちではなかった。さらに、右手中指のマメと割れた爪が〝ダメ押し〟となり、実現しなかった。

7月10日。気温16度と肌寒かったシアトルのTモバイル・パークで開催されたオールスター戦前日恒例の会見。大谷は外野の特設会見場に半袖姿で登場した。3年連続3度目の出場。両リーグトップ前半戦32本塁打の意地がある。「本塁打を打ったことがないので、まずは打ってみたい」と珍しく宣言した。

日本選手の本塁打は、2007年にMVPに輝いたイチローが球宴史上初のランニング本塁打を記録したのみ。柵越えのアーチはない。日本選手16年ぶりのMVP獲得にも「本塁打なりが出れば十分に獲れる」と言い切った。

前々回の登板で割れた右手中指の爪や、前回登板でできたマメの影響で、2年連続で打者に専念する。過去2年は3打数1安打、1四球。ナ・リーグの先発右腕ザック・ゲーレン（アリゾナ・ダイヤモンドバックス）とは2日に対戦したばかりで、3打数無安打2三振に抑えられたが「四球を取るより、どんどんスイングしていったほうがみんな楽しい。積極的にスイングをしたい」と力を込めた。

Tモバイル・パーク（当時セーフコ・フィールド）での球宴開催は、2001年以来、22年ぶり。今回初めてホームチームのクラブハウスに足を踏み入れ「どこが（自分の）席なのかなとか、思ったりしました」。オフに通ったトレーニング施設のドライブライン・ベースボールもあり、「シアトルではトータルで4、5カ月過ごしたことがある」と語った。

会見には日米だけでなく、韓国、台湾のメディアを合わせ約150人が集結した。シーズン終了後にはFAとなり、トレード期限の8月1日も迫る。去就に関する質問が何度も飛んだが「気にすることはない。（トレードは）もちろんコントロールできないことではある。自分がコントロールできることを、まずコントロールしたい。そのことに集中したい」。リーグ最多の264万6307票を集めて選出され「ファン投票で選んでもらって、ありがとうというところをプレーで表現したい」。大谷がこんなに力強い言葉を並べることはめったになかった。

7月11日。オールスター戦の練習前。ナ・リーグの遊撃手ヘラルド・ペルドモ（ダイヤモンドバックス）がバットを片手にア・リーグのクラブハウスにやって来た。お目当てはもちろん大谷だ。

「ゲンキデスカ？　バットニサインクダサイ」。ダイヤモンドバックスの谷沢順子トレーナーらに習ったという日本語で直接交渉。大谷は驚いたが、すぐに笑顔でサイン。カブスの遊撃手ダンスビー・スワンソンの代替選手として初選出の23歳は「今までもらったサインで一番うれしい」と笑みを浮かべ、「大谷はベスト。目の前でプレーを見られることを誇りに思わないといけない」と喜んだ。今回もスタッフを経由して大量のサインを頼まれていた大谷だったが、ペルドモの敬意ある行動にはきっと心を打たれただろう。

本番はア・リーグの「2番・DH」で出場。初回は空振り三振、4回は四球を選んで交代したが、大谷の2打席はいずれも異様な雰囲気に包まれた。右翼席の一部から起こった大合唱は、すぐに4万7159人を集めたTモバイル・パーク全体に広がった。「Come to Seattle!! Come to Seattle!!」。シーズン終了後FAとなる大谷に向けた敵地ファンからのラブコールだった。うれしかったが、反応に困った。「ちょっと複雑な気持ちだったけど……」と吐露。「経験したことがない。聞こえていたけど、打席に集中していた」という。初回の1打席目は右腕ゲーレンのカーブに空振り三振。4回は2021年に同僚だったジャイアンツの右腕アレックス・カッブから四球を選んだ。

両リーグ最多32本塁打の打棒は発揮できず「オールスターに出るくらいの素晴らしい投手が集まっている。なおさら打つのは難しい」。悔しさではなく、真剣勝負を楽しんだ爽快感が浮かんだ。

ファンの思いは、グラウンドにも伝わっていた。地元マリナーズの外野手フリオ・ロドリゲスは「ファンが団結してあのようなことができるのはとてもクールだ」と喜び、メジャートップの打率・383のマーリンズのルイス・アラエスは「みんな大谷を欲しがっている。私も彼に我々のチームに来てほしい」と共闘を熱望。ア・リーグを指揮したアストロズのダスティ・ベーカー監督も「多くの人が翔平に〝ロビー活動〟をしていると思う。愛情の表れだよ」と目を細めた。

オールスター戦後の会見では終始笑顔で対応（撮影：柳原直之）

日本選手初の本塁打王や自身初のプレーオフ進出が懸かる後半戦は3日後の7月14日に始まり、自身がマウンドに上がって先陣を切る。昨季62本塁打したヤンキースのジャッジのア・リーグ記録更新へは「塗り替えたい気持ちはもちろんある」と宣言した。試合終了を待たずに、同僚のエステベスとともにプライベートジェットで帰路に就き「何度来ても新鮮。また選ばれたいし（本塁打を）打ってみたい気持ちもある」と言った。1914年の7月11日、レッドソックスのベーブ・ルースが7回3失点でデビュー戦を白星で飾ってから、丸109年。シアトルでの合唱が号砲となり、行く先々で「Come to～」コールが待ち受ける後半戦となりそうな予感がした。

プレーオフ争い&トレード期限で微妙な空気に

7月14日。大谷は本拠地で迎えたアストロズとの後半戦開幕カード初戦に「2番・投手兼DH」で出場。打撃は2安打も、守備の乱れもあり5回0／3を5失点（自責点4）で5敗目を喫した。チームは6連敗で、ここ11試合は1勝10敗の急落ぶりで借金2。9年ぶりのPO進出はさらに厳しい状況となった。

チームにとって大事な試合であることは大谷が一番分かっていた。だから、思わず感情が行動に出た。両手を膝につき、しばらく動けない。ピンチでも、失点しても、表情を変えない右腕にとって、心が折れたようなしぐさは珍しいことだった。

大谷が「誰しもエラーをしたくてしているわけでもない」と振り返ったのは、1点を勝ち越された5回。なお1死二塁で三塁手のレンヒーフォが高い平凡なゴロを後逸した。中堅方向に転がる球を追う際も緩慢な動き。痛恨の適時失策を犯した男は直後に代打を送られ懲罰交代となった。

自身も6月27日の登板で割れた右中指の爪が完治しておらず、6回に先頭を四球で歩かせたところで降板。不満げな表情でベンチ裏に下がったが「不満というか、自分自身（の投球）が思い通りではなかった」と心境を明かす。「不満がたまっているか？」との問いには「みんなあると思う。負けが込んでくると人間誰しもそういう感情は出る」と言った。

7月15日。本拠地アストロズ戦に「2番・DH」で出場し、3点を追う9回先頭で後半戦初本塁打となる33号ソロ。大谷の一発からつながった打線は5安打などで同点とし、タイブレークの延長10回に敵失など無安打でサヨナラ勝ちした。マイク・ムスタカスは、興奮気味だった。試合後の歓喜に沸くクラブハウス。「僕らに前進する勢いを与えてくれた。ファンタスティックな勝利だ！」。7回に同点3ランを放ったムスタカスや、ザック・ネトやテーラー・ウォードがハイタッチを繰り返した。ただ、普段ならナインと勝利の余韻に浸る大谷は、どこか淡々としたまま。白いTシャツ、短パン、ビーチサンダルに着替え、試合終了25分後には、水原通訳とともに早々と球場を後にした。

歴史的逆転勝利を引き寄せる一発は、大谷だった。3点を追う9回先頭、アストロズの守護神ライアン・プレスリーのスライダーを強振した。中堅左の球場名物「ロックパイル」の麓への両リーグトップ独走の33号ソロ。42打者連続無安打だった右腕からの一発は、直前に水原通訳がバットを握り締めてパワーを注入し生まれた。ネクストバッターズサークルにいた3番ウォードが「打球の後ろから煙が見えた。信じられない」と驚いた一撃。そのウォードからの3連打など5安打と暴投などで追いつき、タイブレークの延長戦でサヨナラ勝利した。余談だが、ウォードは翌日、「本当は煙は出ていなかった」とニヤリ。「でもそれくらいすごい勢いの本塁打だった」と強調していた。

7月17日の本拠地ヤンキース戦では、「2番・DH」で出場し、7回に2年ぶり6度目の3試合連続となる同点の35号2ランを放つなど今季7度目の「サイクル未遂」となる3安打2打点。95試合目で昨季の本塁打数を超え、ほぼ年間60発ペースとした。

7月21日。本拠地パイレーツ戦に「2番・投手兼DH」で出場。6回1／3を5失点ながら8勝目を挙げた。8月1日のトレード期限を控え、胸中を激白。試合後の球場通路。大谷の言葉は徐々に熱を帯びた。プレーオフ進出へ崖っぷちの状況を悲観し「大谷を放出すべき」という米メディアの声が高まる中、力強く言い切った。

「このチームでプレーオフにいきたい、そこで勝ちたいという気持ちは変わらない」

右手中指の爪が割れた影響で過去2試合は6回途中5失点だったが、4試合ぶりに最速100マイル（約161キロ）を計測するなど辛抱強く投げた。自身ワーストの4本塁打を浴び、同一打者に1試合2被弾はメジャー初。6回1／3を5失点は不本意でも、序盤3イニングを零封したことが3試合ぶりの8勝目を呼んだ。

トレード期限を11日後に控え、米球界は大谷の話題で持ち切りだった。「トレードに関してはあまり気にしないように。今できることをやりたい」と自然体を強調するが、強豪球団への移籍をにおわせる報道合戦が過熱する。クラブハウスのテレビでは、他球団のユニホームを着用した自身の合成画像が流れたことも。この時、シーズンは残り64試合。「うちは微妙な位置。（トレード市場で）買い手なのか売り手なのか分からない」と本音ものぞかせた。

トレード期限を終えても、シーズン終了後にはFAとなる。去就が再び注目されるのは必至だが、シーズン中の契約延長交渉に関しては「（ペリー・ミナシアンGMとも）そういう席を全然、設けていない。シーズンはシーズンで集中したい」ときっぱり。従来通り、目の前の戦いに集中する姿勢を強調した。

「まだ全然（プレーオフに）いける位置にいると思っている。今チームとしても良い状態だと思うのでその流れを引き続きいけるように」

私はクラブハウスで大谷の隣の席に座る先発左腕サンドバルに「ここに残ってほしいという話をすることはありますか？」と尋ねた。3月のＷＢＣでメキシコ代表の一員として快投を演じたことは記憶に新しく、ナインでも大谷と最も親しい1人。ロッカーには「2年前にもらった」という大谷のサイン入りユニホームも飾られている。

サンドバルは「翔平を困らせたくはないから、話題から外すようにしているよ」とこちらを見やり、続けて「僕たちにはコントロールできないことだからね」と、同僚を思いやった。ふと気がつくと、真後ろで大谷が真顔で立っていた。トレード話は、毎年恒例の風物詩。選手たちにどこか緊張感は漂うが、この状況には慣れていた。

7月23日。本拠地パイレーツ戦に「2番・ＤＨ」で出場。8月1日のトレード期限前最後の本拠地主催試合で、初回に中越えへ滞空時間3秒99という超高速の36号ソロを放った。逆転勝ちした試合後の大谷は、意外なほどに穏やかだった。トレード期限前最後の本拠地主催試合。クラブハウスでは、スタッフに頼まれた複数のボールにサインを書き続けた。一段落すると、着替えの最中で上半身裸だったサンドバルの胸をバチーンと叩き「まだ飯も食ってないんだって！」と大笑いした。

リラックスした舞台裏とは対照的に、試合では衝撃的な一発をぶちかました。0―1の初回。

餌食となったのは、先発右腕ケラーが投じた7球目の内角低めカットボールだ。特有のバットを体に巻き付けるスイングで捉えると、ライナー性の打球は低い弾道のまま中堅フェンスを軽々と越えた。両リーグトップを独走する36号同点ソロ。5試合ぶりの一発で、年間58・3本ペースとした。注目すべきは、弾道と速さだ。打球角度19度は今季自己〝最低〟タイ。同速度112・9マイル（約182キロ）、滞空時間は今季自身の本塁打で最も短い3秒99で、フィル・ネビン監督も驚きを隠せない。「ゴルフボールのような打球だった。センターライナーかと思って、次は中堅手の頭を越えるかと思ったら、（中堅フェンス後方）林の中に打球が消えた」と目を丸くした。

エンゼルスの負けが込み、ワイルドカード争いから後退すれば、電撃トレードに踏み切る可能性があった。だからこそ、大谷の打席では「ＭＶＰ」コールが鳴りやまず、クラブハウスにはいつもと違う緊張感が漂った。2本塁打したレンヒーフォは「翔平はこのチームにとって超重要な選手。いつも勝利に導き、チームを活気づけてくれる」と称え、続けて「僕たちができることは勝ち続けてポストシーズンに進出することだ」と決意を口にした。

取材を終えて帰路に就く際、顔なじみの地元中継局のスタッフに声を掛けられた。「ヘイ、ブラザー！　また来週会おうな！」。大谷がもしトレード移籍となれば、新天地に向かわなければならない。気まずい表情でそう伝えると、そのスタッフは「マジか!?　でも、翔平と一緒にここでまた会えることを願っているよ」と笑顔。最後は固い握手を交わして別れを告げた。

球場を出る際も守衛から「翔平と一緒に次の本拠地の試合ではここに帰ってきてね」と手を振られた。大谷の残留を願う思いはナインやファンだけではない。〝ここ〟に帰ってこられるかはまだ誰にも分からない。夕日が差し込むエンゼルスタジアムが、いつもよりきれいに見えた。

敵チームファンも酔いしれた「伝説の1日」

7月26日。エンゼルスが大谷をトレード候補から外したと米メディアが相次いで伝え第1報は米国で最も権威のある専門誌『スポーツ・イラストレーテッド』の看板記者トム・ベルデューチ氏。「エンゼルスは大谷をトレード市場から外し、ポストシーズン進出を目指す」と大見出しで報じた。

情報筋の話としてエ軍は複数球団からのトレード打診についてこの2日間で協議し、26日夕方に大谷の保持と今夏のトレード市場で「買い手」となることを決定したという。ニューヨーク・ポスト紙も「アート・モレノ・オーナーは今シーズンを完走することを決めた。PSを目指す最善の方法は引き算ではなく足し算だ」という球団関係者の言葉を伝えた。

その他、多くの米メディアも追随し、エ軍は報道を裏付けるようにホワイトソックスとのトレードを成立させた。若手有望株のマイナー2選手を放出し、2桁勝利4度の先発右腕ルーカス・ジオリトと救援右腕レイナルド・ロペスを獲得した。

大リーグは夏のトレード期限を前に、プレーオフ進出を目指して補強を進める「買い手」となるか、プレーオフ進出を諦めて来季以降のためにFAとなる主力を放出して若手有望株と交換する「売り手」となるか、2択を迫られる。エンゼルスはなぜ、今夏は「買い手」となる判断を下したのか。

この時、PO進出圏内まで4ゲーム差。判断の難しいところだが、諦めるほど絶望的な差でもない。

またアート・モレノ・オーナーは大谷がFAとなった後の再契約を目指していた。一旦、トレードで放出してしまえば、オフに再契約してチームに戻せる可能性は極めて低くなると考えていた。

経済的にも残り2カ月ながら、在籍することでグッズやチケット収入、ネット裏の日本企業などのスポンサー収入など、得られるものは計り知れない。複数球団が打診した交換要員に、魅力的な若手有望株がいなかったことも交渉が本格化しなかった要因となった。

ナ・リーグへの移籍だと個人成績がリセットされ、日本選手初の本塁打王が水泡に帰す可能性もあったが、その心配も無用になった。

この日、大谷は当初の予定を1日前倒しし、7月27日のタイガース戦に先発登板することが決まった。この日のタイガース戦が雨天順延になり27日はダブルヘッダー開催に決定。1日で2試合にDHで出場した後にトロントへ移動し、当初予定していた28日のブルージェイズ戦で登板することは負担が大きいと判断した。フィル・ネビン監督は「これは翔平の提案。自分の体を熟知している」と説明した。屋内で調整した大谷は、練習後は水原通訳らと談笑しながらバスに乗り込んだ。

7月27日。敵地で迎えたタイガースとのダブルヘッダーは〝伝説の1日〟となった。前夜に大谷は水原通訳から聞かされ、大リーグ公式サイトを通じてホワイトソックスからジオリト、ロペスの両右腕の獲得を知ったという。8月1日のトレード期限を待たず、試合前に球団が今夏の自身の「残留」を正式に発表。メジャー6年目で初めて夏のトレード市場の「買い手」に回ったチームに、自然と心は高揚した。

「ずっと〝売り手〟側の状況だった。こういう経験は初めて」

その気合は白球に乗り移り、初回から直球で押した。2回に一塁ベースカバーの際に打者走者と交錯するアクシデントに見舞われたが、球威、制球ともに揺るがず「直球も良かったし、序盤はまずコマンド（制球）が良かった。リズムに乗りやすかった」。4回からはこれまで自分で出していたサインを、捕手チャド・ウォラクに任せて相手打線を幻惑。5回に先頭打者に中前打を浴びたが、これがこの日、唯一の被安打となった。

7回には最速99・5マイル（約160キロ）を計測するほどスタミナも十分。8回、97球を投げ終えた後には、ベンチでフィル・ネビン監督に「I'm finishing」（俺が終わらせます！）と続投を志願。メジャーで初めて9回のマウンドに上がり、最後まで締めた。通算83試合目の登板で初の完封勝利を飾り9勝目。111球中、直球は今季最多56％（62球）。6月末から悩まされた右手中指の割れた爪、マメは完治し「指の状態も良かったし、投げ心地も、動き方もしっくりきていた」とうなずいた。

ダブルヘッダー後の移動の負担を考慮し、当初の予定を1日前倒しして臨んだ。雨天順延になった前日は天候が悪化する前にブルペン入りを済ませるなど用意周到だった。自身を中心とした〝トレード狂騒曲〟が終焉を迎え、精神的な負担は減り、心から望む「ひりひりした野球」へ向けた空気感は追い風となった。

「ダブルヘッダーの初戦。チーム的にも個人的にも、もちろん良かった。周りの声も含めてスッキリ臨めた。これからプレーオフを目指して頑張りたい」

2時間16分の「SHO TIME」。ただ、これは伝説の1日の始まりに過ぎなかった。

メジャー初完封直後。汗で髪をびっしょり濡らした大谷はクラブハウス外で7分間の取材に応じた。その後、アイシングをする時間はなかった。第1試合終了からちょうど45分後の午後

伝説のダブルヘッダーは圧巻の完封劇

4時11分。ネクストバッターズサークルでいつものようにバットを構えていた。完封勝利から1時間19分後の4時45分、今度は打者・大谷が牙をむいた。2回にマット・マニングの外角速球を左翼席へ運ぶ、3試合ぶりの37号2ラン。4回にはけたたましい打球音を響かせて右中間へ2打席連発となる38号を運んだ。

フィル・ネビン監督は「2試合通じて今まで見たことのないパフォーマンスを見せてくれた。どのレベルでも見たことがないかもしれない」。同じ日に完封&2本塁打は71年のソニー・シーバート（レッドソックス）以来52年ぶり5人目で、1安打完封に限れば同年にノーヒットノーランのリック・ワイズ（フィリーズ）以来2人目。ダブルヘッダーで完封勝利と、もう1試合で本塁打を放つのは、史上初の快挙だった。

ただ、2本目を打った直後に左手で左腰付近を押さえ、左脇腹を伸ばして苦痛に顔をゆがめながらダイヤモンドを一周。7回の打席で代打が送られた。球団発表は「けいれん」で、ネビン監督は「体全体の筋肉がけいれんを起こした。運動量が多い1日だった」と説明。「水分を取り、今日はしっかり寝ることになる。明日（28日）のプレーに支障はないだろう」と軽症を強調した。

その言葉通りか、試合後にハイタッチの列には加わらなかったが、クラブハウスでは抑え右腕エステベスと談笑。ネビン監督の監督代行時代からの通算100勝を祝うケーキを皿にのせ食事会場に向かうなど、リラックスして1日2勝の余韻を楽しんでいた。

チームは4連勝を飾り、ワイルドカード圏内のブルージェイズまで3ゲーム差に縮めた。28日からは敵地でそのブ軍との直接対決3連戦が待つ。「こうやって〝買い手〟側に回ることで、戦力的にも強化されるし、やる気とか刺激とか、そういったものも変わってくる」と大谷。伝説の7・27はステップボード。自身初のポストシーズン進出へ、新たな伝説の幕を開ける。

大谷の「伝説の1日」に敵地デトロイトのファンも酔いしれた。試合前に客席へ投げ入れたボールをキャッチしたジェーソン・ブライセン君（当時11）は「ショウヘイ、ボールをもらってもいいですか？」という日本語のボードを持参し見事にゲット。2試合とも観戦し「アメージング」と歓喜した。37号を捕球したセバスチャン・ブルース君（同8）は「タイガースも好きだけど、翔平も好き」と大喜び。38号をゲットしたオーウェン・パターソン君（同18）は「翔平は世界最高の選手。ジャッジの62本のア・リーグ記録は必ず更新できる」と期待した。

とはいえ、私は大谷の「けいれん」が心配になった。これまでもスイング後に左腰や左脇腹を押さえたことがあったが、途中交代は初めて。38号の直前に同様のしぐさを見せるなど兆候があった。

ここまで欠場わずか2試合。この日の登板が大谷の提案で1日前倒しになったように、ネビン監督は基本的に大谷の意向を尊重する。コーチ時代からよく意見交換し、〝風通し〟は抜群だが、大谷が「大丈夫」と言えば、出場できる環境が整っているといえる。4月下旬、「出場し続けたほうが調子を維持できるのか?」との質問に、「必要とされれば出たい」と大谷が答えたことも引っかかっている。

二刀流でケガなくシーズンを完走することがチームの勝利に最も直結する。日本選手初の本塁打王、そして、自身初のポストシーズンへ。勇気ある休養も時には必要ではないだろうかと感じた。

度重なる疲労蓄積の症状と右肘じん帯損傷再び

7月28日。敵地トロントに移動したブルージェイズ戦。大谷は初回に39号先制ソロを放ち、前日の最終打席から数えて、自身初で圧巻の3打席連続本塁打をマークした。一方、8回の打席直後に両脚ふくらはぎのけいれんを訴え、2日連続の途中交代となった。

初回、初球だった。エース右腕ケビン・ガウスマンの93・4マイル(約150キロ)直球を捉え、右翼席へ先制の39号ソロ。2日越しの3打席連発はキャリア初で、年間60発ペースに到達した。ダブルヘッダーだった前日のタイガース戦は第1試合でメジャー初完封し、DHとして出場した第2試合では2打席連発。伝説の1日の余韻が冷めやらぬ中での一撃に、この時大谷を上回るリーグトップ171奪三振を誇ったガウスマンも「MVPになる理由がある」と脱帽した。

ただ、驚愕のハイパフォーマンスは、肉体に与えるダメージも大きかった。前日は2本目の本塁打を放った際に左腰付近に「筋肉のけいれん」があり、途中交代。一夜明けたこの日の試合前にはネビン監督に「100％の状態」と伝えていたが、気温28度、湿度83％という高温多湿の過酷な状況だった。当時のスポニチのカメラマンによれば、8回の打席の終了後には、球場内の階段に片足をかけて、5秒ほど立ち止まる場面もあった。

1―4の9回1死満塁。一発が出れば逆転という場面で大谷への代打マイケル・ステファニクが告げられると、敵地ロジャーズ・センターを埋め尽くした4万2106人の大観衆から大きなどよめきが起こった。試合後のクラブハウスでも、シャワーに向かう足取りはぎこちなかった。

7月29日。敵地ブルージェイズ戦に「2番・DH」で出場。前日、両ふくらはぎのけいれんを起こすなど、2試合連続途中交代の不安を振り払い、3回には右翼左への当たりで激走する二塁打を放った。前日の猛抗議で出場停止処分だったフィル・ネビン監督が、試合前に「彼の声に迷いが見えたら必ず休ませるつもりだったが、そうは感じなかった」と説明。話し合った上での出場で、鉄人ぶりを発揮した。

8月3日。マリナーズ戦に「2番・投手兼DH」で出場。右手中指がつり4回無失点降板も、

8回に今季両リーグ最速、自身2年ぶりの40号ソロを放った。110試合目の40号は球団最速。今季14個目の敬遠で出塁した6回は、二盗も決めて一時逆転劇を演出した。

降雨中断で2回降板した4月17日を除き、4回降板は今季最短だった。7月末以降、脇腹、両脚ふくらはぎに続く右手中指の「けいれん」。「一番は疲労だと思う。単純に」と大谷も珍しく「疲れ」を口にした。5月3日から80試合連続出場し、東海岸との移動を含む16連戦の10戦目。一方、この日の直球平均球速は、年平均より1・8マイル（約3キロ）速い98・7マイル（約159キロ）と、普段以上の負担もあった。「調子は良かった。出力も高かった。むしろそのせいで、ああいう形になっている」と自己分析した。

9回に守護神エステベスが逆転満塁弾を浴び、痛恨の3連敗。40号の直後、バナナでエネルギー補給した大谷は言った。「休めるような試合はないと思う。できるなら全部出たい」。プレーオフ争いへ正念場の残り52試合。二刀流を支える気力に陰りはなかった。

意外だった。ここ最近続くけいれんやつる症状の原因について尋ねると、大谷が「一番は疲労」と口にしたからだ。私は2018年のメジャー移籍後から発言は全てメモアプリで保存しているが、シーズン中の「疲労」を認める談話は6年で4度しかない。初めて二刀流で完走した2021年の総括会見で「そういうふうに感じる時期はあんまりなかった」と話すほど、普段から徹底した体調管理で「疲労」を乗り越えてきたからだ。

この日が今回の米国取材最終日。会見後にロッカーでスマートフォンを触っていた大谷にあいさつすると、目を見開き「お疲れしたっ」といつもの返事が返ってきた。以前のようにイジられることはなかったが、元気そうな表情に少しホッとして球場を後にした。

8月9日。本拠地ジャイアンツ戦に「2番・投手兼DH」で出場。6回3安打1失点（自責0）で10勝目を挙げ、「野球の神様」と称されるベーブ・ルースも達成できなかった2年連続「2桁勝利&2桁本塁打」を成し遂げた。1920年から野手に専念したルースに対し、大谷は投打が分業化されてはるかにレベルアップし、移動など過酷な環境にある現代で二刀流を続ける。その価値は計り知れない。

振り返れば、6月の月間MVP受賞直後の7月上旬。大谷が約1年ぶりの3試合連続無安打に終わると、水原通訳から「一旦日本に帰ってもらっていいですか？」と真顔で言われた。半分冗談だが気の利いた返答ができず。幸い2カ月連続で7月も受賞してくれ、少しは記者の存在が縁起が悪くないことを証明できたと思っている。

7月下旬にはトロントの室内練習場で、親交のあるロックバンドGLAYの代表曲『HOWEVER』や『誘惑』を流しながらハンター・レンフローと交互に打撃練習。クラブハウスでは新加入のジオリトに身長を尋ね「198センチ？　でか！」と返し笑いを誘っていた。ここまで欠場は2試合のみ。休養すべきか否かの論争が起こる中、大谷は純粋に野球を楽しんでいるように映った。

8月13日。敵地アストロズ戦に「2番・DH」で出場し、今季自己最長9試合ぶりとなる41号ソロを放った。日曜日は曜日別で最多の9本目で、初の本塁打王へ再出発となる一撃だった。予定試合前日の夜。大谷は右腕に疲労があることを、フィル・ネビン監督に自ら申し出た。予定していた16日のレンジャーズ戦での先発登板は回避し、DHに専念することを選んだ。ここまで欠場はわずか2試合。9日の登板後に「疲労はみんなピーク。必要なら休むことも仕事として大事」と語ったように、蓄積疲労との闘いも続く。現地通信員からは、試合後のクラブハウスで、大谷の右腕に初めて黒いサポーターが施されていたという報告が届いた。

8月23日。本拠地開催のレッズとのダブルヘッダー第1試合に「2番・投手兼DH」で出場し、初回に両リーグトップの44号2ランを放ったが2回途中で緊急降板。その後の検査で「右肘内側側副じん帯損傷」が判明し、今季残り試合に登板しないことが決定した。第2試合終了後。記者会見場で対応したペリー・ミナシアンGMの目には涙が浮かんでいたという。第1試合で「腕の疲労感」で緊急降板していた大谷の右肘内側側副じん帯損傷が判明。「今季の残り試合はもう投げない。医療面でセカンドオピニオンを求めていく」と語り「彼にとって、我々にとってつらい日。気の毒に思う」と声を落とした。

打者では初回にメジャー単独トップの44号2ランを右越えに放った。レッズ戦初アーチで球団別ではイチローに並び日本選手最多の24球団目で投手別では松井秀喜を超える同最多141人目からの一発。降板後もこれまでは打者出場を続けたが今回は3回に代打が送られた。検査結果を知った上で首脳陣に「今夜もプレーしたい」と第2試合の打者出場を直訴しフル出場。5回は右翼線寄りの当たりを全力疾走で二塁打としたが、2試合ともに敗れ4連敗。規定投球回には足りず2年連続での投打同時の規定到達はなくなった。最大の注目は今後の治療法。保存療法か、復帰まで1年以上を要する自身2度目のじん帯再建手術か。世界一に輝いた3月のWBCから投打でフル回転。7月から脇腹や右手中指のけいれんにも見舞われていた。「脱水症状やけいれんはあったが、痛みが出たのは今日が初めて」とミナシアンGM。自身初のプレーオフ進出のために体を酷使してきた代償は、あまりにも大きかった。

私も日本で電話やメールで取材に奔走した。ロサンゼルス・タイムズ紙のディラン・ヘルナンデス記者は、ある球界関係者から「大谷と代理人はこれで1億ドルを失った」というメッセージを受け取ったという。その一方で「これでエンゼルス残留の可能性が高まった」とも語った。大谷のエ軍入団の決め手は二刀流でのプレーが可能だったから。今回はけいれんなど負傷降板が続き、結果として大きな故障となっただけに、2024年シーズンに30歳となる年齢面も考慮して二刀流の継続に難色を示すチームが増える可能性はある。ヘルナンデス記者は「二刀流を確実にやらせてくれるチームがあるとすれば、それはやはりエンゼルスだ」と力を込めた。

世界的な注目を集める大谷の去就は、様々な状況と思惑が絡み、さらに複雑になった。

担当記者としてこの結末は悔しかった。故障を防ぐことはできなかったか。気温が上昇した7月から脇腹や両ふくらはぎ、右手中指のけいれんなど何度も「前兆」があった。右腕の疲労感で8月16日のレンジャーズ戦の先発を回避し、今季最長の中13日で万全を期したはずだった登板。右肘じん帯損傷という最悪の結果が待っていた。

私物が全て片付けられた無言のロッカー

エンゼルスは出場に関して大谷の意向を全面的に尊重する。FA後の今オフの再契約を希望していることも少なからず関係しているだろう。自己管理能力に優れる大谷が「大丈夫」と言えば出場できる環境はメリットが大きく、2024年も7月27日のタイガースとのダブルヘッダーで1安打完封し、もう1試合で2打席連発を記録するなど数々の伝説をつくった。一方、日本ハム時代の恩師で3月のWBCでも指揮を執った栗山英樹氏のように、コンディションを最優先させて大谷を強制的に欠場させる首脳陣がいないのは痛恨だった。

この時点でじん帯再建手術に踏み切るのであれば、今季終了後が濃厚だった。だが、本人がどれだけ日本選手初の本塁打王や自身2度目のMVPにこだわっているかは不明でもあった。2度目の同手術は1回目よりもリハビリ期間を長く要するといわれている。1日でも早い二刀流での完全復活を目指して、シーズン中に手術に踏み切る可能性も捨てきれなかった。大谷本人にしか分からない負担や疲労。〝犯人捜し〟に意味はないが、将来の二刀流選手の門戸を閉ざさないためにも検証は必要だろう。

ダブルヘッダーでフル回転して〝伝説の1日〟と称された7月27日のタイガース戦の2試合目で、左腰付近のけいれんで途中交代。翌28日のブルージェイズ戦も「両ふくらはぎのけいれん」で途中交代した。翌29日の試合前会見で、記者は大谷の体調が心配でフィル・ネビン監督に「病院に行ってMRI検査は受けたか?」と問うと「ノー。球団の医療スタッフに診てもらい、大丈夫だった。リスクがあると思ったら出場させない。我々を信じてほしい」との回答。その後も「ただのけいれん。状態は良い」と繰り返すだけだった。

この時、球団が検査の必要性をどれだけ感じていたかは分からないが「酷暑」や「疲労蓄積」などを理由に楽観視していた部分は少なからずあったはず。時間は巻き戻せない。

8月29日。エンゼルスはベテランの主力6選手を獲得希望球団へ放出するウエーバーにかけた。総年俸を抑制する狙いで、事実上の「終戦」を認めた形になった。今夏のトレード市場で買い手に回り勝負をかけたが、8月は7勝19敗のメジャー最低勝率。大谷が右肘のじん帯を損傷するなど、悲惨な8月となった。

エンゼルスの決断は理にかなうが、決断のタイミングとしてはどうか。プレーオフ進出の可能性は絶望的だったが、可能性が完全に消滅するまで、諦めずに試合に臨んでほしかった。少なくとも大谷は最後まで望みを捨てずにプレーしたかったのではないか。右肘じん帯損傷が判明した中、打者出場を継続しているが、日本選手初の本塁打王にそれほどこだわっているとは思えなかったからだ。

9月4日。大谷を再びアクシデントが襲った。本拠地オリオールズ戦前の打撃練習で右脇腹を痛め、試合を欠場した。欠場は5月2日のカージナルス戦以来、108試合ぶり3度目だった。本塁打からは今季自己ワーストの10試合、48打席遠ざかっていた。右肘じん帯損傷が判明した8月23日以来となるエンゼルスタジアムで、大谷は約2カ月ぶりに屋外でのフリー打撃に臨み、快晴の青空へ大飛球を飛ばしていた。現地で取材した通信員によれば、5本の柵越えを放った後、17スイング目だった。踏み込んだ右足が滑りハーフスイングの形に。この瞬間、苦痛で一瞬顔をゆがめた。右脇腹を痛めて「2番・DH」での先発出場は開始1時間前に取り消された。

右肘の負傷で既に今季の登板はなくなっていたが、新たなアクシデントに見舞われた。球団は「右脇腹の張り」と発表。打者復帰を目指してリハビリを続けたが、欠場が続いた。

9月15日。本拠地タイガース戦。今季3度目の米国出張初日。午後2時30分。クラブハウスで約1カ月ぶりに見た大谷は以前と何も変わっていなかった。赤い練習用Tシャツ、ハーフパンツ姿。自身のロッカーの椅子に座り、スマートフォンやタブレット端末を触り、せわしなく試合に向けて準備をしていた。数分後にはバットを持って、クラブハウス裏の室内打撃ケージへ。気合がみなぎった表情で、10試合連続で欠場している選手の姿にはとても見えなかった。

だが、スタメン発表は遅れ、発表されたのは通常より1時間ほど遅い、試合開始の2時間30分前。出場の可否を巡り、結論が遅れたことが予想されたが、大谷の名前はなかった。驚きは試合後だった。監督会見が終わり、クラブハウスに向かうと、大谷は既にロッカーを整理して球場を後にしていた。バット、グラブ、スパイク、帽子など野球道具一式がなくなり、荷物がぱんぱんに詰められた今夏の球宴仕様のロゴ入りボストンバッグが置かれていたのみ。練習用Tシャツ約10枚、ユニホームの下、赤い5本指靴下、サンダル、ボールひとつは残されていたが、自身が契約するニューバランスの大量の靴箱、サッカー元日本代表の吉田麻也のロサンゼルス・ギャラクシーのユニホームなど大谷個人の私物とみられるものは全て片付けられていた。

当初、エンゼルス広報は「分からない」と詳細を伏せた。その後も釈然としない説明が続き、スポーツサイト「ジ・アスレチック」のサム・ブラム記者が「大谷は野球界だけでなく、スポーツ界のスーパースターなんだぞ」と詰め寄る場面もあった。

その後、広報はクラブハウス裏でペリー・ミナシアンGMら上層部と話し合いの場を持ち「状況は変わらない。翌日に何らかの発表を行う予定」と説明するのがやっと。大谷が本塁打を打った際に兜をかぶせる役目でおなじみの外野手のフィリップスも「彼はどこに行った？ 僕は分からない」と困惑気味だった。

大谷は9月3日のアスレチックス戦に打者出場して以降、試合に出場しておらず、これで11試合連続の欠場。試合は2―11で敗れて3連敗。〝逆マジック〟を示すエリミネーションナンバーが「0」となり、地区優勝の可能性が完全に消滅した。チームの勝利に誰よりも飢えている大谷らしい決断のタイミングとも言えたが、突然の〝別れ〟に日米約20人の報道陣は騒然となった。

9月16日。本拠地タイガース戦。紙面3ページの執筆を任された前夜の原稿は深夜にまで及び、一段落がついた時に時計の針は午前4時を回っていた。ただ、このままナイターゲームの取材に備えて眠りにつくわけにはいかなかった。2024年の打者での開幕、2025年の二刀流復帰を目指して、右肘の手術は早ければ早いに越したことはない。2018年の一度目の右肘手術はシーズン終了翌日だったことも頭に残っていた。アナハイムから約40分かけてレンタカーを飛ばし、「カーラン・ジョーブ・クリニック」に到着。午前7時から病院近くで〝張り込み〟が始まった。

定期的に場所を変えながら、ひたすら待ち続けた。複数ある病院の入り口に視線を送ること約4時間。残念ながら、大谷の姿を確認することはできなかった。だが、再びアナハイムへと車を走らせた道中で、球団からメールが届いた。内容は「大谷が右脇腹痛で負傷者リスト入り」という発表。すぐに高速道路を降りて、ガソリンスタンドの駐車場で速報記事を配信。球場に到着したのはミナシアンGMの会見開始30分前だった。

日米計50人以上の報道陣が集まった会見場は、無数のフラッシュに包まれた。ミナシアンGMは、大谷が前日に右脇腹のMRI検査を受けたことを明かした上で「（前日15日の）試合の初回あたりで結果が出てから、彼は荷物をまとめ始めた。近日中に右肘じん帯の手術を受けるだろう。手術方法など詳細は分からない」と説明。さらに「彼は早めに手術を受けて2024年に準備したいと考えている。それが彼の考え方。彼は特別な男、特別な選手。（GMに就任後）この3年間、彼に出会えて光栄だった。彼ができるだけ長くここにいることを願っている」と率直な思いを口にした。

この日、大谷は試合中にベンチに姿を現した。今季限りで現役引退する現役唯一の3冠王経験者ミゲル・カブレラに帽子を取って笑顔であいさつし、モニアクらと笑顔で言葉を交わした。その様子を撮影しようとベンチ上の観客席には人だかりができ、スタッフがファンを制する場面もあった。チームは4連敗を喫し、9年連続でプレーオフ進出の可能性が消滅した。

秘密が多すぎる手術前後

9月17日。本拠地タイガース戦。前日に右脇腹炎症で負傷者リスト入りして今季残り試合の欠場が決まった大谷は2試合連続でベンチに姿を現した。ランデル・グリチェクらと笑顔で話し、新人遊撃手のネトには身振り手振りを加えて打撃の助言を送る場面もあった。試合は敗れ、5連敗で2016年から8年連続でシーズン負け越しが決定。フィル・ネビン監督は大谷について「野球の教訓は経験を積んだ同僚から得るもの。若手は翔平の靴下のはき方から、人と話す時の様子まで見ている」と好影響を語った。右脇腹炎症だけでなく右肘じん帯損傷も抱える大谷は19日からの遠征には同行せず、25日からの本拠地6試合でチームに再び合流することが改めて発表された。この時点で試合のない18日に右肘の手術を受けるのではと予想を立て、病院近くのホテルに宿の予約を切り替えた。

9月18日。試合のない休養日。遠征に帯同しない大谷が〝来る〟かもしれない。午前7時。再び「カーラン・ジョーブ・クリニック」でカメラマンとともに張り込みを始めた。この日も定期的に場所を変えていたが、公共の立体駐車場でしばらくすると女性警備員がこちらを見ていることに気づいた。

胸の鼓動が自然と早くなった。近づいてくる。不審に思われたのだろう。ついには声を掛けられた。「こんにちは？　何か手伝えることはある？　患者さんを待っているの？」。女性警備員の笑顔は意外なほどに優しかった。「そうです、患者さんを待っています」。嘘ではない。だが、モヤモヤとしたものが残り、心優しい女性警備員に対して少し申し訳ない気持ちになった。

正午を過ぎても大谷は来なかった。カメラマンに後は託し、エンゼルスの次の遠征先となるフロリダ州タンパへ移動。大谷はチームに帯同していないが、ミナシアンGM、ネビン監督から大谷に関する情報のアップデートがあるため、担当記者として〝外せない〟遠征だ。移動中にカメラマンから大谷がこの日も病院に来なかった報告を受けた。別の病院で手術を受けるのか。大谷はどこへ向かったのか。そんな不安をよそに、翌19日に事態は大きく動いた。

9月19日。敵地レイズ戦。ロサンゼルスからシカゴを経由し、レッド・アイ（深夜便）で午前中にタンパに到着。カメラマンから「来ました」というＬＩＮＥが届いた。主語はなかったが、何が起こったのかすぐに察した。

その報告によれば、大谷は午前7時前には「カーラン・ジョーブ・クリニック」に入った可能性が高いという。7時15分にネズ・バレロ代理人と水原通訳が病院から外出し、約3時間後の10時30分に戻ったことを確認。11時30分にバレロ代理人が自身の車を病院の裏口に回し、午後0時15分に車が出発した。大谷の姿は確認できなかったが、乗車していたのではという推察だ。

この時点でもちろん100%の確証は得られなかったが、状況的に右肘の手術を受けたと考えていいだろう。入院の可能性も考えられたが、日本の医療関係者から、右肘のデイ・サージャーリー(日帰り手術)は米国では一般的だと聞き、さらに納得がいった。

既に締め切りは過ぎ、新聞への掲載は間に合わない。あとは、いつ球団から発表されるかを待つだけだった。ところが、レイズの本拠地トロピカーナ・フィールドについてもなかなか情報は出回らなかった。それどころか、ネビン監督は試合前会見で、大谷の右肘手術の予定など新情報を尋ねられたが「NO!」と一蹴。それどころか「彼が今、何をしているのか分からない。ただ家でゆっくり過ごしているのではないか」と続けた。

このまま公表しないのか。そんな疑念を抱き始めた頃、練習中の三塁ベンチでミナシアンGMとアダム・チョズコー広報部長が密談。直後にミナシアンGMに話を聞きにいくと「今は何も言えない。すぐに分かる」とひと言。その5分後の午後4時37分。球団はバレロ代理人の声明として「大谷がロサンゼルス市内の病院でじん帯を損傷している右肘の手術に成功した」というリリースを発表した。手術法は未発表だったが、バレロ代理人は「翔平は今後、何年も二刀流を続けることを希望した」というコメントを寄せた。

右肘じん帯を損傷して以降も沈黙していた大谷も、自身のSNSを更新。「早朝に手術を受け無事成功しました。不本意ながらシーズン途中でチームを離れることになりましたが残り試合のチームの勝利を祈りつつ、自分自身1日でも早くグラウンドに戻れるように頑張ります」と報告。敵地でのレイズ戦後に吉報を聞いたフィル・ネビン監督は「電話をして、元気にしているか確認したい」と頬を緩めた。

試合前にネビン監督は本心で話しているように見えた。あの時点で本当に大谷の手術を知らなかったのか。病院の女性警備員が球団に報告した可能性も捨てきれないが、なぜ発表は試合前でも試合後の会見でもなく、試合開始2時間前という不可思議なタイミングだったのか。2024年の打者、2025年の投手復帰への見通しを発表したのに、手術法を伏せたのはなぜだろうか。数々の疑問が残ったが、この手術がシーズン終了後にFAになる大谷の契約にも影響を与えることは間違いなかった。スポーツ専門サイト「ジ・アスレチック」は声明に不明点が多いとし、「大谷と代理人が情報提供を拒否したことで、さらに複雑化している」と断じた。

大谷が9月19日に「カーラン・ジョーブ・クリニック」で右肘手術を受けてから4日が経過した23日。敵地ミネアポリスでのツインズ戦前。フィル・ネビン監督は、水原通訳を通じて大谷の状況を把握しているとし「彼は元気。自宅でゆっくりしている」と説明。「以前にも（右肘手術を）経験しているから過程を理解している。今のところ全て予想通り。来週には会えるだろう」と語った。翌24日に球団は30日の本拠地アスレチックス戦でチーム内のMVPと最優秀投手を表彰するセレモニーを行うと発表。同賞の選出が有力な大谷は同日にグラウンドに姿を現す可能性が高いことが、ここで初めて分かった。

9月25日。チームが遠征から本拠地に戻っても、まだ大谷は姿を現さなかった。26日、27日も来ず、オフを挟んだ29日も来なかった。手術明けは安静、静養が必須。できることも限られるため、自宅から球場に来るメリットはチームメートやスタッフへの近況報告以外はほぼない。絶対に来なければいけない理由はないだろう。ただ、球団が「来る」と説明した以上、メディアの1人として大谷が「来る」ことを想定して、会見で「話す」ことを想定して、待つしかなかった。

9月29日。本拠地アスレチックス戦前。ネビン監督は「私はまだ彼に会っていません。ここに来る決まった時間はありません。彼は（チームの）多くの人に今週末私たちに会いに来るつもりだと言っていました」と説明した。知っていて情報を伏せているのか、本当に情報を知らされていないだけなのか。球団広報部も同様の情報を繰り返すだけだった。

不安になるのは直近で前例があったからだった。大谷はフリー打撃で右脇腹を痛めた4日以降、11試合連続で欠場したが、この際も連日ネビン監督は試合に「出る」可能性を示唆。結局、出場しないまま今季残り試合の欠場が決まった。本当に大谷は来るのか。球団からの情報の信ぴょう性を疑わざるを得なかった。

本拠地に戻ってきた25日以降、大谷の球場入りを警戒し、選手が出入りする球場外の駐車場で複数のメディアが張り込みを行い始めた。筆者も参戦した。集まっていたファンは日米含め10人ほど。情報が明かされないなら、自らの目と足で確かめるしかない。ここまでくると、大谷が球場に現れることが「ニュース」になっていた。

そして、チーム内のMVPと最優秀投手を表彰するセレモニーが行われる30日。試合前のネビン監督の会見が行われた午後4時の段階でまだ大谷は姿を見せていなかった。しびれを切らした米メディアが、再びネビン監督に問うと「(大谷が球場に現れるかは)私の理解ではイエス。会ったら彼の肘を痛めないように強くハグをしたいね」とコメント。なぜ当日になっても〝私の理解では〟という言葉を使ったのかは今でも理解できない。ファン殺到のパニックなどを恐れているなら、事前報道を禁止したり、張り込みを禁止したり、手立てはあったように思う。少なくとも年間を通して取材を続ける報道陣にそんな約束を守れないモラルのない人間はいない。大谷が本当に来るのか、不安なファンは多かっただろう。ネビン監督は本当に知らなかったかもしれないが、然るべき球団関係者が何かしらメディアに説明をすべきだったのではないだろうか。

その後、「大谷は球場に来る?」と誰に聞いても「I hope so(そう願っているよ)」の返事のみだった。ただ、エンゼルスを取材して6年目。チーム内のMVPと最優秀投手が表彰される恒例のこのイベントに、選手自身が出席しないイメージは湧かなかった。大谷は来る。そう

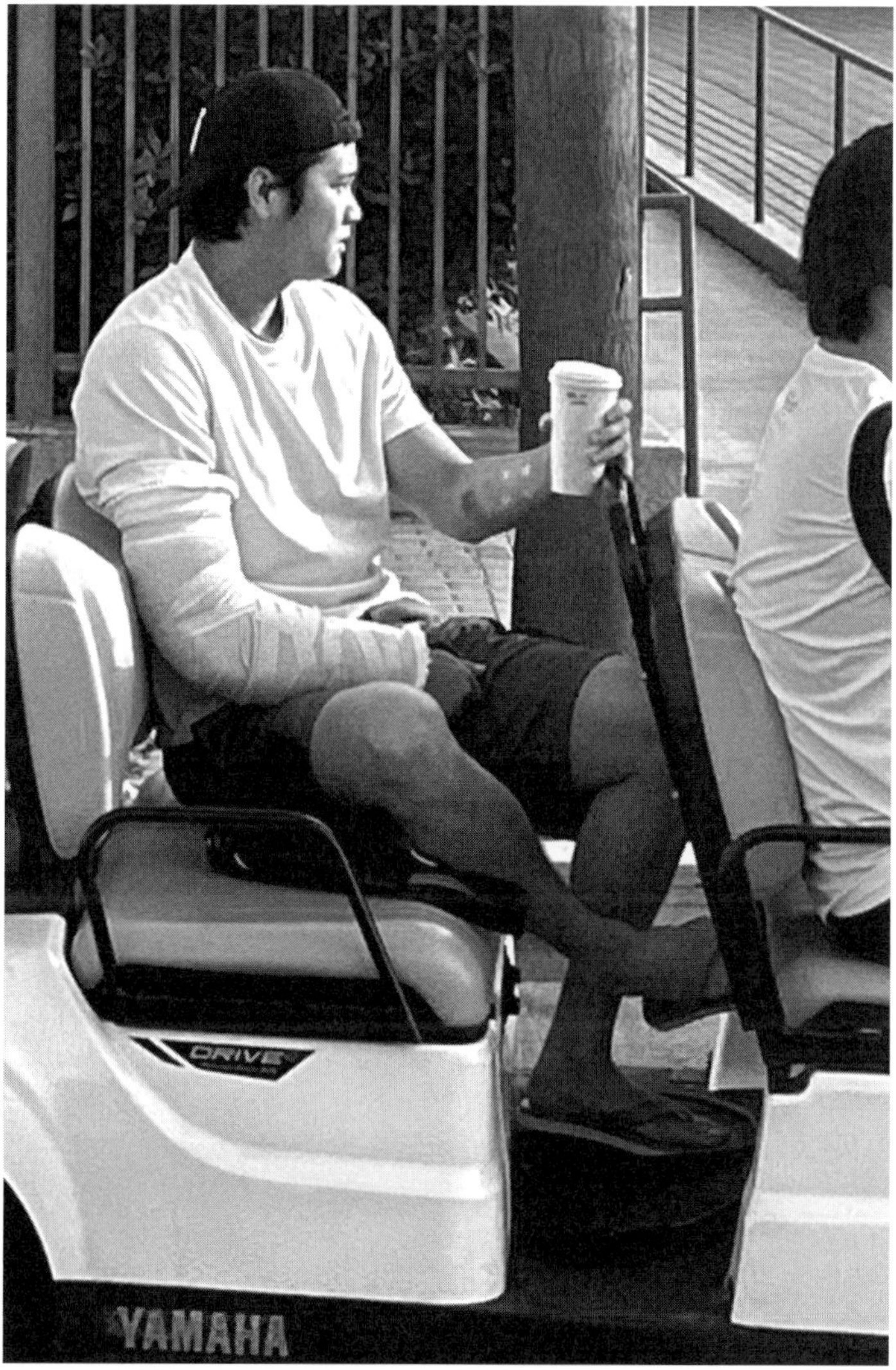

9月30日の球団セレモニーに参加するために右肘手術後初めて公の場に姿を見せた大谷。右腕や左腕に手術痕が確認できる(撮影：柳原直之)

信じて再び選手が出入りする球場外の駐車場へ向かった。

駐車場に到着すると、大谷を待つファンの数は日米合わせて50人ほどに増えていた。待つこと10分。いや、そこまで経っていないかもしれない。午後4時37分。ついに大谷が来た。水原通訳が運転する黒いＳＵＶ車で目の前を通過し、球場外からは死角となっているフェンスの向こう側に車は停まった。その後、大谷はすぐに水原通訳とともにボールボーイのステーブ・パルド氏が運転するカートに乗り換え、再び目の前を通過。黄色い歓声が沸き起こる中、スマートフォンのカメラで連写した。数十秒間のあっという間の出来事だった。

すぐ写真を確認すると、大谷の右腕はギプスで固定され、包帯のようなものが何重にも巻かれていたのが分かった。注目はコーヒーカップを手にしていた左腕だ。左前腕の腱を移植した手術痕らしきものや、紫色に変色した皮下出血の痕があった。２０１８年の右肘じん帯再建手術（通称トミー・ジョン手術）では右手首の腱を移植したが、今後右肘を支えるための生々しい左腕の傷痕だった。

史上初の2度目の満票でア・リーグMVPに

最後にベンチ入りした17日以来13日ぶり、19日の右肘手術後初めての公の場。アスレチックス戦開始16分前の午後5時51分。赤い長袖パーカ姿の大谷はアナウンスで名前が呼ばれ、三塁ベンチからグラウンドに飛び出した。3年連続の球団MVPに選出。本拠地のファンの大歓声と温かな拍手に迎えられた。表彰式ではペリー・ミナシアンGMからトロフィーを受け取り、関係者と左手でグータッチを交わすなど、リラックスした表情を浮かべた。その後は同GM、ジョン・カルピーノ球団社長、フィル・ネビン監督、リーグ4位タイ31セーブでチーム最優秀投手に選ばれた守護神エステベスとともに記念撮影。場内アナウンスで再び名前が呼ばれ、スタンドの声援が大きくなると左手でトロフィーを掲げ笑顔を見せた。

試合をベンチで観戦した後の取材対応はなかった。正確に言えば、ネビン監督の会見後に開場するクラブハウスに入ると、大谷は既に帰路に就いた後だった。ネビン監督は、大谷について「1日中笑顔だった。元気そうだったし、チームメートと会えてうれしそうだった」と話した。7回に14号2ランを放ったオハピーは「9回の打席前に〝2本目を打って〟と言ってきた」と変わらない大谷の姿を明かした。ギプスで固定された右腕は曲がったままでも、大谷の笑顔はいつもと変わらなかった。

10月1日。今季最終戦のアスレチックス戦も球場に姿を見せて、ベンチ入り。大谷は勝利を見届けるとグラウンドに飛び出し、左手でナインとグータッチ。その後はクラブハウスに戻り、左手にゴルフクラブのパターと黒バットを持った軽装で、ハイメ・バリア、グリチェク、ネトらナイン、球団スタッフとハグや握手を交わし、別れを惜しんでいた。

この日、ホセ・アドリス・ガルシア（レンジャーズ）、ジャッジ（ヤンキース）らライバルは不発に終わり、日本選手初の本塁打王が確定。日本選手の主要打撃タイトル獲得は、2024年に2度目の首位打者となったイチロー以来19年ぶり2人目。2021年に続く2度目のア・リーグMVPも確実視されるが、パワーで世界のトップに立つ本塁打キングは、歴史的快挙だった。

大谷は球団広報を通じ「MLBでこれまで活躍された偉大な日本人選手たちのことを考えると大変恐縮であり光栄なことです。この目標を達成するのに協力してくれたチームメート、コーチングスタッフ、ファンに感謝します」とコメント。SNSには「打者としてリハビリから頑張ります。今までよりも強くなって戻ってこられるように、ベストを尽くしたい」と決意を記した。

最後はトラウト、フィリップスとカートに乗り込んで駐車場に向かい、報道陣に向かって「お疲れ様でした！」と大きな声で別れを告げた。水原通訳が運転する車で帰路に就き、集まっていたファンからは「SHOHEI！」「（本塁打王）おめでとう！」などと歓声が飛んだ。

大谷は10勝目を挙げた8月9日のジャイアンツ戦を最後に、メディアに話すことはなかった。二刀流でシーズンを完走できず、右肘の手術を決断した際の悔しさや、苦悩、葛藤は想像を絶する。メディアに話したくない心情は理解できる。再契約を目指すエンゼルスが大谷のその意向をできるだけ尊重したいという面もあっただろう。

一方、自ら発信する頻度が少ないため、憶測による記事が頻発してしまっているのは良くない傾向だろう。例えば、２０２１年シーズン終盤に大谷が「ヒリヒリする9月を過ごしたい」「このままで勝てない」「勝ちたい」などと発言し、日米メディアに波紋が広がったことは記憶に新しい。それ以降、ＰＯ常連の強豪球団への移籍の可能性がずっと取り沙汰されていた。

ＦＡとなるこのオフの移籍予想も、本人が発信しない限りはそうなってしまうだろう。強豪球団移籍の可能性の根拠はこの発言だけ。あれから2年。今、どう思っているかは大谷しか分からず、発言の真意も伏せられたままだった。

大谷に関する報道をくまなく追っていればすぐ気づいたかもしれない。２０２３年シーズンのエンゼルスはコーチ、スタッフの取材が禁止され、取材が許可されたのは監督、選手のみだった。つまり、投手コーチや打撃コーチに話を聞くことができず、ボールボーイやブルペンキャッチャーも許可されなかった。

そのほかにも２０２３年オフに27球団が参加したとみられる大谷争奪戦の時の報道も象徴的だった。大谷はエンゼルス入団を決断した理由について「縁みたいなものがあると感じた」「感覚的なもの」と説明しているが、それ以上、具体的な説明はなかった。

当時、よく報道されていた「西海岸の温暖な気候」や「日本選手の有無」などには全く触れず、その後も具体的な説明はない。大谷とエンゼルスの交渉中に、主砲トラウトが電話でラブコールを送ったことが有名。だが、ドジャースはエース左腕クレイトン・カーショーが、ジャイアンツは当時の正捕手バスター・ポージーが交渉に同席した。

なぜエンゼルスなのか。筆者を含め説明できるメディアはいないのではないだろうか。エンゼルス広報部によれば、次の大谷の「肉声」はアメリカン・リーグのMVPを受賞した場合のカンファレンス・コール（電話会見）か、チームとの再契約時、もしくは移籍先の入団会見ではないかという。大谷はどういった経緯で手術を決断したのか。打者に専念する来季、そして二刀流復活を目指す2025年に向けて、どう歩みを進めているのか。ただ大谷の思いを聞きたかった。

11月16日。大谷が2021年以来2年ぶりに、史上初の2度目の満票でア・リーグMVPに輝いた。大リーグ専門局の発表中継に、シーズン中よりふっくらした印象の顔つきで登場。毛色が茶と白の犬を抱きかかえ、柔和な表情だった。

犬が腕をすり抜けようとすると「もうちょっとさ、頑張ろうよ」と甘い声で呼びかける場面も。44本塁打で日本選手初の本塁打王に輝き投手で10勝。受賞が発表されると、自身の左手と犬の前足でハイタッチ。犬の頭にはキスをし「個人的にこうやって獲れて特別」と笑みを浮かべた。

投票権を持つ記者全員が1位票を投じた。現行制度となった1931年以降、満票選出は2021年の大谷を含め19人いたが、2度目の満票受賞は初めて。だが、大リーグ公式サイトが「大谷の犬が真のMVP」と着目するほど愛犬が話題をさらった。オランダ産の小型犬の一種である「コーイケルホンディエ」。近い関係者は「最近飼い出したそうだ」と証言し、大谷の愛犬と判明した。

犬と人生を歩んできた。岩手県の実家で飼っていたゴールデンレトリバーの愛犬「エース」が、難航した日本ハムとの契約交渉の雰囲気を和ませて入団の縁を結んだ逸話は有名。メジャー挑戦を表明した2017年11月11日は、同年7月に亡くなった「エース」の誕生日で、「犬にも感謝している」と語った。2018年秋の右肘手術後は担当トレーナーの愛犬とじゃれあい気落ちした心が自然と安らいだこともあった。

2度目の右肘手術から約2カ月が経過。「ケガは順調に、1回目よりも感じ的にはスムーズに来ている感覚はある」と強調した。来季は打者に専念し、投手復帰は2025年。「焦らずにやりたいなと思う半面、しっかり来季までに間に合わせてプレーしたいなという気持ち」。大きな決断を下す大谷のそばにはいつも犬が寄り添ってきた。

MLBネットワークの番組内で久々に姿を見せた大谷だが、慣例となっているMVP受賞の電話会見は急きょ中止になった。米東部時間午前9時開始予定で、日米の報道陣が待機していたが、30分後に突然「キャンセル」のアナウンス。大リーグ機構は「大谷のせいではない。彼のコントロールを超えたところにある」と説明した。

ナ・リーグMVPで、母国ベネズエラに滞在中のアクーニャも直前に中止となった。「電話回線など機材のトラブル」との情報もある一方で、米メディアはFA交渉中であることが理由と指摘した。

この件について、水原通訳に尋ねると「MLBの方にこちらから〝会見ないんですか？〟と聞いたら、〝ないよ〟という答えだった。僕もどうなっているか分からない」と困惑気味だった。大谷が報道陣に対応したのは8月9日が最後。交渉過程や移籍先希望、リハビリ状況などは、契約内容に影響を及ぼす可能性がある。大物のFA交渉では、代理人側が情報をリークして対抗馬をつくることで市場価値をつり上げるのが常とう手段だ。ただ、大谷はもはや前例が当てはまらない存在で、その常とう手段が大きな意味を持つとは思えない。本当に単なる連絡の行き違いだったのだろうか。

プロスポーツ世界最高額でドジャースと契約

12月9日。大谷がドジャースと10年総額7億ドルで契約合意した。世界のスポーツ史上最高額となり、最終的に6球団が争った史上最大のFA狂騒曲が決着した。花巻東1年時から追いかけたドジャースはドラフト時、メジャー挑戦時に続く3度目の猛アタックが実った。

FA史上に残る大争奪戦に大谷が自身のSNSで終止符を打った。11月6日の交渉解禁から35日が経過。米西部時間9日午後0時4分、ドジャースの球団旗をアップし、「決断まで長い時間がかかったことをおわび申し上げます」と謝罪から入ったところもらしさか。続けて「私は次のチームにドジャースを選ぶことを決めました」と記した。

ウインターミーティング後に急浮上したブルージェイズでも、今季まで6年間所属したエンゼルスでもなかった。大谷の投稿の3分後には、代理人事務所CAAが声明を発表。サッカー・アルゼンチン代表のFWメッシがバルセロナ時代に結んだ6億7400万ドルを上回り、プロスポーツ世界最高額を更新した。平均年俸は7000万ドルに上る。

9月に受けた自身2度目の右肘手術の影響で、投手復帰は2025年となる。契約期間中に破棄できるオプトアウト条項はない。「現役生活の最後の日まで、ドジャースのためだけでなく、野球界のために前向きに努力し続けたい」と記し、〝生涯ドジャース宣言〟ともとれる熱い思いと、野球の伝道師として駆け抜ける覚悟を示した。

ジャイアンツ、カブス、ブレーブスも含む最終候補6球団に先んじて、12月1日にドジャースの本拠地ドジャースタジアムを視察も兼ねて訪問。大谷は選手育成や傘下マイナー組織の現状について質問し、愛犬の話題も出たという。

ドジャースは花巻東の1年時から担当スカウトがほぼ全登板試合を視察するなど、密着マークを続けてきた。2012年は日本ハムに入団。2017年オフに日本ハムからメジャーに挑戦した際も最終候補まで残ったが、当時はナ・リーグにDH制がなく二刀流でのプレーが制限された。2度敗れたド軍の熱意がついに実った。

大谷サイドから交渉過程に関して強いかん口令が敷かれ、前例のない沈黙のFA戦線だった。そんな中、12月5日にはドジャースのデーブ・ロバーツ監督が、大谷と面談していた事実を公表。交渉結果への影響が懸念もされていたが、杞憂だった。

スポーツ史上最高額の10年総額7億ドルでドジャースと合意した大谷だが、年俸の支払いに「後払い方式」が採用されたのが特徴。大谷自らの提案で、球団は年俸総額の一部の支払いを退団後に回すことで、毎年のぜいたく税（球団総年俸が規定額を超えた場合に科される課金制度）の負担を減らせる。チームの勝利を最優先する大谷らしい選択だった。

なぜ、大谷はドジャース移籍を決断したか。迷い、考え抜いた結果であることは間違いない。

①二刀流選手の価値＝契約総額

ある関係者は、大谷の優先事項に関して「契約総額を大事にしている」と語った。大谷は物欲が少なく、お金に無頓着で知られるが、真意は違う。大谷にとって契約総額＝選手の価値だった。二刀流選手として迎えた初めてのＦＡ市場。今回の契約総額が今後の前例になることを意識した。かねて二刀流選手の台頭について「良いサンプルとして良い成績が残るように頑張りたい」と話したように、史上初めて2度目の満票ＭＶＰに輝いた自身が10年総額7億ドル（決定時約１０１５億円）という巨額オファーを受けることで、将来の後進たちが正確に評価されることを強く望んだ。

②世界一を目指す球団

大谷は今後数年プレーオフと世界一を狙う球団でのプレーを熱望していた。3月のＷＢＣ決勝前に大谷が「憧れるのをやめましょう」と語った選手の１人であるベッツ、フリーマンを中心に打線は強力で、大谷が過去3年のように敬遠される心配も少ない。資金力に余裕があり、11年連続プレーオフ進出中。エンゼルスでの6年間は一度もプレーオフの舞台に立てなかった。「（順位争いで）ヒリヒリする9月を過ごしたい」と語る大谷の希望に合致した。

③リハビリ環境や医療スタッフ

本拠地は、今季まで所属したエンゼルスの本拠地から高速道路で約1時間の距離。練習環境を変えず、リハビリに集中できる。2度目の右肘の手術の執刀医は、前回の2018年と同じニール・エラトロッシュ医師で、ド軍のチームドクターを務める。さらにド軍のトレーナーのバーナード・リー氏は、2018年はエ軍のトレーナーとして大谷の右肘のリハビリを担当。〝成功体験〟を知る仲間たちの存在は心強い。ロバーツ監督もウインターミーティング（WM）中に「うちのスタッフは最適な復帰時期を導き出せる」と自信を示していた。

今回の交渉で大谷はWM前や期間中にドジャース、ジャイアンツ、ブルージェイズの球団施設を訪れた。その行動は、大谷らしかったと思う。報道陣がWM会場に大挙して訪れるため、球団施設はもぬけの殻。大谷側にとっては、いつもより〝目〟をくぐり抜けやすくなっていた。9月4日の試合前に報道陣がネズ・バレロ代理人の会見に殺到している隙に、屋外打撃練習に参加。右脇腹を負傷した際、目撃者が極端に少なかった理由だった。

ド軍とエ軍の違いのひとつがメディアの数と重圧の大きさ。大谷がどう対処していくかも注目点のひとつになる。

2024

第7章

歴史に残るFA争奪戦、入団会見

7000万人の視聴者に見守られた入団会見

2023年12月14日。ぶったまげた。大谷の入団会見の開場30分前。午後1時30分にドジャースタジアムに到着すると、路肩に長い車列ができていた。約100台。日米だけでなく台湾メディアの姿もあった。

会見場は2020年に飲食店や小売店、周囲の動線を改修し、球場の周囲360度の移動を可能にした「センターフィールド・プラザ」。昨夏の球宴でア・ナ両リーグの選手会見が行われた広大な場所だ。こちらも長い行列だった報道受付を通過した後は「場所取り」がスタート。なんとか4列目を確保した。テレビカメラ、スチールカメラそれぞれ60台以上がセットされ約300人が集結。大谷も「うれしく思うと同時に、報道陣の方しか今日はいないと聞いていたので、予想より多くて今はビックリしています」と驚くほどだった。

午後3時からの会見は、挙手制で質疑応答がスタート。会見後の「囲み取材」なしは事前通達されていた。2、3人の米記者が質問し始めたところで気づいた。早めに手を挙げなければ質問できずに終わってしまうぞ、と。大谷の話を聞きながら、手を挙げ、指示を出す広報部長の目をじっと見続けた。これが功を奏して質問者に指名された。質問できたのはたった14人。日本メディアは4人だけだった。

誤算だったのは、私の直前に米記者が愛犬の名前を質問し、会場が沸いたこと。「デコピン」はインパクトが強すぎる。それが頭から離れず、打者として来季開幕への思いを聞いた直後に、「デコピン」の由来を併せて質問した。投手復帰の見通しや、デーブ・ロバーツ監督の面談事実公表について聞くつもりだったのだが……。

6年前の2017年12月。エンゼルスの入団会見は青空の下、ファン公開式だった。この日はファンに非公開。地元紙記者は「ファンが熱狂的なドジャースでファン公開型にすれば5万人は入ってしまう。おそらく警備ができない。無用なトラブルを避けたのだろう」と解説してくれた。

この日、会見をライブ配信したMLBネットワークの視聴者は7000万人を記録。桁違いの注目だったのは間違いなかった。

年が明けて、2024年2月6日。私は大谷の新天地でのスタートを取材すべく、いつものごとくロサンゼルス経由でアリゾナへ飛んだ。2016年の日本ハムのキャンプから始まり、コロナ禍の2021年を除き8度目のアリゾナキャンプ取材。朝晩はダウンが必要なほど冷え込み、日中は長袖シャツで事足りる特有の乾燥気候だけはやはり慣れないものだ。

キャンプ初日に誇示した打者に専念する米7年目の思い

2月9日。大谷はドジャースの一員としてバッテリー組キャンプ初日を迎えた。ドジャーブルーの薄手のパーカとハーフパンツ姿で、さっそうと登場。打者に専念する米7年目。前だけを見据え、確固たる自信を口にした。

「打撃は去年、かなり良い感じをつかめた。基本的にはそれを継続したい」

新天地でのキャンプ初日。グラウンドには姿を見せず、室内での調整に終始した。「新しいチームなので本当に1年目のつもりで、まずは環境にチームメートに慣れることが最優先」。技術より環境面をフォーカスしたのも、自信の裏付けとなるだろう。2023年は44本塁打で日本勢初の本塁打王を獲得。最大の目標はワールドシリーズ制覇も、史上4人目の両リーグ本塁打王、同2人目の両リーグMVPは決して夢物語ではない。

同じ轍《てつ》は踏まない。今季同様に右肘手術の影響で打者に専念した2019年は打率・286、18本塁打。左膝痛の影響が大きかったが、新人王に輝いた前年から成績を伸ばせず「(二刀流ではなく)打者として出続ける難しさはある」と語ったこともあるが、今は違う。

初のMVPに輝いた2021年以降、疲労回避や効率的なスイングチェックを目的に試合前の屋外フリー打撃を極力控えるなど、ルーティンを確立。昨季は始動が遅くなるデメリットがある分、ボールとの距離感がつかみやすくなるオープンスタンスを積極的に取り入れ、過去最高の打率・304と確実性も向上した。「何をすれば良い状態を維持しやすいのか。調整法も含めて、なぜこうなっているのかと理解すれば、好調を維持し、不調を早く脱しやすい。そこは去年良かった」とうなずく。

1月からドジャースタジアムで調整を重ねてきたが、まだ会えていない選手やスタッフが多いという。「自ら行きます。いろいろな人にあいさつするので、2回目あいさつ行かないように。一発目で覚えられるように。もし行った時は勘弁してほしい」。大谷流のコミュニケーション法を明かし、笑い飛ばした。

「投げるの（本格的な投手の練習再開）は2カ月先なので、そこは考えずバッティングのことだけを考える。後は走ること。ケガをせずにしっかりとシーズンを乗り切れるようにしたい」。スポーツ界史上最高の10年総額7億ドルで加入したプレッシャーを、大きな力に変えてみせる。

〈了〉

おわりに

2023年9月9日。私のXのアカウントに届いたダイレクトメッセージが全ての始まりだった。送り主は「ワニブックス」。書籍執筆の依頼だった。

私はスポニチの社員として、そして大谷担当の記者として日々の仕事を抱えているため、答えに困窮した。初めての書籍執筆。私事では、2021年に結婚し、2022年に長女が産まれて生活が一変。漠然と大変だろうなと想像はついたが、どれくらい本業に影響するか具体的なイメージが湧かなかった。

ただ、同時に大谷の歴史を記録として残しておきたいという強い思いをずっと抱えていたのは事実。担当編集者である小島一平氏と一度、会うことにした。

小島氏の熱意に心を打たれ、そこから話はとんとん拍子に進み、スポニチの理解も得て書籍執筆が実現。誰かに紹介されたわけでもなく、会ったことも、見たこともない状態からSNSを頼りにスタートした本書。

私にとって、大谷の二刀流同様に「前例なき挑戦」だった。

執筆期間は大谷のFA期間とかぶり、記者業は多忙を極めたが、全力を尽くし、大谷取材の歴史を振り返った。10代の頃から真摯《しんし》に取材に応じ続けてくれている大谷翔平選手、その大谷選手を公私で支える水原一平通訳はもちろん、北海道日本ハムファイターズの関係者の皆様方、ロサンゼルス・エンゼルス、ロサンゼルス・ドジャースを始めとしたＭＬＢの関係者の皆様方、スポーツニッポン新聞社、ワニブックスには改めて感謝を申し上げたい。

私は今、アリゾナ州グレンデールにいる。ドジャースのキャンプ地で大谷の米7年目、新天地1年目のスタートを間近で見ている。こんな幸せな仕事があるだろうか。スポニチや各種メディアを通じて、引き続き、一挙一動を報じていきたい。

２０２4年2月

柳原直之

大谷翔平を追いかけて
番記者10年魂のノート

2024年4月10日　初版発行
2024年4月25日　2版発行

著者　柳原直之（スポーツニッポン新聞社MLB担当記者）
装丁　金井久幸（TwoThree）
編集協力　菅野徹
写真協力　スポーツニッポン新聞社
校正　東京出版サービスセンター
編集　小島一平（ワニブックス）
発行者　横内正昭
編集人　岩尾雅彦
発行所　株式会社ワニブックス
〒150-8482　東京都渋谷区恵比寿4-4-9　えびす大黒ビル
印刷所　TOPPAN株式会社
株式会社 光邦
DTP　有限会社Sun Creative
製本所　ナショナル製本

ワニブックスHP　http://www.wani.co.jp/
（お問い合わせはメールで受け付けています。HPより「お問い合わせ」へお進みください。）
※内容によりましてはお答えできない場合がございます

JASRAC出2401392-401

ISBN978-4-8470-7392-2